DAS MITTELMEER KOCHBUCH

a cook book

INHALT

Erleben und genießen 6

Land und Leute laden ein 8

Rezepte
    Vorspeisen und Salate 12
    Suppen und Eintöpfe 58
    Reis, Nudeln und Co. 86
    Gemüse und Eiergerichte 132
    Fisch und Meeresfrüchte 186
    Fleisch und Geflügel 240
    Kuchen und Desserts 288

Typische Speisenkombinationen *336*
Glossar *341*
Rezept- und Sachregister *348*
Impressum *352*

ERLEBEN UND GENIESSEN

Mittelmeer: das bedeutet eine Reise zu den Küsten des Lichts, zu malerischen Dörfern mit weißen Häusern und Kirchen mit Kuppeln, so blau wie der Sommerhimmel. Das sind bunte, geschäftige Fischerdörfer und möndäne Hafenstädte, langgestreckte Sandstrände und pittoreske Steilküsten, ausgedehnte Wälder im Hinterland und mächtige Höhenzüge.

Vor allem aber bedeutet es Sonne, Wärme und Ferienfeeling, vielfältige Landschaften und Kulturen, die uns mit ihrer Fremdartigkeit und Leichtigkeit gefangen nehmen.

Tauchen Sie ein in diese Welt, lassen Sie sich von den kulinarischen Genüssen der Mittelmeerregionen bezaubern und entdecken Sie die neue Leichtigkeit des Seins.

Schwelgen Sie in den raffinierten Rezeptkreationen der französischen Küche, kosten Sie die Vielfalt der italienischen Speisen, lernen Sie Griechenland und Spanien von ihrer kulinarischen Seite kennen und lassen Sie sich von den orientalischen Aromen der türkischen Küche verzaubern.

Sie werden feststellen, daß die Mittelmeerregionen vieles gemeinsam haben, daß sie sich aber in der Wahl von Gewürzen und Kräutern grundsätzlich unterscheiden.

Die Mittelmeerländer haben eine bewegte Geschichte und die wechselnden Invasoren haben kulturell ihre Spuren hinterlassen. Ganz offensichtlich wird dies an den bedeutenden historischen Baudenkmälern, aber auch an den verschiedenen Rezepturen und Geschmacksrichtungen.

Von Vorspeisen bis Desserts finden Sie eine Vielzahl an einfachen Rezepten der Alltagsküche und raffinierten Kreationen für die Gästebewirtung. Berühmte Klassiker und traditionelle Regionalgerichte halten sich die Waage.

Warenkundliche Informationen ergänzen die Rezepte ebenso wie Step-by-Step-Fotos, wenn die Handgriffe etwas schwieriger sind.

Ein Glossar am Ende des Buches erläutert kurz wichtige Zutaten oder regionale Spezialitäten. Darüber hinaus finden Sie zahlreiche Vorschläge für Menükompositionen, die Ihnen für die Bewirtung Ihrer Gäste als Anregung dienen sollen.

LAND & LEUTE LADEN EIN ...

Die wechselvolle Geschichte der Mittelmeerländer hat im Laufe der Jahrhunderte die Menschen und ihre Küche geprägt.

Bella Italia

Die Ursprünge Italiens etwa gehen bis auf die Griechen und die Etrusker zurück. Roms zentrale Bedeutung und der Handel mit den Völkern seines Weltreiches brachten fremde Einflüsse. Neue Eroberer bereicherten den Küchenzettel. Die Schiffe der Seerepubliken Venedig und Genua importierten exotische Gewürze aus aller Herren Länder, und in der Renaissance erreichte die italienische Kochkunst ihre Blütezeit. Unter den kulinarisch interessierten Herrschern der Medici entwickelten italienische Köche raffinierte Gerichte, die über Katharina von Medici später die französische Küche beeinflußten. Bis zum Jahre 1860 bestand Italien aus einer Fülle von politisch eigenständigen Stadtstaaten und Regionen, und jeder auch noch so kleine Partikularstaat hatte seine eigene Geschichte, seine unverwechselbare Landschaft, seinen individuellen Volkscharakter und seine typische Kochtradition. Neben den vielschichtigen historischen Entwicklungen haben auch die Formen der Landwirtschaft die kulinarischen Traditionen geprägt. Ebenso wie der gewaltige Unterschied zwischen dem industrialisierten Norden und dem weniger entwickelten, ärmeren Süden. Und da Not bekanntlich ja erfinderisch macht, entstanden im kargen Kalabrien besonders phantasievolle Gerichte.

Leben wie Gott in Frankreich

Im benachbarten Frankreich findet der Urlauber zahlreiche Parallelen. Wer das Vergnügen sucht, wird sich in den südlichen küstennahen Landstrichen besonders wohl fühlen, denn hier gibt es unzählige mitreißende Feste und in der heißen Jahreszeit erlebt man so manche durchzechte Nacht. Mit fast 2000 Sonnenstunden im Jahr gehört Südfrankreich zu den beliebtesten französischen Urlaubszielen. Wer Land und Leute in ruhigerer Atmosphäre kennenlernen möchte oder Ruhe und Erholung sucht, sollte sich ins Landesinnere oder den raueren Norden oder Westen Frankreichs begeben. Sowohl in Italien wie auch in Frankreich findet man die kleinen Märkte, die mit ihrem Angebot an duftenden Kräutersträußchen, erntefrischem Obst und Gemüse, würzigem Käse, aromtischen Oliven Augen und Gaumen verwöhnen. Die Oliven verdanken die Franzosen übrigens den Griechen, die Gewürze der südfranzösischen Küche sind eindeutig arabisch geprägt. So erhalten die regionalen Gerichte ihre typische Note.
Die Rezepte dafür werden mündlich überliefert und häufig wie ein großes Geheimnis bewahrt.

Spanien – Land der Gegensätze

Kaum ein anderes europäisches Land vereint so viele Gegensätze wie Spanien. Das unterschiedliche Klima der einzelnen Regionen beeinflußt seit jeher die Menschen, ihre Landwirtschaft, ihre Lebensweise und natürlich auch ihre kulinarischen Traditionen. Ebenso nachhaltig prägen es die vielen Eroberer und fremden Herrscher, welche die reizvolle Halbinsel im Laufe der Jahrhunderte immer wieder anzog. So hinterließen Griechen, Kelten, Karthager, Phönizier und Habsburger dort ihre unauslöschlichen Spuren. Vor allem aber waren es die Mauren, die vom 8. bis zum 15. Jahrhundert das Land beherrschten und deren Einfluß bis heute noch deutlich zu spüren ist.

Als der berühmte Sohn Spaniens, Kolumbus, Amerika entdeckte, brach in Spanien ein goldenes Zeitalter an, das auch Auswirkungen auf seine Küche hatte. Doch hat die regionale Küche dadurch nicht an Bodenständigkeit verloren und ist in ihrer Ursprünglichkeit bis heute erhalten geblieben. Der Norden Spaniens beispielsweise ist reich an Fischen und Meeresfrüchten und jede Köchin dort schwört, daß sie nirgendwo besser zubereitet werden. Das zentrale Hochland dagegen mit seinen ausgedehnten Kornfeldern und dichten Wäldern ist für seine ausgezeichneten Wildgerichte und Braten berühmt. Die mittlere Ostküste wiederum ist die Reiskammer Spaniens. Hier wird neben Gemüse hauptsächlich Rundkornreis angebaut, eine Grundzutat der berühmten Paella. Im Orangenhain Spaniens rund um Valencia reifen unvergleichlich saftige und aromatische Zitrusfrüchte. Weiter im Süden, im sonnigen Andalusien, gedeihen prächtige Olivenbäume. Aus ihnen wird Olivenöl gewonnen, ohne das kaum ein Gericht denkbar wäre. Die Fische, die das Meer dieser Region schenkt, werden gerne in Olivenöl fritiert und schmecken wirklich köstlich!

Griechenland: Weiße Häuser – azurblauer Himmel

Die kulinarischen Vorlieben der alten Griechen sind uns dank antiker Beweismittel bekannt. Vasenbilder zeigen beispielsweise rauschende Feste und nicht selten drastisch die Folgen zu üppigen Weingenusses. Auf anderen sieht man Bauern, die mit Stöcken Oliven von den Bäumen schlagen. Kleinplastiken stellen Bäckerinnen dar, die Teig kneten – Szenen, die man auf dem Land heute noch beobachten kann.

Die ersten frühen Kulturen breiteten sich von den Kykladen und von Kreta kommend aus. Auf dem Festland ließen sich die aus dem Norden zugewanderten indogermanischen Stämme nieder, der Lebensraum der Griechen erweiterte sich jedoch vor allem mit der Besiedlung der kleinasiatischen Küsten und den Bereichen um das Schwarze Meer. Durch die Kulturen, die sie in fremden Gebieten vorfanden, bekam die Lebensweise der Griechen entscheidende Impulse. Viele neue Nutzpflanzen haben ihren Ursprung im kleinasiatischen Raum und dem vorderen Orient, wie etwa der Weinstock, das Getreide, der Olivenbaum und viele Gemüsearten. Eine verfeinerte Eßkultur entwickelte sich vor allem in Konstantinopel. Griechen und Armenier kreierten die köstlichen Pasteten und mit Olivenöl gegarten Gemüsegerichte. Während der 400 Jahre dauernden türkischen Besatzung wurde die Kirche zur Hüterin der Tradition. Die religiösen Feste, vor allem das Osterfest, bieten auch heute noch willkommene Anlässe für ausgiebige Mahlzeiten im Familien oder Freundeskreis. Doch nicht nur die Feiertage, sondern auch die Jahreszeiten und die regionalen Traditionen beeinflussen den griechischen Speisezettel.

Allen Regionen gemein ist die Liebe zum Wein, dem der großzügige Gott Dionysios bis heute seinen Segen zu geben scheint.

Türkei – 1001 Nacht läßt grüßen

97 Prozent der Türkei liegen auf einer Halbinsel, die als Kleinasien oder Anatolien bezeichnet wird und geographisch zu Asien zählt. Nur ein kleiner Teil der Türkei gehört zu Europa, und die Zwölfmillionenstadt Istanbul ist die einzige Stadt der Welt, die auf zwei Kontinenten liegt. Die Türkei besitzt kontrastreiche Klimazonen, die das Leben, die Landwirtschaft und damit auch die Küche stark prägen. Subtropische Temperaturen und eine üppige Vegetation beherrschen den Bereich der Küsten des Ägäischen und des Mittelmeeres. Heiße Sommer wechseln dort mit milden Wintern. Unter dem Einfluß des Kontinentalklimas liegen Mittel-, Südost- und Ostanatolien mit langen Hitze- und Kälteperioden, die das Land im Sommer ausdörren und – in Ostanatolien – weit bis in das Frühjahr mit Schnee bedecken. An den Ufern des Schwarzen Meeres regnet es häufig, und die

Gebirgshänge verlieren nie ihr saftiges Grün. In diesen verschiedenen Landschaften gedeihen unterschiedliche Agrarprodukte, die Grundlage für eine abwechslungsreiche Küche, die in der Türkei eine lange Tradition hat. Die Anfänge der anatolischen Kochkultur fanden sich unter den Schutthügeln der über 8000 Jahre alten städtischen Siedlung Çatal Höyük mit Hinweisen auf eine hochentwickelte Haustierhaltung und Landwirtschaft.

Die Geschichte der Türkei, wie auch der anderen Mittelmeerländer, ist geprägt von verschiedenen Völkern und Kulturen. Einige haben die türkische Küche nachhaltig beeinflußt. Viele der herzhaften Gemüse- und Fleischgerichte gehen beispielsweise auf byzantinische Einflüsse zurück. Reiszubereitungen mit Rosinen und Nüssen sind den Armeniern zu verdanken und die Kebapgerichte und Joghurt sind ein Relikt der Turkstämme aus Innerasien, den eigentlichen Vorfahren der Türken. Die Nachkommen dieser Stämme sind längst seßhaft geworden, dennoch kann man heute noch beobachten, wie Frauen auf dem Land ihr Brot auf Nomadenart backen, nämlich auf einem nach oben gewölbten Blech über kleinem Feuer.

VORSPEISEN UND SALATE

In allen Ländern rund um das Mittelmeer haben sie einen anderen Namen, aber überall sind sie unverzichtbarer Bestandteil eines Menüs: Vorspeisen und Salate.

In den ländlichen Regionen Italiens, Frankreichs, Griechenlands und Spaniens kommen als erstes häufig Wein, Oliven und Brot auf den Tisch: Wer kennt nicht die knusprige Bruschetta, ein goldgelb geröstetes Brot mit Knoblauch eingerieben und mit Olivenöl beträufelt. Ein ebenso einfacher wie delikater Genuß, der es zu Weltruhm gebracht hat. Doch darüber hinaus gibt es viele Köstlichkeiten aus Fleisch, Fisch, Gemüse, Eiern und Teig, die in den Mittelmeerländern den Auftakt für ein Menü bilden. In der Türkei gestaltet sich der Anfang eines Menüs etwas opulenter – man denke nur an die ausgedehnte Rakı-Tafel, zu der viele kleine Häppchen gereicht werden.

Alles in allem sind diese kleinen Genüsse dazu angetan, sich an ihnen satt zu essen, denn sie schmecken wahrhaft köstlich!

Dazu reicht man meist alkoholische Getränke, einen Aperitif, und alles nur zu dem einen Zweck: den Magen auf die kommenden Genüsse vorzubereiten und den Appetit zu steigern.

Vorspeisen und Salate

Wildgemüsesalat
Agriochórtosaláta

Von Kreta · Gelingt leicht

*Zutaten für 4 Portionen:
600 g selbst gesammelte
Wildgemüse (z.B. zarte Blätter
von Löwenzahn, Brennessel,
Sauerampfer, Spitzwegerich,
Brunnenkresse, Gänseblümchen
und die jungen Blattstauden
des Acker-Hederich, Wildform
des Rettichs)
1 Sträußchen Grün von
Fenchelknollen · Salz
3 EL Olivenöl, kaltgepreßt
2 EL Zitronensaft
1 unbehandelte Zitrone
außerdem: Etwas Feta-Käse
(Schafkäse)*

Zubereitungszeit: 40 Min.

Pro Portion: 1000 kJ/240 kcal

1 Gemüse verlesen, dabei welke Blättchen und harte Stiele abschneiden. Das Gemüse in einer großen Schüssel so oft wie notwendig waschen und auf einem Sieb abtropfen lassen.

2 In einem großen Topf reichlich Wasser mit Salz aufkochen. Eine zweite Schüssel mit kaltem Wasser und einigen Eiswürfeln bereitstellen.

3 Das Gemüse in 2 Portionen jeweils etwa 1 Min. blanchieren (sprudelnd kochen). Mit der Schaumkelle herausnehmen, sofort kurz in das eiskalte Wasser tauchen und im Sieb abtropfen lassen.

4 Das lauwarme Gericht auf eine Platte legen, leicht mit Salz bestreuen, mit Olivenöl und Zitronensaft beträufeln. Zitrone waschen, in Achtel schneiden und zum Nachwürzen dazu legen. Das Gemüse sofort mit Feta-Käse und Weizenbrot servieren.

Getränk: Ein trockener Weißwein aus Peza auf Kreta paßt sehr gut dazu.

Tip! Wenn Sie nur einen Teil dieser Wildgemüse finden, runden Sie den Salat einfach mit dem ab, was es auf dem Markt gibt: z.B. mit großem Löwenzahn, Mangold- und Radieschenblättern, Fenchelgrün und Rucola. Diese müssen nicht unbedingt blanchiert werden.

Wildgemüse

Fallen im Herbst nach einem sonnendurchglühten Sommer die ersten Regentropfen, bricht Grün üppig hervor, und unter den Olivenbäumen breiten sich Pflanzen- und Blumenteppiche aus. Dann beginnt die Saison für die begehrten Wildgemüse, Agriochórta oder kurz Chórta genannt. In ländlichen Gegenden und auf den Inseln, vor allem auf Kreta, werden sie bis zum Frühlingsende seit jeher gesammelt. Für Touristen, die nur gezüchtetes Gemüse kennen, bieten die Chórta ein neues Natur- und Geschmackserlebnis. Sie schmecken zartbitter, manche nach Rettich, manche kräuterwürzig. In Griechenland kennen und sammeln die Frauen

In den regenreichen Monaten ist Chórta auch auf dem Markt zu finden.

vielerlei Sorten, die je nach Region andere Namen besitzen. Vieles, was auf griechischen Wiesen und in den Bergen gefunden wird, ist die Urform kultivierter Gemüse wie Rathíkia, hinter dem sich wilder Radicchio verbergen kann.

Zwischen Herbst und Frühling werden die Chórta auch auf den Märkten angeboten. Dieses ursprüngliche Wildgemüse ist bei uns kaum zu finden, jedoch vergleichbares Gemüse, wie im Rezept aufgezählt.

Spitzkohlsalat mit Möhren

Aus Nordgriechenland · Geht schnell

Láchanosaláta me karóta ke eliés

Zutaten für 4 Portionen:
½ kleiner Spitzkohl (etwa 400 g)
300 g mittelgroße Möhren
1 Bund Petersilie
4 EL Olivenöl, kaltgepreßt
Saft von 1 Zitrone
Salz
1 TL-Spitze Honig
schwarzer Pfeffer, frisch gemahlen
100 g schwarze Oliven,
säuerlich eingelegt
2 hartgekochte Eier

Zubereitungszeit: 30 Min.

Pro Portion: 950 kJ/230 kcal

1 Die Spitzkohlhälfte abspülen, vierteln und auf dem Gurkenhobel in sehr feine Streifen schneiden. Dabei nur die zarten Blätter verwenden. Die Kohlstreifchen in eine Schüssel geben.

2 Möhren schälen und grob raspeln, auf den Spitzkohl häufen. Die Petersilie abspülen, trockenschütteln, die Blättchen grob hacken und über dem Salat verteilen.

3 Olivenöl, Zitronensaft, Salz, Honig und 1 Prise Pfeffer in einem Schüsselchen verrühren. Die Marinade über dem Salat verteilen.

4 Den Salat mit Oliven dekorativ belegen. Eier pellen, vierteln und ebenfalls auf dem Salat anrichten.

Tip! Wenn statt Spitzkohl nur der runde Weißkohl erhältlich ist, wird er saftiger, wenn man ihn in die Schüssel hobelt, 1 Prise Salz untermischt und mit dem hölzernen Kartoffelstampfer 5–10 Min. kräftig stampft. Sie können auch Rotkohl verwenden und wie im Rezept beschrieben mit Möhren und Oliven als knackigen Salat zubereiten.

Salat aus Augenbohnen

Vom Festland · Gut vorzubereiten

Saláta fassólia mavromática

Zutaten für 4 Portionen:
300 g getrocknete schwarze
Augenbohnen
1 Lorbeerblatt
3 EL Olivenöl, kaltgepreßt
3–4 EL Weinessig
Salz · 1 Msp. Zucker
schwarzer Pfeffer, frisch gemahlen
1 Bund Frühlingszwiebeln (etwa 200 g)
300 g Tomaten
1 Bund Petersilie
3 Zweige frische Minze

Zubereitungszeit: 30 Min.
(+ 12 Std. Einweichen
+ 45 Min. Garen
+ 1 Std. Kühlen)

Pro Portion: 1400 kJ/330 kcal

1 Die Augenbohnen in einem Sieb abspülen, in eine große Schüssel geben, mit reichlich Wasser bedeckt über Nacht einweichen.

2 Am nächsten Tag das Wasser abgießen und die Bohnen mit frischem Wasser und dem Lorbeerblatt in einem Topf aufkochen, Schaum abschöpfen und dann bei schwacher Hitze 35–45 Min. zugedeckt kochen, bis sie weich sind.

3 Bohnen in einem Sieb abtropfen und ausdampfen lassen, dann in eine Schüssel geben. Öl, Essig, Salz, Zucker und 1 gute Prise Pfeffer untermischen und etwa 1 Std. abkühlen lassen.

4 Inzwischen Zwiebeln von harten Röhren und Wurzeln befreien, waschen und in Ringe schneiden. Tomaten mit heißem Wasser übergießen, häuten, Stielansätze entfernen und das Fruchtfleisch sehr klein würfeln.

5 Kräuter abspülen, trockenschütteln und die Hälfte der Blättchen fein hacken. Zwiebeln, Tomaten und gehackte Kräuter unter die Bohnen mischen. Den Salat mit Salz und Pfeffer abschmecken, auf einer Platte anrichten und mit den restlichen Kräuterblättchen garniert servieren.

Tip! Sie können den Salat noch mit Paprikaringen und schwarzen Oliven belegen.

Salade de tomates à l'orange

Sommersalat · Ganz einfach

Tomatensalat mit Orangenduft

Zutaten für 4 Portionen:
2 unbehandelte Orangen
Saft von 2 Zitronen · 1 EL Salz
gemischter Pfeffer, frisch gemahlen
1–2 Prisen Zucker
8 EL (fruchtiges) Olivenöl,
kaltgepreßt
8–12 reife (Eier-)Tomaten
(etwa 800 g–1 kg)
außerdem: 1 Zestenmesser

Zubereitungszeit: 20 Min.
(+ 1 Std. Marinieren)

Pro Portion: 830 kJ/200 kcal

1 Orangen heiß abbrausen. Trockentupfen. Von der Orangenschale mit einem Zestenmesser kleine feine Streifchen abziehen, in Klarsichtfolie einpacken, beiseite stellen. Dann Orangen auspressen. In einer flachen Schüssel aus Orangen- und Zitronensaft, Salz, Pfeffer, Zucker und 4 EL Öl eine Marinade rühren. (Diese Marinade schmeckt fast wie eine Salzlake. Sie dient nur zum Marinieren.)

2 Tomaten abbrausen. Stielansätze entfernen. Tomaten achteln oder quer in etwa 1 cm dicke Scheiben schneiden, in die Marinade legen. An einem kühlen Ort knapp 1 Std. ziehen lassen. (Je länger die Tomaten in der Lake liegen, desto salziger schmecken sie.)

3 Tomatenscheiben dann im Sieb abtropfen lassen. (Marinade aufbewahren, sie hält sich einige Tage im Kühlschrank. Für den nächsten Tomatensalat Marinade etwas nachsalzen!)

4 Tomaten in eine Salatschüssel geben. Restliches Öl darüber gießen und mit den Orangenschalestreifen bestreuen. Vor dem Servieren vorsichtig mischen.

Pintade tiède en salade

Pikant · Gelingt leicht

Salat mit warmem Perlhuhn

Zutaten für 4 Portionen:
300–400 g Brustfleisch vom Perlhuhn,
ersatzweise Hähnchen-
oder Putenbrust · 2–3 EL Butter
13 EL Olivenöl, kalt gepreßt · Salz
gemischter Pfeffer, frisch gemahlen
4 cl trockener Weißwein
je 200 g Pfifferlinge und
Champignons
(ersatzweise nur Champignons)
4 Schalotten (etwa 100 g)
½ Bund glatte Petersilie
4 EL Sherry-Essig
1 EL scharfer Senf · 1 Prise Zucker
je 120 g Feldsalat, roter Radicchio
und (gelber) Löwenzahn
(ersatzweise 375 g Salatmischung)

Zubereitungszeit: 45 Min.
Pro Portion: 2300 kJ/550 kcal

1 Fleisch abbrausen, trockentupfen. In einer mittelgroßen Pfanne je 1 EL Butter und Öl erhitzen. Fleisch darin offen bei mittlerer Hitze auf beiden Seiten in je 2–3 Min. goldbraun anbraten. Salzen, pfeffern. Mit Wein ablöschen. Zugedeckt bei schwacher Hitze 15–20 Min. garen lassen, vom Herd nehmen. Fleisch warm halten.

2 Inzwischen Pilze putzen. Pfifferlinge mit einem feuchten, dann mit einem trockenen Küchenpapier vorsichtig abreiben. Bei den Champignons nur die äußere Haut abziehen. Stiele von allen Pilzen kürzen. Champignons in dünne Scheiben schneiden. Schalotten schälen, fein würfeln. Petersilie abbrausen, trockenschütteln, Blättchen abzupfen, die Hälfte fein hacken. Restliche Blättchen für die Garnierung beiseite stellen.

3 Essig, Senf, Salz, Pfeffer und Zucker in einer kleinen Schüssel verrühren. Restliches Öl darunterrühren. Salat putzen, abbrausen, trockenschleudern, kreisförmig auf 4 Teller verteilen.

4 In einer großen Pfanne restliche Butter erhitzen. Pilze und Schalotten darin bei mittlerer Hitze unter öfterem Wenden etwa 5 Min. braten. Salzen, pfeffern und mit der gehackten Petersilie bestreuen. Fleisch aus der Pfanne nehmen, quer zur Faser in etwa 1 cm dicke Scheiben schneiden.

5 Fleisch kreisförmig in der Tellermitte anordnen. Pilze und Petersilienblättchen gleichmäßig über den Salat verteilen. Salat mit der Vinaigrette beträufeln. Mit Baguette sofort servieren.

Salat der Rosa Prinzessin

Schwarzmeerküste · Gelingt leicht

Pembe sultan salatası

Zutaten für 4–6 Portionen:
800 g rote Beten
Kaffeefiltertüte
3 Becher säuerlicher Vollmilchjoghurt (je 175 g)
3 Knoblauchzehen
Salz
2–3 EL Zitronensaft
1 Bund glatte Petersilie

Zubereitungszeit: 45 Min.
(+ 1–1½ Std. Kochen
+ Abkühlen)

Bei 6 Portionen pro Portion:
470 kJ/110 kcal

1 Knollen waschen, mit Wasser bedeckt aufkochen und je nach Knollengröße 1–1½ Std. zugedeckt bei mittlerer Hitze kochen, bis die Knollen gar sind, d. h., bis man mit einer Gabel mühelos hineinstechen kann.

2 Ein Spitzsieb über eine Schüssel hängen, eine Kaffeefiltertüte hineinstecken, Joghurt einfüllen und etwa 20 Min. abtropfen lassen.

3 Rote Bete in ein Sieb gießen, mit kaltem Wasser abschrecken, abkühlen lassen und pellen. Auf einer Küchenreibe grob in eine Schüssel raspeln.

4 Abgetropften Joghurt hinzufügen, Knoblauch schälen und durch die Presse dazudrücken. Salz und Zitronensaft dazugeben, alles gut vermischen und abschmecken.

5 Petersilie waschen und trockenschütteln, die Blättchen abzupfen. Den Salat damit garniert servieren.

Variante: Möhrensalat (Yoğhurtlu havuc ezmesi)
Auf diese Art kann auch Möhrensalat zubereitet werden. Dafür 800 g geschälte Möhren grob raspeln, mit 3–4 EL Olivenöl in der Pfanne bei mittlerer Hitze unter Rühren etwa 10 Min. dünsten, abkühlen lassen und mit 3 Bechern abgetropftem Joghurt (je 175 g), 2 Knoblauchzehen, Salz und Zitronensaft vermischen.

Portulak in Joghurt

Ägäisküste · Frühlingsgericht

Yoğurtu semizotu

Zutaten für 4 Portionen:
Kaffeefiltertüte
2 Becher säuerlicher Vollmilchjoghurt (je 175 g)
600 g Portulak
3 Knoblauchzehen
2 EL Salatmayonnaise (80 %)
Salz
2 EL Zitronensaft
4 Zitronenscheiben zum Garnieren

Zubereitungszeit: 30 Min.

Pro Portion: 640 kJ/150 kcal

1 Ein Spitzsieb über eine Schüssel hängen, eine Kaffeefiltertüte hineinstecken, Joghurt einfüllen und etwa 20 Min. abtropfen lassen.

2 Inzwischen Portulak waschen und abtropfen lassen. Wurzeln und dicke Stiele abschneiden. Blättchen mit den zarten Stielen grob hacken. Knoblauch schälen.

3 Joghurt mit Salatmayonnaise, Salz und Zitronensaft verrühren. Knoblauch dazupressen und unterrühren. Portulak unter die Joghurtsauce mischen, abschmecken und servieren. Mit halbierten Zitronenscheiben garnieren.

Info: Portulak wird bei uns selten angeboten. Er läßt sich jedoch leicht im Frühsommer im Garten ziehen. Nach 3 bis 4 Wochen kann er geschnitten werden. Noch schneller wächst er unter Glas oder Folie. Portulak ist reich an Mineralstoffen und den Vitaminen A, C und der B-Gruppe.

Tip! Portulak mit seinen dickfleischigen Blättchen und seinem säuerlichen, nußartigen Aroma ist in der Türkei ein sehr geschätztes Gemüse. Man serviert es auch warm, gedünstet mit Zwiebeln und Hackfleisch.

Salat aus Bulgur

Mittelanatolien · Geht schnell

Kısır

Zutaten für 4–6 Portionen:
200 g feiner Bulgur
3 mittelgroße Tomaten (300 g)
1 Bund Frühlingszwiebeln
4 grüne scharfe oder milde Peperoni
1 Bund glatte Petersilie
½ Bund frische Minze oder
1 TL getrocknete Minze
1 EL Tomatenmark
1 Msp. gemahlener Kreuzkümmel
1 TL mildes Paprikapulver
schwarzer Pfeffer, frisch gemahlen
Salz · 3 EL Olivenöl, kaltgepreßt
Saft von 1 Zitrone

Zubereitungszeit: 30 Min.
(+ 30 Min. Quellen)

Bei 6 Portionen pro Portion:
680 kJ/160 kcal

1 Bulgur in eine Schüssel geben, mit 300 ml lauwarmem Wasser vermischen und etwa 30 Min. quellen lassen, bis das Wasser völlig aufgesogen ist.

2 Inzwischen das Gemüse waschen. Tomaten halbieren, Stielansätze herausschneiden und das Fruchtfleisch sehr klein würfeln. Frühlingszwiebeln putzen und in dünne Ringe schneiden. Peperoni längs halbieren, Stiele und Kerne entfernen, Schoten ausspülen und in sehr dünne Streifchen schneiden.

3 Petersilie und frische Minze waschen und trockenschütteln, die Blättchen fein hacken. Tomatenmark, Kreuzkümmel, Paprikapulver, 1 Prise Pfeffer, Salz, Olivenöl und Zitronensaft miteinander verrühren und unter den Bulgur mischen. Dann Kräuter und Gemüse dazugeben und unterheben. Den Salat etwa 10 Min. ziehen lassen, evtl. erneut abschmecken und servieren.

Getränk: Rakı, mit Eiswasser verdünnt, paßt ausgezeichnet dazu.

Tip! Man kann kleine Kısır-Mengen auf den zarten Herzblättern des Romana-Salates anrichten und als Happen aus der Hand essen.

Auberginensalat

Küstenregionen · Würzig

Patlıcan salatası

Zutaten für 4–6 Portionen:
800 g kleine Auberginen
Saft von 1 Zitrone
2 Knoblauchzehen
Salz
3 EL Olivenöl, kaltgepreßt
2 mittelgroße Tomaten (200 g)
50 g schwarze Oliven

Zubereitungszeit: 30 Min.
(+ 25–30 Min. Garen)

Bei 6 Portionen pro Portion:
470 kJ/110 kcal

1 Backofen auf 250° (Gas Stufe 5) vorheizen. Auberginen waschen. Das Grün rund um die Stielansätze dünn abschälen, dabei die Stiele nicht entfernen. Die Früchte mit der Gabel mehrmals einstechen.

2 Auberginen in der Fettpfanne des Backofens (Mitte) 25–30 Min. garen, bis sie weich sind. Von den noch heißen Auberginen die Haut abziehen, dabei die Früchte am Stiel halten. Dann die Stiele abschneiden. Auberginen sofort mit Zitronensaft beträufeln.

3 Auberginen auf einem Brett mit einem großen Messer sehr fein hacken, so daß eine püreeähnliche Masse entsteht. Diese in eine Schüssel geben. Knoblauch schälen, in Stücke schneiden und mit etwas Salz im Mörser zerdrücken. Olivenöl untermischen, alles unter die Auberginen rühren und salzen.

4 Salat kalt stellen. Erst kurz vor dem Servieren Tomaten waschen, achteln und Stielansätze herausschneiden. Oliven kalt abspülen und trockentupfen. Den Salat mit Tomaten und Oliven hübsch garnieren.

Info: Bei großen Auberginen sollte man die Kerne vor dem Hacken der Früchte vorsichtig ausschaben.

Sommersalat

Aus Malaga · Gelingt leicht

Pipirrana

Zutaten für 4–6 Portionen:
1 kleine rote Paprikaschote
1 kleine grüne Paprikaschote
1 kleine Salatgurke
1 kleine Gemüsezwiebel
2 Fleischtomaten (etwa 400 g)
4 EL Rotweinessig
Salz
schwarzer Pfeffer, frisch gemahlen
5 EL Olivenöl, kaltgepreßt
3–4 Knoblauchzehen

Zubereitungszeit: 30 Min.
(+ 1 Std. Marinieren)

Bei 6 Portionen pro Portion:
470 kJ/110 kcal

1 Paprikaschoten putzen und waschen. Gurke schälen, längs halbieren und die Kerne mit einem Löffel herauskratzen. Gemüsezwiebel schälen. Alles Gemüse in winzig kleine Würfel schneiden und in eine Schüssel füllen.

2 Die Tomaten überbrühen, häuten, quer halbieren, entkernen und das Fruchtfleisch in kleine Würfel schneiden. Zu dem anderen Gemüse geben.

3 Rotweinessig mit Salz, Pfeffer und Olivenöl kräftig verrühren. Den Knoblauch schälen und dazupressen. Die Sauce über das Gemüse gießen und den Salat gründlich mischen. Im Kühlschrank etwa 1 Std. ziehen lassen. Mit Weißbrot servieren.

Variante: Sie können auch gekochte Scampis, Muscheln oder Jacobsmuscheln unter die halbe Menge Salat mischen, dann heißt das Gericht »Salpicon de Mariscos«.

Tip! Der Sommersalat ist als Tapa, aber auch als Beilage zu Fleisch und Geflügel geeignet.

Maurische Fleischspieße

Aus Cordoba · Deftig **Pinchos morunos**

Zutaten für 4 Portionen:
600 g Schweinefilet
1 TL Kreuzkümmel
1 Prise Cayennepfeffer
2 EL mildes Paprikapulver · Salz
schwarzer Pfeffer, frisch gemahlen
5 EL Olivenöl
4 Cocktailtomaten
kleine Holzspieße

Zubereitungszeit: 15 Min.
(+ 1 Std. Marinieren
+ 12 Min. Garen)

Pro Portion: 1600 kJ/380 kcal

1 Das Schweinefilet in Würfel von etwa 2 cm Kantenlänge schneiden.

2 Kreuzkümmel, Cayennepfeffer, Paprikapulver, Salz, Pfeffer und Olivenöl in einer großen Schüssel verrühren. Die Fleischwürfel gründlich darin wenden und im Kühlschrank etwa 1 Std. ziehen lassen.

3 Fleischwürfel dicht auf Spießchen stecken und auf dem Grill oder in einer Pfanne bei mittlerer Hitze 10–12 Min. braten, dabei öfters wenden. Tomaten waschen, halbieren und die Fleischspieße damit garnieren. Als Beilage passen Weißbrot und andere Tapas.

Getränk: Sherry paßt besonders gut zu diesem Gericht.

Info: Ursprünglich wurden die Pinchos morunos nur mit Lammfleisch gemacht. Inzwischen verwendet man in ganz Spanien Schweinefleisch. An die arabische Herkunft erinnert nur noch der Kreuzkümmel, den die Mauren aus Afrika mitgebracht haben.

Tip! Die Menge reicht für 2 Personen als Hauptgericht, mit einem gemischten Salat als Beilage.

Carpaccio del Cipriani

Aus Venedig · Gelingt leicht **Mariniertes rohes Rinderfilet**

Zutaten für 4 Portionen:
200 g Rinderfilet (evtl. schon vom Metzger in hauchdünne Scheiben schneiden lassen)
8 EL Olivenöl, kaltgepreßt
Saft von 2 Zitronen
100 g frische Steinpilze oder Egerlinge
50 g Parmesan am Stück · Salz
weißer Pfeffer aus der Mühle
½ Bund Petersilie

Zubereitungszeit: 20 Min.
(+ 1 Std. Anfrieren,
+ 15 Min. Marinieren)

Pro Portion: 1200 kJ/290 kcal

1 Rohes Rinderfilet am Stück in Frischhaltefolie einwickeln, ins Tiefkühlfach legen und kurz anfrieren lassen (1 Std.).

2 Filet mit einem sehr scharfen Messer hauchdünn aufschneiden. Scheiben auf einen Servierteller verteilen, mit 4 EL Olivenöl und dem Saft von 1 Zitrone beträufeln, bedeckt etwa 15 Min. marinieren lassen.

3 Pilze putzen und kurz waschen, gut abtropfen lassen, in dünne Scheiben schneiden und über das Fleisch verteilen. Den Parmesan in feine Scheibchen hobeln und über das Fleisch geben.

4 Mit Salz und grobem Pfeffer würzen und das Carpaccio mit dem Saft von 1 Zitrone und 4 EL Olivenöl übergießen. Petersilie waschen, trockenschütteln, Blättchen abzupfen und über das Carpaccio streuen. Olivenöl und Salz auf den Tisch stellen, damit jeder nach Gusto nachwürzen kann. Dazu reicht man Weißbrot.

Wein: Ein leichter frischer Weißwein, z.B. ein Franciacorta Bianco aus der Lombardei schmeckt gut dazu.

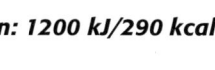
Insalata di funghi

Aus Umbrien · Ganz leicht **Pilzsalat**

Zutaten für 4 Portionen:
600 g frische Champignons (oder Egerlinge)
Saft von 2 Zitronen
Salz
1 Lorbeerblatt
100 ml Olivenöl, kaltgepreßt
weißer Pfeffer aus der Mühle
1 Bund Petersilie
1 Knoblauchzehe
nach Belieben 1 Chilischote

Zubereitungszeit: 30 Min.
(+ 2 Std. Marinieren)

Pro Portion: 1100 kJ/260 kcal

1 Pilze putzen, kurz überbrausen, gut abtropfen lassen. 1 l Wasser mit dem Saft einer Zitrone und etwas Salz in einem Topf zum Kochen bringen. Pilze mit Lorbeerblatt darin etwa 5 Min. sprudelnd kochen lassen.

2 Pilze auf einem Küchentuch gut abtropfen lassen, mit Küchenpapier trockentupfen, in etwa ½ cm dicke Scheiben schneiden und in eine Servierschüssel geben. Olivenöl und Saft von 1 Zitrone darüber gießen. Mit Salz und Pfeffer abschmecken.

3 Petersilie waschen, trockentupfen und fein hacken. Knoblauch schälen und in Scheibchen schneiden. Nach Belieben Chilischote längs aufschlitzen, von den Kernen befreien und in feine Streifen schneiden. Alles unter die Pilze mischen.

4 Pilzsalat an einem kühlen Platz (nicht im Kühlschrank!) mindestens 2 Std. marinieren lassen. Am nächsten Tag schmeckt er noch besser.

Wein: Ein leichter Prosecco Frizzante aus Venetien schmeckt gut dazu.

Variante: Funghi sul crostini
(Pilze auf Weißbrot)
8 Scheiben Weißbrot (2 cm dick) auf einem Backblech verteilen. Jeweils 1 EL Pilzsalat auf die Brotscheiben geben. Im vorgeheizten Backofen bei 200° (Gas Stufe 3) etwa 10 Min. backen.

Spinatpastete
Spanakópitta

Vom Festland · Braucht etwas Zeit

*Zutaten für eine runde feuerfeste Form
von 28–30 cm Ø, für 4 Portionen:*
1 kg frischer Blattspinat
1 Bund Frühlingszwiebeln
(etwa 200 g)
4 EL Olivenöl
2 Bund Dill
200 g Feta-Käse (Schafkäse)
schwarzer Pfeffer, frisch gemahlen
Salz
2 Eier
⅛ l Milch
80 g Butter
3 Yufka-Teigblätter

Zubereitungszeit: 1 Std.
(+ 40 Min. Backen)

Pro Portion: 2700 kJ/640 kcal

1 Spinat waschen, Wurzelansätze und harte Stiele abschneiden. Frühlingszwiebeln von harten Röhren und Wurzeln befreien, abspülen, zweimal längs halbieren und quer in Stückchen schneiden.

2 3 EL Olivenöl in einer Pfanne erhitzen und die Zwiebeln glasig dünsten. Den tropfnassen Spinat hineingeben und bei starker Hitze zusammenfallen und die Flüssigkeit verdampfen lassen. Die Pfanne vom Herd nehmen, Spinat kurz abkühlen lassen, auf einem Brett fein hacken und in eine Schüssel geben.

3 Dill hacken. Den Käse fein zerkrümeln und unter den Spinat mischen. Mit Pfeffer und Salz abschmecken. Eier verquirlen und unterziehen.

4 Die Yufka-Blätter aus der Folie nehmen, auseinanderfalten, mit Wasser fein besprühen und mit einem feuchten Tuch bedeckt etwa 30 Min. ruhen lassen, damit sie geschmeidig werden. Den Backofen auf 200° (Gas Stufe 3) vorheizen. Form mit 1 EL Öl einpinseln. Butter mit Milch in einem Töpfchen erwärmen.

5 Das erste Yufka-Blatt in die Form legen, Ränder überhängen lassen. Das Teigblatt mit Butter-Milch-Mischung großzügig einpinseln.

6 Das zweite Blatt halbieren. Die Hälften kreuz und quer übereinander auf den Boden der Form legen, dabei jeweils großzügig einpinseln. Ränder überhängen lassen. Spinat in die Form geben, gut andrücken.

7 Das dritte Blatt halbieren, den Spinat damit abdecken, jede Lage einpinseln. Die Ränder über die Pastete klappen, mit der restlichen Butter-Milch-Mischung einpinseln.

8 Die oberen Schichten der Pastete quadratisch einschneiden. Im Ofen (Mitte) 35–40 Min. goldgelb backen, etwas abkühlen lassen. Die Quadrate richtig durchschneiden und die Pastete warm oder kalt servieren.

Info: Die Spinatpastete wird von den griechischen Hausfrauen mit etwas dicker ausgerolltem Teig zubereitet, der dem türkischen Yufka mehr entspricht als der industriell hergestellte, exportierte dünne Fillo.

Kretische Pastetchen

Von Kreta · Geht schnell **Pittes kritis**

Zutaten für 4 Portionen, für 10 Stück:
1 Paket Tiefkühl-Blätterteig (350 g)
Mehl zum Ausrollen
400 g frischer Mangold
400 g frischer Spinat
4 Zweige Fenchelgrün
1 dünne Stange Lauch
3 EL Olivenöl
100 g Feta-Käse (Schafskäse)
schwarzer Pfeffer, frisch gemahlen
1 Ei
50 g Sesamsamen

Zubereitungszeit: 30 Min.
(+ 15–20 Min. Backen)

Pro Stück: 880 kJ/208 kcal

1 Blätterteig zum Auftauen auf einer leicht bemehlten Fläche auslegen. Mangold und Spinat von den harten Stielen befreien, gründlich waschen und in dünne Streifen schneiden. Fenchelgrün abspülen und hacken. Den Lauch von den harten Blättern und vom Wurzelansatz befreien, längs halbieren, abspülen und in Streifchen schneiden.

2 In einer Pfanne Olivenöl erhitzen und das Gemüse bei starker Hitze darin anschmoren, zusammenfallen und das Wasser verdampfen lassen. Die Pfanne vom Herd nehmen. Käse mit der Gabel zerdrücken und unter das Gemüse mischen. Mit Pfeffer abschmecken.

3 Backofen auf 225° (Gas Stufe 4) vorheizen. Ein großes Blech mit kaltem Wasser abspülen. Die Blätterteigplatten halbieren. Jede Hälfte auf einer bemehlten Fläche zu einem Kreis von etwa 12 cm Durchmesser ausrollen. In die Mitte eines jeden Kreises einen Teil der Füllung geben.

4 In einem Teller das Ei verquirlen, damit die Ränder einpinseln und eine Teighälfte über die andere klappen. Die Ränder mit einem Messer halbrund schneiden, so daß die Pastetchen nach dem Backen hübsch aussehen. Die Pastetchen auf das Blech legen, mit Ei einpinseln, mit Sesam bestreuen und im Ofen (Mitte) in 15–20 Min. goldgelb backen. Warm servieren.

Zucchini-Pastete

Von Kreta · Für Gäste **Kolokíthobouriko**

Zutaten für eine Springform
von 28 cm Ø, für 6 Portionen:
800 g Zucchini
3 EL Mehl
2 Yufka-Teigblätter
8 EL Olivenöl
200 g Feta-Käse (Schafskäse)
schwarzer Pfeffer, frisch gemahlen
1 Bund Dill
2 Eier
2 EL Sesamsamen

Zubereitungszeit: 30 Min.
(+ 1¼ Std. Backen)

Pro Portion: 1500 kJ/360 kcal

1 Zucchini waschen, abtrocknen, Stiel- und Blütenansätze abschneiden. Die Zucchini in etwa ½ cm dünne Scheiben schneiden. Mehl auf einen Teller sieben und die Zucchinischeiben darin wenden. Ein Yufka-Blatt aus der Folie nehmen, auseinanderfalten, halbieren, von beiden Seiten mit Wasser besprühen und mit einem feuchten Tuch bedeckt kurz ruhen lassen.

2 Form mit 2 EL Olivenöl einfetten, die Teigblatthälften kreuzförmig übereinander hineinlegen, Ränder überhängen lassen. Die Hälfte der Zucchini dachziegelartig einschichten.

3 Backofen auf 180° (Gas Stufe 2) vorheizen. Feta-Käse mit der Gabel zerkrümeln, über den Zucchini verteilen, mit Pfeffer bestreuen. Dillblättchen hacken und über den Käse streuen. Die zweite Schicht Zucchini darauf verteilen.

4 Das zweite Yufka-Blatt halbieren, mit Wasser besprühen und auf die Zucchini legen, überhängende Teigteile nach innen klappen und andrücken. Die Pastete in Quadrate von 4–5 cm Kantenlänge schneiden. Eier, 4 EL Wasser und 6 EL Olivenöl verquirlen, über der Pastete verteilen. Sesam darüber streuen. Im Ofen (Mitte) etwa 1¼ Std. backen, sofort servieren.

»Terraïeto«
Pastetchen aus Geflügelleber

Aus der Provence · Gut vorzubereiten

Zutaten für 12–16 Förmchen von 5 cm Ø:
100 g Weißbrot ohne Rinde
etwa 200 g Crème fraîche
500 g Geflügelleber (Hähnchen-, Puten- oder Entenleber)
2 Schalotten · 2 Knoblauchzehen
3 EL (fruchtiges) Olivenöl, kaltgepreßt · Salz
gemischter Pfeffer, frisch gemahlen
2 Prisen Thymianblättchen, getrocknet · 3–5 Stengel Petersilie
1 ganz frisches Eigelb

Zubereitungszeit: 1 Std.
(+ mind. 6 Std. Kühlen)
Bei 16 Förmchen pro Förmchen:
530 kJ/130 kcal

1 Brot in etwa 100 g Crème fraîche einweichen. Leber abbrausen, trockentupfen, Sehnen herausschaben, Leber grob zerkleinern. Schalotten schälen. Knoblauch häuten, halbieren und entkeimen. Beides so fein wie möglich hacken.

2 In einer großen Pfanne Öl erhitzen. Leber darin 3–5 Min. bei starker Hitze unter Wenden braten. Mit Salz, Pfeffer und Thymian würzen. Leber beiseite stellen. Schalotten und Knoblauch 3–5 Min. bei schwächster Hitze in der Pfanne glasig braten. Brot gut ausdrücken, zu den Schalotten und dem Knoblauch in die Pfanne geben, trockenbraten, vom Herd nehmen.

3 Petersilie abbrausen, trockenschütteln und kleinhacken. Abgekühlte Leber im Mixer pürieren. Leber mit einer Gabel mit Schalotten, Knoblauch, ausgedrücktem Brot, Eigelb und Petersilie verkneten. Ist die Farce zu fest, 1–2 EL Crème fraîche dazugeben. Mit Salz, Pfeffer und Thymian abschmecken.

4 Lebermus in die Förmchen streichen. Abgedeckt mind. 6 Std. kühlen. Innerhalb der nächsten 2 Tage zum Aperitif oder als Vorspeise servieren.

Wichtiger Hinweis: Bitte verwenden Sie nur ganz frische Eier von freilaufenden Hühnern, um das Salmonellenrisiko zu verringern.

Gâteau de foies de volaille
Geflügelleberpastete, provenzalische Art

Aromatisch · Gut vorzubereiten

Zutaten für 4–8 Portionen, für 1 Pastetenform von ¾ l Inhalt:
1 rote Paprikaschote (etwa 200 g)
etwas Öl für die Form
2 Scheiben roher Schinken (etwa 75 g)
4 Prisen Thymianblättchen, getrocknet
2 mittelgroße Schalotten (etwa 50 g)
4–6 Knoblauchzehen
500 g ganz frische Geflügelleber
4 EL (fruchtiges) Olivenöl, kaltgepreßt
2 cl Cognac · Salz
gemischter Pfeffer, frisch gemahlen
4 kleine Lorbeerblätter

Zubereitungszeit: 1 ¾ Std.
(+ 2 Tage Ruhen)
Bei 8 Portionen pro Portion:
750 kJ/180 kcal

1 Paprika abbrausen, trockentupfen. Auf dem Holzkohlegrill oder im Backofen etwa 20 Min. grillen. Inzwischen Form einölen, mit dem Schinken überlappend auslegen und 1 Prise Thymian bestreuen. Schalotten schälen, Knoblauch häuten, halbieren, entkeimen. Beides kleinhacken. Leber abbrausen, Sehnen herausschaben.

2 In einer großen Pfanne Olivenöl erhitzen. Schalotten und Knoblauch darin bei schwacher Hitze offen etwa 5 Min. dünsten. Leber dazugeben und etwa 2 Min. (!) bei starker Hitze unter Wenden anbraten, vom Herd nehmen. Mit Cognac übergießen, sofort anzünden. Mit Salz, Pfeffer und 1 Prise Thymian würzen. Im Mixer vermusen.

3 Backofen auf 150° vorheizen. Paprika häuten (s. Step S. 83), halbieren, Stielansatz und Kerne entfernen, Paprika salzen. Die Hälfte der Lebermasse in die Form streichen. Mit einer Paprikahälfte belegen und mit 1 Prise Thymian bestreuen. Restliches Lebermus einfüllen. Schinken darüber schlagen. Mit der zweiten Paprikahälfte bedecken. Lorbeer am Pastetenrand hineinschieben. Mit dem restlichen Thymian bestreuen. Mit Lochdeckel zudecken. Fettpfanne des Backofens etwa 3 cm hoch mit heißem Wasser füllen, Pastete darin im Backofen (Mitte; Umluft 140°) 35–45 Min. garen. Im offenen Backofen abkühlen und mind. 24 Std. im Kühlschrank durchziehen lassen. In der Form in Scheiben schneiden.

Vorspeisen und Salate **33**

Anchoïade

Languedoc · Gut vorzubereiten

Sardellenpüree

Zutaten für 4–6 Portionen:
10 Sardellen (etwa 125 g),
in Salz eingelegt, ersatzweise
20 Sardellenfilets, in Öl eingelegt
(selbstgemacht, s. Tip,
oder aus dem Glas) · ¼ l Milch
1–2 Knoblauchzehen
3 EL Olivenöl, kaltgepreßt
1 EL Essig von altem Rotwein
schwarzer Pfeffer, frisch gemahlen
außerdem: 1 Mörser

Zubereitungszeit: 30 Min.
(evtl. + 30 Min. Wässern)
Bei 6 Portionen pro Portion:
410 kJ/98 kcal

1 In Salz eingelegte Sardellen unter fließendem Wasser abspülen und entgräten. Sardellen für 15 Min. in die Hälfte der Milch legen, danach Milch erneuern. Nach weiteren 15 Min. Sardellen herausnehmen und abtropfen lassen. Knoblauch häuten, halbieren, entkeimen und grob hacken. Zusammen mit den Sardellen im (Marmor-)Mörser zu Brei zerdrücken. Öl und Essig unterrühren. Mit Pfeffer abschmecken.

2 Anchoïade auf Brotscheiben streichen, kurz überbacken und als kleinen Zwischenimbiß (Casse-croûte) reichen. Sie können Anchoïade auch zu Rohkost (Crudités), wie Staudensellerie, Artischocken, Möhren und Frühlingszwiebelchen, als Vorspeise servieren.

Tip! Sardellen in Öl für den Vorrat können Sie ganz leicht selbst herstellen: die in Salz eingelegten Sardellen wie unter 1 angegeben vorbereiten, dann in ein Glas etwas kaltgepreßtes Olivenöl gießen. Die Sardellen kreisförmig und locker in das Glas legen. Nur so viel Olivenöl dazu gießen, bis alle Sardellen bedeckt sind. Glas verschließen. Sardellen halten sich bei einer Temperatur von höchstens 15° wochenlang.

Sardellen werden im Hafen sofort mit Eisstückchen bedeckt.

Sardellen

Sardellen (Anchois), auch Anchovis genannt, gehören zur Familie der Sprotten, Heringe und Sardinen. Sie waren schon zu Zeiten der Römer ein Leckerbissen. Die 15–20 cm langen Fische werden im Golf von Lion (Mittelmeer) im Schein von Acetylen-Lampen (au lampero) gefangen und auf dem Schiff in Holzkistchen gepackt.

Worauf sollte man beim Kauf achten? Bei frischen Sardellen ist der Rücken schillernd blau und die Seiten silbrig. Die Augen schauen noch lebendig, der Körper ist prall. Später werden die Sardellen schlaff, und Kopf sowie Unterseite röten sich. Anchovis werden wie Sardinen gegessen, also roh mit Zitronensaft beträufelt, gegrillt, gefüllt oder eingelegt. Die besten französischen Anchovis, nach traditioneller Art in Salz eingelegt, kommen aus dem mittelalterlichen Dorf Collioure, südlich von Perpignan. In kleinen Betrieben werden die Sardellen noch am Fangtag schichtweise mit grobem Meersalz in große Fässer gefüllt. In der Salzlake färbt sich das Fleisch schinkenartig rosarot. Spätestens nach einem Jahr kommen die Sardellen filetiert oder ganz, aber ohne Kopf, mit frischer Salzzugabe oder Öl in Portionsgläser. Diese Halbkonserven halten sich ungeöffnet bei höchstens 15° genau ein Jahr lang.

Zucchinipuffer
Mücver

Istanbul · Braucht etwas Zeit

Zutaten für 4 Portionen:
800 g möglichst kleine, feste Zucchini
Salz
3 Frühlingszwiebeln
1 Bund Dill
1 Bund glatte Petersilie
3 EL Mehl
2 EL Kaşar-Käse (ersatzweise Emmentaler), frisch gerieben
3 Eier
100 ml Sonnenblumenöl zum Braten

Zubereitungszeit: 1 Std.

Pro Portion: 700 kJ/170 kcal

1 Zucchini waschen, Stiel- und Blütenansätze abschneiden. Schadhafte Stellen mit dem Messer abschaben. Zucchini auf der Küchenreibe grob raspeln und mit Salz vermischt etwa 15 Min. Saft ziehen lassen.

2 Frühlingszwiebeln putzen, waschen und in sehr dünne Ringe schneiden. Dill und Petersilie waschen und trockenschütteln, die Blättchen fein hacken. Zucchini in ein Haarsieb geben und die ganze Flüssigkeit auspressen.

3 Zucchinimasse mit Frühlingszwiebeln, Kräutern, Mehl, geriebenem Käse und Eiern gründlich verrühren. Die Mischung mit Salz abschmecken.

4 In einer Pfanne 2–3 EL Öl erhitzen. Mit einem Eßlöffel die Zucchinimasse portionsweise in die Pfanne geben, etwas flachdrücken und von jeder Seite bei mittlerer Hitze 2–3 Min. goldbraun braten. Zucchinipuffer auf Küchenpapier entfetten und warm stellen. Auf diese Weise alle Puffer braten und heiß servieren.

Getränke: Rakı, mit Eiswasser verdünnt, oder gut gekühlter, trockener Weißwein, z.B. ein Kavaklıdere Primeur aus Kappadokien, schmecken gut dazu.

Kräuter-Käsecreme
Haydari

Mittelmeerküste · Gelingt leicht

Zutaten für 4–6 Portionen:
Kaffeefiltertüte
4 Becher säuerlicher Vollmilchjoghurt (je 175 g)
200 g Schafkäse (Beyaz peynir)
½ Bund glatte Petersilie · ½ Bund Dill
½ Bund Minze (oder 1 gehäufter TL getrocknete Minze)
2 Knoblauchzehen
1 EL Zitronensaft
2 rote scharfe Peperoni
50 g schwarze Oliven

Zubereitungszeit: 30 Min. + Kühlen

Bei 6 Portionen pro Portion: 790 kJ/190 kcal

1 Ein Spitzsieb über eine Schüssel hängen, eine Kaffeefiltertüte hineinstecken, Joghurt einfüllen und etwa 20 Min. abtropfen lassen.

2 Inzwischen Schafkäse in einer Schüssel mit der Gabel sehr fein zerdrücken. Kräuter waschen und trockenschütteln, die Blättchen sehr fein hacken und zum Käse geben. Knoblauch schälen und durch die Presse dazudrücken. Alles gut vermischen.

3 Abgetropften Joghurt und Zitronensaft zum Schafkäse geben. Alles gründlich verrühren, so daß eine geschmeidige Paste entsteht. Die Kräuter-Käsecreme 1 Std. in den Kühlschrank stellen.

4 Peperoni waschen, von den Stielansätzen befreien und die Schoten in Ringe schneiden. Wer sie weniger scharf mag, halbiert die Peperoni der Länge nach, entfernt Kerne und Rippen und schneidet die Schoten in Streifchen. Oliven kalt abspülen und trockentupfen. Haydari auf einer kleinen Platte anrichten und mit Peperoni und Oliven garnieren.

Huhn auf Tscherkessenart

Istanbul · Braucht etwas Zeit

Çerkez tavuğu

Zutaten für 6 Portionen:
1 küchenfertiges Hähnchen
(etwa 1,2 kg)
Salz
1 TL schwarze Pfefferkörner
1 mittelgroße Möhre (100 g)
1 mittelgroße Zwiebel (100 g)
300 g Walnußkerne
je ½ TL mildes und scharfes
Paprikapulver
6 Scheiben Toastbrot
¼ l Brühe vom Hähnchen
¼ l Milch
schwarzer Pfeffer, frisch gemahlen
4 EL Walnußöl
1 Msp. Cayennepfeffer
½ Bund glatte Petersilie

Zubereitungszeit: 1 Std.
(+ 1 Std. Garen
+ 30 Min. Ruhen)

Pro Portion: 3100 kJ/740 kcal

1 Hähnchen innen und außen abspülen, in einen Topf legen und knapp mit Wasser bedecken. Salz und Pfefferkörner einstreuen. Möhre und Zwiebel schälen, in Stücke schneiden und dazugeben. Alles aufkochen lassen. Schaum abschöpfen und das Hähnchen zugedeckt bei schwacher Hitze in 50–60 Min. garen, aus der Brühe nehmen und abkühlen lassen. ¼ l Brühe abmessen.

2 Bis auf 8 Hälften alle Walnüsse im Mixer fein zerkleinern. Zerkleinerte Nüsse in einer Kasserolle mit dem Paprikapulver vermischen und unter Rühren bei mittlerer Hitze etwa 5 Min. rösten, bis die Nüsse Öl ausschwitzen, dann abkühlen lassen.

3 Toastbrot entrinden, in etwa ¼ l Hühnerbrühe einweichen und leicht ausdrücken. Brot sehr fein mit der Gabel zerdrücken, mit der Milch unter die Walnußmasse rühren, so daß eine dicke Paste entsteht. Von dem Hähnchen Brust- und Keulenfleisch auslösen. (Das übrige Fleisch und die Brühe können Sie für eine Suppe verwenden.)

4 Das ausgelöste Fleisch mehrmals durchschneiden und die Stücke mit den Fingern zu feinen Fasern auseinander zupfen. Mit Salz, 1 Prise Pfeffer würzen und die Hälfte der Nußpaste daruntermischen. Die Hälfte der Mischung auf eine Servierplatte geben und glattstreichen. Walnußöl mit Cayennepfeffer verrühren und die Hälfte des gewürzten Öls über das Fleisch auf der Platte träufeln.

5 Anschließend 3 EL Nußpaste darüber verteilen, mit der verbliebenen Fleisch-Nuß-Mischung bedecken. Darauf die restliche Nußpaste streichen, mit dem übrigen Walnußöl beträufeln. Petersilie waschen und trockenschütteln, die Blättchen abzupfen. Damit und mit den 8 Nußhälften das Gericht garnieren. Dieses vor dem Servieren etwa 30 Min. bei Raumtemperatur durchziehen lassen.

 # Eingelegte Paprikaschoten

Antalya · Gut vorzubereiten

Biber turşusu

Zutaten für ein 4-l-Glas mit Schraub- oder Klemmdeckel oder für zwei 2-l-Gläser:
2 ½ kg runde dünnschalige Paprikaschoten (Dolmalık biber)
1 Bund frische Minze
10 Knoblauchzehen · 1 Ei
1 Paket Salz (500 g)
etwa 0,7 l Rotweinessig
1 gehäufter TL Zitronensalz (Limontuzu)
1 TL Zucker
1 EL Kichererbsen

Zubereitungszeit: 45 Min.
(+ 4–5 Tage zum Durchziehen)

Pro 100 g Paprikaschoten:
89 kJ/21 kcal

1 Glas und Deckel gründlich reinigen. Paprikaschoten und Minze waschen, in einem Sieb abtropfen lassen. Die Hälfte der Minzestengel auf den Boden des Glases legen. Paprikaschoten auf der entgegengesetzten Seite der Kappe, also auf der unteren Rundung, kreuzweise etwa 1 cm tief einschneiden. Knoblauch schälen. Paprika abwechselnd mit dem Knoblauch in das Glas schichten.

2 Gut 3 l kaltes Wasser in eine Schüssel gießen, das rohe Ei in der Schale hineinlegen. Nach und nach Salz einrieseln lassen, dabei ständig rühren, damit es sich auflöst. Wenn das Ei an die Oberfläche steigt, ist das Wasser ausreichend mit Salz gesättigt. Ei herausnehmen.

3 Den Essig einfüllen. Dann so viel Salzwasser über die Schoten gießen, bis das Glas fast voll ist. (Je nach Größe des Gefäßes muß noch genügend Platz bleiben, damit eine Tasse oder ein Teller zum Beschweren hineinpaßt.) Zitronensalz, Zucker und Kichererbsen dazugeben. Das Glas hin- und herdrehen, damit die Zutaten sich verteilen. Alles mit den restlichen Minzestengeln bedecken und mit einer Tasse oder einem Teller beschweren. Das Glas verschließen, kühl und dunkel stellen. Nach 4–5 Tagen kann man die Schoten bereits probieren. Sie halten sich monatelang.

Tip! Eingelegte Paprikaschoten werden gegessen, indem man am Kreuzschnitt beginnend Streifen abzieht, Kerngehäuse und Stiel bleiben übrig.

Eingelegtes

Gemüse und Früchte sauer einzulegen, entwickelten die Türken zu einer wahren Kunst. Bereits unter Mehmet II., dem Eroberer Konstantinopels (1453), gab es in der Küchenbrigade des Palastes einen ausschließlich für Turşu, Eingelegtes, verantwortlichen Koch. Eingelegt werden verschiedene Gemüsesorten, einzeln oder gemischt, in Salzwasser oder in Salzwasser mit Essig, wie Gurken, kleine Kürbisse, Bohnen, Mais, Möhren und Paprika. Besonders appetitlich sind rote oder grüne Paprikaschoten und kleine Auberginen, gefüllt mit feinen Kohlstreifen und umwickelt mit Selleriestengeln. Jeder Turşu-Hersteller legt Wert auf eine dekorative Anordnung seiner Ware im Glas. Früchte wie Pflaumen, Birnen, Quitten und Kirschen eignen sich auch zum Einlegen. Turşu-Läden sind heute leider im Aussterben begriffen. Einer der schönsten in Istanbul liegt im Stadtteil Cihangir. Zumindest die Karren der Turşu-Händler gehören immer noch zum gewohnten Straßenbild in größeren Städten. Auch der flüssige Inhalt der Gläser, das Einlegewasser, wird gerne getrunken. Lahana turşusu, eingelegter Weißkohl, ist an der Schwarzmeerküste besonders geschätzt, wo er gerne mit Knoblauch in der Pfanne gedünstet wird. Turşu fehlt bei keiner Vorspeise. Im Winter wird es gerne zu Gerichten mit Hülsenfrüchten gereicht.

In Turşu-Läden findet man eingelegte Gemüse und Früchte jeder Art.

Fleischbällchen

Ganz Spanien · Braucht etwas Zeit

Albóndigas en salsa de tomate

Zutaten für 4–6 Portionen:
1 große Zwiebel
6 EL Olivenöl
5 cl trockener Sherry Fino
750 g Fleischtomaten
1 Lorbeerblatt
⅛ l Fleischbrühe
600 g Hackfleisch, gemischt
2 Knoblauchzehen
1 Bund glatte Petersilie
2 Eier
3 EL Paniermehl
Salz
schwarzer Pfeffer, frisch gemahlen
1 Prise scharfes Paprikapulver

Zubereitungszeit: 30 Min.
(+ 40 Min. Garen)

Bei 6 Portionen pro Portion:
2800 kJ/670 kcal

1 Zwiebel schälen und fein hacken. 2 EL Olivenöl in einem Topf erhitzen und die Zwiebel darin bei schwacher Hitze weich dünsten. Mit Sherry ablöschen.

2 Inzwischen Tomaten überbrühen, häuten, quer halbieren und entkernen. Das Fruchtfleisch kleinhacken, in den Topf geben und das Lorbeerblatt einlegen. Fleischbrühe dazugießen, langsam aufkochen und zugedeckt etwa 30 Min. köcheln lassen.

3 Inzwischen Hackfleisch in eine Schüssel füllen. Knoblauch schälen und dazupressen. Petersilie waschen, trockenschütteln, abzupfen, fein hacken und die Hälfte davon mit den Eiern und dem Paniermehl dazugeben. Alles gut durchmischen und mit Salz, Pfeffer und Paprikapulver kräftig würzen.

4 Aus dem Fleischteig mit angefeuchteten Händen etwa 20 walnußgroße Bällchen formen. Das restliche Olivenöl in einer großen Pfanne erhitzen und die Hackfleischbällchen darin bei mittlerer Hitze rundum braun braten.

5 Die Tomatensauce mit Salz, Pfeffer und Paprikapulver kräftig würzen. Die Hackfleischbällchen in die Sauce legen und weitere 10 Min. bei schwacher Hitze ziehen lassen. Mit der restlichen Petersilie bestreuen und mit Weißbrot servieren.

Getränke: Ein trockener Sherry Fino oder Manzanilla passen ausgezeichnet zu diesem Gericht.

Perlzwiebeln in Sherryessig

Aus Andalusien · Gelingt leicht

Cebolletas al vinagre de jerez

Zutaten für 4–6 Portionen:
500 g Perlzwiebeln (ersatzweise Schalotten)
6 EL Olivenöl
150 ml Sherryessig
1 Nelke
1 getrocknete Chilischote
1 Zweig Thymian
1 Lorbeerblatt
1 TL schwarze Pfefferkörner
1 TL Salz
1 Prise Zucker

Zubereitungszeit: 30 Min.
(+ 30 Min. Garen + 1 Std. Kühlen)

Bei 6 Portionen pro Portion:
750 kJ/180 kcal

1 Perlzwiebeln schälen. Olivenöl in einem breiten Topf erhitzen und die Perlzwiebeln darin goldgelb braten.

2 Sherryessig und ¼ l Wasser dazugießen. Nelke, Chilischote, Thymianzweig, Lorbeerblatt, Pfefferkörner, Salz und Zucker hinzufügen.

3 Die Zwiebeln zugedeckt bei mittlerer Hitze etwa 30 Min. köcheln. In dem Sud ganz auskühlen lassen.

Info: Sherryessig ist eine bei Gourmets beliebte Spezialität. Er wird aus Sherry produziert und gibt Salaten, Gemüse, Fleischgerichten und Saucen mit seinem charakteristischen Aroma und seiner würzigen Säure einen ganz besonderen Geschmack. Sie finden ihn in allen gut sortierten Supermärkten und Feinkostläden.

Tip! Die Perlzwiebeln schmecken als Tapa, aber auch als Beilage zu gegrilltem und gekochtem Fleisch oder Wild hervorragend.

Knoblauchgarnelen

Aus Kantabrien · Geht schnell

Gambas al ajillo

Zutaten für 4 Portionen:
500 g rohe Garnelen, ungeschält
2 frische oder 2 getrocknete rote Chilischoten
6–8 Knoblauchzehen
200 ml Olivenöl
Salz
schwarzer Pfeffer, frisch gemahlen

Zubereitungszeit: 20 Min.

Pro Portion: 2400 kJ/570 kcal

1 Garnelen aus den Schalen lösen, am Rücken aufschlitzen und den Darm entfernen. Kalt abspülen und trockentupfen.

2 Chilischoten entkernen, waschen, ausspülen und in schmale Ringe schneiden. Vorsicht, sind sehr scharf! Bitte darauf achten, daß Sie nicht mit Ihren Händen an die Augen kommen. (Getrocknete Chilischote zerdrücken.) Knoblauchzehen schälen und längs vierteln.

3 Olivenöl in einer Pfanne oder vier Portionspfännchen stark erhitzen. Chili, Knoblauch und Garnelen hineingeben, leicht salzen und pfeffern und 2–3 Min. bei starker Hitze garen.

4 Die Knoblauchgarnelen sofort im Förmchen servieren. Dazu frisches Weißbrot reichen.

Getränke: Ein trockener Sherry Fino oder Manzanilla passen gut dazu.

Info: Knoblauchgarnelen sind eine der beliebtesten Tapas. Sie werden meistens in dem Pfännchen oder Tonförmchen serviert, in dem sie zubereitet wurden. Ganz wichtig ist erstklassiges Olivenöl.

Tip! Als Ersatz für die frischen, können Sie auch tiefgekühlte oder vorgegarte Garnelen verwenden. Die vorgegarten Garnelen nur ganz kurz erhitzen, sonst werden sie zäh.

Die Knoblauchzwiebel besteht aus etwa 15 Nebenzwiebeln, den Zehen.

Knoblauch

Knoblauch ist eines der gesündesten Gemüse oder Gewürze. Er fördert nachweislich die Gehirndurchblutung, ist sehr vielseitig verwendbar und gibt jeder Speise südländischen Charakter. Spanien ist eines der größten Anbauländer für Knoblauch, und sein Aroma ist typisch für die Landesküche. In Würsten, Aufstrichen, Fisch-, Fleisch- und Geflügelgerichten ist die aromatische Knolle unersetzlich. Es gibt zwei Grundtypen, die sich in der Farbe der Schale voneinander unterscheiden. Ajo blanco, weißer Knoblauch, ist preisgünstig und lange haltbar.

Ajo morado, rosa Knoblauch, fast violett bis rötlich, ist ein beliebter Exportartikel. Je frischer, desto bekömmlicher und aromatischer ist Knoblauch. Wenn eine Zehe im Inneren schon einen grünen Trieb hat, sollte man ihn entfernen, da er die Speisen bitter macht.

Vorspeisen und Salate

Hühnerbrüstchen in Sherry

Aus Andalusien · Geht schnell

Pechuga de pollo en salsa de jerez

Zutaten für 4 Portionen:
600 g Hühnerbrustfilets
Salz · Mehl zum Wenden
2 EL Olivenöl
schwarzer Pfeffer, frisch gemahlen
¼ l trockener Sherry Fino
⅛ l Hühnerbrühe
2 Knoblauchzehen
1 Zweig Thymian
1 kleines Glas Oliven, mit Paprika gefüllt

Zubereitungszeit: 40 Min.

Pro Portion: 1100 kJ/260 kcal

1 Hühnerbrustfilets in etwa 3 cm große Stücke schneiden, salzen und in Mehl wenden.

2 Olivenöl in einer großen Pfanne erhitzen. Hühnerbruststücke darin portionsweise bei starker Hitze kurz von allen Seiten anbraten, salzen, pfeffern und herausnehmen.

3 Olivenöl wegkippen, den Bratsatz mit Sherry loskochen und mit Hühnerbrühe aufgießen. Knoblauch schälen und dazupressen. Thymianzweig hinzufügen und die Sauce im offenen Topf um etwa ein Drittel einkochen.

4 Hühnerbruststücke in der Sauce bei schwacher Hitze etwa 10 Min. ziehen lassen. Oliven in Scheiben schneiden und nach 5 Min. dazugeben. Mit Weißbrot servieren.

Getränk: Ein trockener Sherry Fino paßt ausgezeichnet dazu.

Gefüllte Champignons

Aus Extremadura · Gelingt leicht

Champiñones rellenos

Zutaten für 4–6 Portionen:
16–20 möglichst große
Champignons
1 kleine Zwiebel
2 EL Olivenöl
300 g Chorizos (rote Paprikawurst)
1 Knoblauchzehe
Salz · 1 Bund glatte Petersilie
schwarzer Pfeffer, frisch gemahlen
1 TL mildes Paprikapulver

Zubereitungszeit: 55 Min.

Bei 6 Portionen pro Portion:
880 kJ/210 kcal

1 Champignons putzen, kurz abwaschen oder trocken abreiben. Die Stiele der Pilze herausdrehen und fein hacken.

2 Zwiebel schälen und sehr fein hacken. 1 EL Olivenöl in einer Pfanne erhitzen und die Zwiebel darin andünsten, dann die gehackten Pilzstiele dazugeben und dünsten, bis fast alle Flüssigkeit verdampft ist. Den Backofen auf 220° (Gas Stufe 4) vorheizen.

3 Chorizos pellen oder aus der Haut direkt in die Pfanne drücken und zerkleinern. Knoblauch schälen und dazupressen. Alles zusammen etwa 8 Min. bei schwacher Hitze braten.

4 Inzwischen Petersilie waschen, trockenschütteln, abzupfen und fein hacken. Die Wurstfüllung mit Salz, Pfeffer und Paprika würzen, etwas abkühlen lassen und die Petersilie untermischen.

5 Die Pilzköpfe mit der Masse füllen. Mit dem restlichen Olivenöl eine Auflaufform einölen und die gefüllten Pilzköpfe nebeneinander hineinsetzen. Auf der mittleren Schiene des vorgeheizten Backofens 10–12 Min. garen.

Tip! Schmeckt mit Weißbrot, Tomatenachteln und anderen Tapas.

Gebackene Paprikaschoten

Aus Zentralgriechenland Piperiés stó foúrno

Zutaten für 4 Portionen:
500 g lange, spitze, mittelgroße grüne oder rote Paprikaschoten
1 mittelgroße Zwiebel
2 Knoblauchzehen
300 g Tomaten
5 EL Olivenöl
2 EL Tomatenmark
½ Bund Dill
Salz
schwarzer Pfeffer, frisch gemahlen
150 g Graviéra-Käse
(ersatzweise Greyerzer)
50 g Feta-Käse (Schafkäse)

Zubereitungszeit: 30 Min.
(+ 20 Min. Backen)

Pro Portion: 990 kJ/240 kcal

1 Paprikaschoten waschen und abtrocknen. Zwiebel und Knoblauch schälen und klein würfeln. Tomaten mit heißem Wasser übergießen, häuten, Stielansätze entfernen und das Fruchtfleisch würfeln. Backofen auf 225° (Gas Stufe 4) vorheizen.

2 In einer Pfanne 3 EL Olivenöl erhitzen. Paprikaschoten im Ganzen bei mittlerer Hitze rundum anbraten, aber nicht braun werden lassen. Schoten aus der Pfanne nehmen und beiseite stellen.

3 Das restliche Olivenöl in die Pfanne geben. Zwiebel und Knoblauch glasig dünsten. Tomatenstücke mit dem Saft untermischen und kräftig mitschmoren. Tomatenmark in 300 ml Wasser verrühren und untermischen. Sauce zugedeckt bei mittlerer Hitze etwa 5 Min. kochen.

4 Dill abspülen, trockenschütteln, die Blättchen grob hacken und unter die Sauce rühren. Diese mit Salz und Pfeffer abschmecken und in eine große Auflaufform gießen. Paprika dazwischen legen, aber nicht mit Sauce bedecken. Alles im Ofen (Mitte) etwa 15 Min. backen.

5 Graviéra-Käse grob raspeln, Feta-Käse fein zerbröckeln, auf die Schoten streuen und weitere 5 Min. backen, heiß oder warm mit frischem Brot servieren.

Getränke: Retsina, aber auch ein leichter roter Landwein passen gut dazu.

Tip! Wer nur große Schoten bekommt, halbiert sie einfach.

Tzatzíki

Vom griechischen Festland — Joghurt mit Gurke

Zutaten für 4 Portionen:
600 g griechischer Schafmilch-Joghurt (6–8% Fett i.Tr., ersatzweise 5 Becher Bulgara-Joghurt à 175 g)
3 kleine Gärtnergurken oder 1 große, feste Salatgurke (etwa 400 g)
Salz
2–3 Knoblauchzehen
1 EL Weißweinessig
2 EL Olivenöl
2 Zweige frische Minze

Zubereitungszeit: 25 Min. (+ 10 Min. Kühlen)

Pro Portion: 830 kJ/200 kcal

1 Eine große Kaffeefiltertüte in ein Spitzsieb stecken oder ein Haarsieb mit einem Moltontuch auskleiden und den Joghurt hineingeben. Sieb über eine Schüssel hängen und den Joghurt etwa 20 Min. abtropfen lassen, bis er ziemlich fest ist.

2 Inzwischen Gurken waschen, Stiel- und Blütenansätze abschneiden. Die Gurken mit Schale grob raspeln, 1 TL Salz untermischen und etwa 10 Min. stehenlassen, damit sie Wasser ziehen. Gurken in ein Sieb geben und etwas ausdrücken. Knoblauch schälen.

3 Joghurt und Gurken in eine Schüssel geben. Den Knoblauch durch die Knoblauchpresse dazudrücken. Essig und Olivenöl hinzufügen und alles gründlich vermischen. Tzatziki mit Salz abschmecken und etwa 10 Min. kühlstellen. Mit Minzeblättchen garniert servieren.

Getränke: Ein leichter trockener Weißwein, ein Côtes de Meliton aus Nordgriechenland oder ein Retsina passen besonders gut.

Tip! Tzatzíki wird meist einfach nur mit Brot als Vorspeise serviert. Man kann die Joghurt-Gurken-Speise aber auch zu gegrillten Lammkoteletts, zu Brat- oder Grillfisch reichen.

Fischrogenpaste
Taramósaláta

Aus Nordgriechenland · Gelingt leicht

Zutaten für 4 Portionen:
2 große Brötchen vom Vortag (etwa 200 g)
100–125 g Tarama (gepreßte Fischrogenmasse)
50 ml Olivenöl
Saft von 1 Zitrone
1 Bund Petersilie
50 g schwarze Oliven

Zubereitungszeit: 30 Min. (+ 1 Std. Ruhen)

Pro Portion: 940 kJ/220 kcal

1 Von den Brötchen die Kruste dünn abreiben. Brötchen in lauwarmem Wasser einweichen, in einem Sieb gut ausdrücken, mit den Fingern auseinanderzupfen und mit der Gabel sehr fein zerdrücken. Tarama hinzufügen und mit einem Holzlöffel, besser mit der Hand, gründlich unterarbeiten, so daß sich Tarama und Brot gut verbinden.

2 Dann abwechselnd etwas Olivenöl und 3–4 EL Zitronensaft mit dem Holzlöffel unterarbeiten, so daß eine geschmeidige, homogene Paste entsteht. Zwischendurch abschmecken. Die Paste ist gut, wenn der Geschmack der Fischrogen deutlich schwächer geworden ist, er darf nicht dominieren.

3 Die Paste zugedeckt etwa 1 Std. in den Kühlschrank stellen. Vor dem Servieren Petersilie abspülen und trockenschütteln. Die Blättchen auf einem Teller auslegen. Die Paste noch einmal durchrühren und auf den Blättchen anrichten. Mit Oliven dekorieren und mit Weißbrot servieren.

Getränk: Ein gut gekühlter Retsina paßt am besten dazu.

Tip! Die Fischrogen, eine feste, rötliche Masse aus zerdrücktem, gesalzenem und zusammengepreßtem Meeräsche- oder Dorschkaviar, gibt es in griechischen Lebensmittelläden.

Ausgebackene Muscheln
Mídia tigánita

Aus Nordgriechenland

Zutaten für 4 Portionen:
1 Ei · 1 EL Olivenöl
weißer Pfeffer, frisch gemahlen
Salz · 100 g Mehl
1 ½ kg Miesmuscheln
1 Möhre · 1 mittelgroße Zwiebel
1 Stange Bleichsellerie
1 Lorbeerblatt
1 TL schwarze Pfefferkörner
2 Nelken · 1 Stück unbehandelte Zitronenschale (etwa 3 cm)
¼ l trockener Weißwein
Öl zum Ausbacken
je 1 Bund Rucola und Petersilie
2 unbehandelte Zitronen

Zubereitungszeit: 1 ¼ Std.

Pro Portion: 730 kJ/ 170 kcal

1 Für den Teig Ei mit ⅛ l Wasser, Öl, 1 Prise Pfeffer und Salz verquirlen. Mehl sieben und hineinrühren. Etwa 1 Std. zugedeckt ruhen lassen. Inzwischen Muscheln gründlich waschen und bereits geöffnete Exemplare wegwerfen. Möhre und Zwiebel schälen, in Scheiben schneiden. Sellerie putzen, waschen und in Stücke schneiden.

2 Das Gemüse mit Lorbeerblatt, Pfefferkörnern, Nelken, Zitronenschale, 1 TL Salz, Wein und 1¾ l Wasser in einen Topf geben und aufkochen. Muscheln hineingeben und zugedeckt bei mittlerer Hitze etwa 10 Min. kochen. Dann etwa 30 Min. abkühlen lassen und Muscheln, die sich nicht geöffnet haben, wegwerfen. Sie sind nicht genießbar.

3 Muschelfleisch aus den Schalen lösen und abtropfen lassen. Öl im Fritiertopf oder etwa 6 cm hoch in einer kleinen Pfanne erhitzen, bis an einem hineingehaltenen Hölzchen Bläschen hochsteigen. Vorsicht, Spritzgefahr! Die Muscheln durch den Teig ziehen und im Öl goldgelb ausbacken. Dann auf Küchenpapier entfetten. Die Muscheln mit Petersilie und Rucola garnieren. Zitronen achteln und dazu anrichten.

Getränk: Ein weißer trockener Wein von Santorin paßt hervorragend dazu.

Vorspeisen und Salate

Gefüllte Weinblätter

Aus Zentralgriechenland **Dolmadákia**

Zutaten für 6 Portionen:
300 g eingelegte Weinblätter
200 g Langkornreis
200 g mittelgroße Zwiebeln
5 EL Olivenöl
4 EL Pinienkerne, geschält
4 EL Korinthen
Salz
1 Msp. Zucker
schwarzer Pfeffer, frisch gemahlen
1 Msp. Pimentpulver
½ Bund Petersilie
½ Bund Dill
2 Zweige frische oder
1 gehäufter TL getrocknete Minze
Saft von 1 Zitrone
1 unbehandelte Zitrone
außerdem: Frische Weinblätter
für die Dekoration

Zubereitungszeit: 1¼ Std.
(+ 1¼ Std. Garen
+ 1 Std. Ruhen)

Pro Portion: 1100 kJ/260 kcal

1 In einem großen Topf Wasser zum Kochen bringen. Die Weinblätter vorsichtig auseinandernehmen und 5–8 Min. vorgaren. Mit der Schaumkelle herausnehmen, abtropfen lassen und auf einem Tuch auslegen.

2 Reis in einem Sieb abbrausen, Wasser abschütteln. Zwiebeln schälen, in ein Schüsselchen reiben. 3 EL Olivenöl in einem Topf erhitzen. Pinienkerne und Korinthen kurz anbraten. Reis und Zwiebeln untermischen und bei mittlerer Hitze glasig werden lassen.

3 ⅜ l Wasser, Salz, Zucker, 1 Prise Pfeffer und Piment untermischen. Reis zugedeckt bei schwacher Hitze in etwa 15 Min. fast gar kochen. Gelegentlich umrühren.

4 Inzwischen Kräuter abspülen, trockenschütteln, Blättchen fein hacken und unter den fast garen Reis rühren. Weinblätter auf die Arbeitsfläche legen und Stiele abschneiden. Auf die breite Seite jedes Blattes 1 TL Reis geben.

5 Erst die breite Seite, dann die beiden Seiten rechts und links etwas über die Füllung klappen.

6 Das Ganze zur Spitze hin aufrollen. Röllchen, mit den Blattenden nach unten, dicht nebeneinander in einen Topf mit breitem Boden legen. Zitronensaft und 2 EL Öl darüber gießen.

7 Röllchen mit einem umgedrehten Teller beschweren. So viel heißes Wasser dazugießen, daß sie bedeckt sind. Bei schwacher Hitze etwa 1 Std. köcheln, dann im Topf etwa 1 Std. kalt werden lassen. Auf frischen Weinblättern anrichten und mit Zitronenscheiben garniert servieren.

Getränk: Ein fruchtiger Rosé-Wein der Insel Rhodos paßt besonders gut dazu.

Tip! Werden frische Weinblätter verwendet, müssen Sie diese zuvor etwa 5 Min. kochen. Sie lassen sich für später auch gut einfrieren.

Crostini di fegato di pollo

Aus der Toskana · Für Gäste

Geröstetes Weißbrot mit Hühnerlebercreme

Zutaten für 4 Portionen:
8 frische Hühnerlebern
1 mittelgroße Zwiebel
1 Möhre
1 Stange Bleichsellerie
2 Bund Petersilie
1 Knoblauchzehe
2 EL Butter
5 EL Olivenöl, kaltgepreßt
⅛ l trockener Vin Santo oder Weißwein
Salz
schwarzer Pfeffer aus der Mühle
Saft von 1 Zitrone
1 EL Kapern
1 TL Sardellenpaste
⅛ l Fleischbrühe
12 Scheiben toskanisches Weißbrot oder Baguette

Zubereitungszeit: 1½ Std.

Pro Portion: 1900 kJ/450 kcal

1 Hühnerlebern sorgfältig putzen, waschen, trockentupfen. Zwiebel schälen und hacken, Gemüse putzen und klein schneiden. Petersilie waschen und trockenschütteln. 1 Bund mit dem geschälten Knoblauch sehr fein hacken.

2 In einer Pfanne 1 EL Butter mit 1 EL Olivenöl erhitzen. Zwiebeln und Gemüse anschmoren. Hühnerlebern dazugeben, kurz anbraten, die Hälfte des Vin Santo angießen und verdampfen lassen. Das Ganze zugedeckt bei mittlerer Hitze etwa 15 Min. ziehen lassen. Salzen und pfeffern. Gehackte Petersilie, Knoblauch und Saft von 1 Zitrone hinzufügen.

3 Backofen auf 200° (Gas Stufe 3) vorheizen. Hühnerlebermischung mit 1 TL Kapern im Mixer pürieren. Die Masse zusammen mit der Sardellenpaste zurück in die Pfanne geben. 1 EL Butter hinzufügen und zugedeckt etwa 5 Min. leicht köcheln lassen. Ab und zu mit Fleischbrühe und mit dem übrigen Vin Santo begießen. Die Masse darf nicht zu flüssig sein.

4 Weißbrotscheiben auf einem Backblech verteilen, mit dem übrigen Olivenöl beträufeln und im Backofen (oben) 4–5 Min. goldbraun rösten. Die Scheiben mit der Leberpaste bestreichen. Mit Kapern und gezupften Petersilieblättern dekorieren. Heiß servieren.

Wein: Ein gut gelagerter granatroter Chianti Classico, z. B. ein anspruchsvoller Coltibuono aus der Toskana, schmeckt gut dazu.

Variante: Crostini al tonno
(Crostini mit Thunfisch)
Statt Hühnerlebern können Sie die gerösteten Weißbrotscheiben mit einer frischen Thunfischpaste bestreichen, die aus 100 g Butter und 150 g Thunfisch ohne Öl besteht. Sie können die Masse mit 1 TL Sardellenpaste abschmecken. Die bestrichenen Brotscheiben mit 2 TL Kapern und ½ Bund gezupfter Petersilie belegen und mit Zitronenscheiben dekorieren. Dazu schmeckt ein frischer Weißwein, wie etwa ein Tocai aus Friaul.

Pizzette di patate

Aus Apulien · Gelingt leicht

Kleine Pizzen aus Kartoffelteig

Zutaten für 4 Portionen:
500 g mehlige Kartoffeln
Salz · 1 große Zwiebel
150 g geräucherter, durch-
wachsener Speck ohne Schwarte
in Scheiben
100 g Mehl
(+ Mehl für das Backbrett)
1 Ei · 1 Prise Muskatnuß, gerieben
2 EL Olivenöl
(+ Öl für das Backblech)
400 g frische Tomaten
(oder aus der Dose)
1 Bund Petersilie

Zubereitungszeit: 1 Std.

Pro Portion: 2400 kJ/570 kcal

1 Die Kartoffeln schälen, vierteln und in einem Topf mit Salzwasser in etwa 20 Min. garen.

2 Zwiebel schälen, in dünne Ringe schneiden. Den Speck in Würfel schneiden und in einer Pfanne auslassen. Speckwürfel mit einem Schaumlöffel aus dem Fett nehmen und beiseite stellen. Die Zwiebeln in die Pfanne geben und im ausgelassenen Fett glasig werden lassen.

3 Die noch heißen Kartoffeln durch die Kartoffelpresse auf ein bemehltes Backbrett drücken und abkühlen lassen. Mehl und Ei dazugeben, mit etwas Salz und 1 Prise Muskatnuß würzen. 1 EL Olivenöl unter die Kartoffelmasse arbeiten und alles zu einem glatten Teig kneten. Kartoffelteig in vier Portionen teilen. Jede Portion zu 1 cm dicken Pizzafladen (etwa 18 cm Ø) ausrollen.

4 Backofen auf 220° (Gas Stufe 4) vorheizen. Tomaten überbrühen, enthäuten, Stengelansätze und Kerne entfernen (Tomaten aus der Dose abtropfen lassen). Das Fruchtfleisch zerkleinern. Petersilie waschen und fein hacken. Das Backblech mit Öl einfetten. Fladen darauf setzen und mit Speck, Zwiebeln, Tomaten und Petersilie belegen. Salzen und pfeffern. Kartoffelpizzen im Backofen 20–25 Min. backen. Dann mit einigen Tröpfchen Olivenöl beträufeln.

Calzone

Aus Kampanien · Herzhaft

Gefüllte Pizzataschen

Zutaten für 4 Portionen:
Für den Teig:
20 g Hefe · 1 Prise Zucker
300 g Mehl · 1 TL Salz
2 EL Olivenöl (+ Olivenöl für das Backblech)

Für die Füllung:
500 g frische Champignons
1 EL Butter · Salz
weißer Pfeffer aus der Mühle
300 g gekochter Schinken
300 g Mozzarella
50 g Parmesan, frisch gerieben
1 TL Oregano · 4 EL Olivenöl

Zubereitungszeit: 2 Std.

Pro Portion: 3700 kJ/880 kcal

1 Einen Pizzateig zubereiten nach dem Rezept S. 41.

2 Die Pilze putzen, abbrausen, trockentupfen und in dünne Scheiben schneiden. In einer Kasserolle Butter zerlassen, die Pilze bei starker Hitze etwa 5 Min. andünsten, bis die Flüssigkeit verdampft ist. Mit Salz und Pfeffer würzen und abkühlen lassen.

3 Schinken in feine Streifen, gut abgetropften Mozzarella in kleine Würfel schneiden. Schinkenstreifen und Mozzarellawürfel in einer Schüssel mit geriebenem Parmesan mischen. Abgekühlte Pilze unterheben. Mit Oregano, Salz und Pfeffer abschmecken.

4 Backofen auf 250° (Gas Stufe 5) vorheizen. Das Backblech mit Olivenöl einfetten. Die Teigportionen auf bemehlter Fläche nochmals kräftig durchkneten und zu 4 dünnen, runden Fladen ausrollen.

5 Je eine Hälfte der Teigplatten mit ¼ der Füllung bestreichen, dabei die Ränder freilassen. Die andere Hälfte darüber klappen, Ränder fest andrücken, bis sie dicht schließen. Calzone auf das gefettete Blech legen, mit je 1 EL Olivenöl bestreichen und im Backofen (Mitte) etwa 20 Min. backen.

Wein: Dazu schmeckt ein Rotwein aus der Lombardei, z. B. ein Rosso Valtellina.

SUPPEN UND EINTÖPFE

Suppen und Eintöpfe spielen vor allem in den ländlichen Regionen der Mittelmeerländer eine große Rolle: Eine Suppe sorgt für Wohlbehagen, denn sie wärmt den Magen und ist gleichzeitig eine preiswerte Möglichkeit sich sattzuessen. In der Türkei schätzt man Suppen sogar schon zum Frühstück. Dort gibt es spezielle Suppenköche, die in ihren Garküchen am Straßenrand bereits am frühen Morgen in großen Töpfen dampfende Suppen und ofenfrisches Brot bereithalten.
In Spanien sind Suppen und Eintöpfe so wichtig wie das tägliche Brot, und jede Region hat ihre eigene Spezialität, auf die sie zu Recht stolz ist.
Die Zutaten richten sich natürlich nach dem regionalen und saisonalen Angebot der einzelnen Länder an Gemüsen, Fisch oder Fleisch.
Überall im Mittelmeerraum, vor allem im Innenland, findet man sättigende Eintöpfe mit Linsen, Kichererbsen oder Bohnen, die oft mit Fleisch oder deftiger Wurst angereichert werden.
In den Küstenregionen gibt es herrliche Rezepturen mit Meeresfrüchten und Fisch. Und für die heißen Sommertage eisgekühlte Suppen, denn eine warme würde man nur schwer ertragen – aber ganz ohne geht es eben doch nicht!

Suppen und Eintöpfe

Kichererbsensuppe

Ganz Griechenland Revíthia sóupa

Zutaten für 4 Portionen:
250 g Kichererbsen
1 große Zwiebel
1 mittelgroße Möhre
5 EL Olivenöl
Salz
schwarzer Pfeffer, frisch gemahlen
1 Bund Petersilie
Saft von 1 Zitrone

Zubereitungszeit: 30 Min.
(+ 12 Std. Einweichen
+ 1½ Std. Garen)

Pro Portion: 1400 kJ/330 kcal

1 Kichererbsen in einem Sieb abbrausen, in eine große Schüssel gießen und mit reichlich Wasser etwa 12 Std. einweichen.

2 Am nächsten Tag das Wasser abgießen, die Erbsen in einen Topf geben und 1½ l kaltes Wasser dazugießen.

3 Die Erbsen aufkochen. Schaum abschöpfen und die Erbsen dann bei schwacher Hitze zugedeckt etwa 1 Std. kochen.

4 Inzwischen Zwiebel und Möhre schälen und klein würfeln. Nach der 1 Std. Gemüse und Olivenöl in die Suppe rühren und alles etwa weitere 30 Min. garen, bis Gemüse und Erbsen weich sind.

5 Dann die Suppe mit Salz und Pfeffer würzen. Petersilie abspülen, trockenschütteln, die Blättchen hacken und in die Suppe rühren. Mit Zitronensaft servieren und damit bei Tisch die Suppe abschmecken.

Info: Viele griechische Hausfrauen machen die Suppe noch feiner, indem sie bei den gegarten Kichererbsen die Häutchen entfernen, was aber viel Zeit in Anspruch nimmt und die wertvollen Ballaststoffe wegnimmt.

Bauernsuppe

Aus Zentralgriechenland Sóupa choriátiki

Zutaten für 4 Portionen:
180 g mittelgroße Zwiebeln
2 dünne Stangen Lauch
300 g Möhren
3 Stangen Bleichsellerie
150 g Speck, durchwachsen, ohne Schwarte
300 g kleine Zucchini
200 g Tomaten
200 g mittelgroße Kartoffeln, festkochend · 6 EL Olivenöl
Salz · 1 Bund Petersilie
schwarzer Pfeffer, frisch gemahlen
1 TL getrockneter Oregano

Zubereitungszeit: 1 Std. (+ 30 Min. Garen)

Pro Portion: 2000 kJ/480 kcal

1 Zwiebeln schälen und klein würfeln. Lauch von den harten grünen Blättern und Wurzelansätzen befreien, längs halbieren, waschen und in Streifchen schneiden. Möhren schälen und klein würfeln. Bleichsellerie waschen und in Stückchen schneiden. Den Speck klein würfeln.

2 Zucchini waschen, schadhafte Stellen abschaben und Stiel- und Blütenansätze entfernen. Dann in etwa 1 cm dicke Scheiben schneiden. Tomaten mit heißem Wasser übergießen, häuten, Stielansatz entfernen und Fruchtfleisch klein würfeln. Kartoffeln schälen und klein würfeln.

3 In einem Suppentopf 3 EL Olivenöl erhitzen und den Speck bei mittlerer Hitze etwa 1 Min. anbraten. Zwiebeln, Lauch, Kartoffeln und Bleichsellerie untermischen und etwa 1 Min. anschmoren. 1¼ l heißes Wasser und etwas Salz unterrühren. Das Gemüse etwa 15 Min. bei schwacher Hitze zugedeckt garen.

4 Dann Zucchini und Tomaten untermischen sowie das restliche Olivenöl. Die Suppe weitere 15 Min. kochen. Petersilie abspülen, trockenschütteln und die Blättchen hacken. Die Suppe mit Salz und Pfeffer abschmecken. Petersilie und Oregano unterrühren und die Suppe servieren.

Tip! Mit einer Handvoll Kritharaki, reiskornförmige Nudeln, kann das Gericht angereichert werden.

Tarhana-Suppe
Tarhana çorbası

Mittelanatolien · Wintergericht

Zutaten für 4–6 Portionen:
3 milde Spitzpaprikaschoten
3 mittelgroße Tomaten (300 g)
2 Knoblauchzehen
30 g Butter
200 g Rinder- oder Lammhackfleisch
100 g Tarhana (Suppenmehl)
1 EL Tomatenmark
Salz
schwarzer Pfeffer, frisch gemahlen
½ TL mildes oder scharfes Paprikapulver
½ Bund glatte Petersilie

Zubereitungszeit: 30 Min. (+ 15 Min. Garen)

Bei 6 Portionen pro Portion: 810 kJ/190 kcal

1 Spitzpaprika waschen, längs halbieren, Stiele, Kerne und weiße Rippen entfernen. Schoten ausspülen und in kleine Stücke schneiden. Tomaten mit kochendem Wasser übergießen, kurz stehenlassen, enthäuten, Stielansätze herausschneiden und das Fruchtfleisch würfeln. Knoblauch schälen und fein hacken.

2 Butter in einem Suppentopf erhitzen. Knoblauch darin glasig dünsten, dann das Hackfleisch hinzufügen. Die Fleischmasse mit dem Kochlöffel fein zerdrücken und unter Rühren bei starker Hitze anbraten, bis der Saft verdampft ist und sich das Fleisch leicht bräunt. Gemüse untermischen und etwa 2 Min. bei mittlerer Hitze mitschmoren. 1 ¼ l Wasser angießen und aufkochen lassen.

3 Tarhana und Tomatenmark in ¼ l Wasser glattrühren und unter die Suppe mischen. Diese bei schwacher Hitze etwa 15 Min. zugedeckt köcheln lassen, dabei gelegentlich umrühren, damit sie nicht ansetzt.

4 Suppe mit Salz, Pfeffer und Paprikapulver abschmecken. Petersilie waschen und trockenschütteln, die Blättchen hacken und vor dem Servieren über die Suppe streuen.

Das feinkrümelige Tarhana wird aus verschiedenen Zutaten hergestellt.

Tarhana

Bei Tarhana handelt es sich um eine Art Suppenmehl, das ursprünglich von den nomadisierenden Turkvölkern Mittelasiens zur Konservierung von Joghurt hergestellt wurde. So stand jederzeit ein zuverlässiges, nahrhaftes Lebensmittel zur Verfügung. Auf ihren Vorstößen nach Westen nahmen die heutigen Türken ihre Konservierungstradition mit und behielten sie, auch nachdem sie seßhaft geworden waren, bei. So stellen nach wie vor die Hausfrauen im Sommer Tarhana aus Bulgur, geschrotetem Weizen, und Joghurt her, die sie zu einem Brei zusammenkochen, abtropfen lassen, mit Salz, Pfeffer, Tomaten, Paprika oder auch mit Zwiebeln und Brühe anreichern. Diesen Brei drücken sie durch ein Haarsieb, zerkrümeln ihn ganz fein mit den Fingern und lassen ihn in der Sonne trocknen. Aufbewahrt wird Tarhana luftig in Baumwollsäckchen. Manche Hausfrauen reichern ihr Tarhana an mit dem Saft von Kornelkirschen, von roten Beten oder mit ein wenig Minze. Es gibt auch eine andere Zubereitungsart: Mehl mit Joghurt durchkneten, einige Tage zum Säuern beiseite stellen, den Teig in Würfel schneiden, trocknen und reiben. Auf selbstgemachtes Tarhana legen die Türken großen Wert, obwohl es auch industriell hergestellt wird. Vor allem dieses Tarhana wird exportiert.

Safran-Mandel-Suppe

Aus Andalusien · Festlich

Sopa de almendras con asafran

Zutaten für 4 Portionen:
200 g Mandeln, ungeschält
8 Scheiben Weißbrot vom Vortag
5 EL Olivenöl
5 Knoblauchzehen
1 Bund glatte Petersilie
Salz
schwarzer Pfeffer, frisch gemahlen
1 Prise Kreuzkümmel
1 Döschen Safran (0,2 g)
¾ l Fleischbrühe

Zubereitungszeit: 50 Min.

Pro Portion: 2200 kJ/520 kcal

1 Mandeln mit kochendem Wasser überbrühen und die Kerne aus den dünnen, braunen Schalen drücken.

2 Weißbrot in kleine Würfel schneiden. Olivenöl in einer Pfanne erhitzen und die Brotwürfel darin kroß rösten, herausnehmen und beiseite stellen.

3 Knoblauch schälen und mit den Mandeln im verbliebenen Olivenöl bei mittlerer Hitze goldgelb anbraten. Petersilie waschen, trockenschütteln, abzupfen und die Hälfte der Blättchen unterrühren und etwa 3 Min. mitdünsten. Restliche Petersilie aufbewahren.

4 Pfanneninhalt im Mixer pürieren, in einen Topf geben, mit Salz, Pfeffer, Kreuzkümmel und Safran würzen. Fleischbrühe dazugießen, langsam aufkochen und zugedeckt bei schwacher Hitze etwa 20 Min. köcheln lassen.

5 Inzwischen die restliche Petersilie fein hacken. Die Hälfte der Brotwürfel in die Suppe geben, abschmecken und nachwürzen, die Brotwürfel saugen viel Würzkraft auf. Zum Schluß die Petersilie einstreuen. Die restlichen Brotwürfel darüber streuen und servieren.

Safran

Das teuerste Gewürz der Welt, in Spanien auch als das »Gold Kastiliens« bezeichnet, stammt von einem prächtig violett blühenden Liliengewächs. Etwa 170 Blüten braucht man für ein einziges Gramm Safran. Für ein Kilo werden im Einzelhandel deshalb etwa 17 000 Mark gezahlt. Die Pflanze wurde von den Mauren nach Spanien gebracht. Auf dem trockenen Boden, vor allem im Gebiet zwischen Toledo und Alicante hat sie ideale Wachstumsbedingungen. Mehr als zwei Drittel der Weltproduktion kommen aus Spanien. Hervorragende Qualitäten werden jedoch auch in Ägypten, im Iran und sogar in Österreich (Wachau) angebaut.

Safran muß in den frühen Vormittagsstunden geerntet werden.

Im Herbst verwandeln die Pflanzen die Landschaft über Nacht in ein violettfarbenes Blütenmeer. Wer die Farbenpracht genießen möchte, muß früh aufstehen, da die Pflanze wegen des Aromas am frühen Vormittag gepflückt werden muß. Von den Blüten wird dann nur der Narbenstengel, der Safranfaden ausgezupft, das erklärt den hohen Preis. Dank seines intensiven Aromas kann Safran sehr sparsam verwendet werden. Das Gewürz wird gemahlen in Döschen oder Briefchen verkauft. Sie können auch Safranfäden in Döschen kaufen.

Knoblauchsuppe

Aus Kastilien · Gelingt leicht

Sopa de ajo

Zutaten für 4 Portionen:
300 g Weißbrot vom Vortag
1 Knoblauchknolle
4 EL Olivenöl
1 TL mildes Paprikapulver
Salz
schwarzer Pfeffer, frisch gemahlen
1 l Fleischbrühe
4 Eier

*Zubereitungszeit: 30 Min.
(+ 35 Min. Garen)*

Pro Portion: 2000 kJ/480 kcal

1 Weißbrot in kleine Würfel schneiden. Den Knoblauch schälen. Das Olivenöl in einem Topf erhitzen.

2 Die Brotwürfel bei mittlerer Hitze goldbraun rösten. Den Knoblauch darüber pressen. Mit Paprikapulver bestreuen, salzen, pfeffern und mit Fleischbrühe aufgießen. Alles aufkochen und etwa 20 Min. zugedeckt köcheln lassen.

3 Inzwischen den Backofen auf 200° (Gas Stufe 3) vorheizen. Knoblauchsuppe in vier Tonschalen füllen. Jeweils ein Ei in eine Schöpfkelle oder in eine Tasse aufschlagen und langsam in die Suppe gleiten lassen.

4 Die Suppenschalen für etwa 10 Min. in den Backofen (Mitte) stellen, bis die Eier gestockt sind. Sofort servieren.

Varianten: Jede Region hat ihre eigene Version der Knoblauchsuppe. Manchmal kommen zum Beispiel noch Tomaten und Paprikaschoten dazu. Mal wird sie mit Wasser, mal mit Brühe aufgegossen. In Cadiz streut man geriebenen Käse hinein. Dort heißt sie Sopa de gato, Katzensuppe.

Linseneintopf

Aus Tarragona · Gelingt leicht

Cazuela de lentejas

Zutaten für 4 Portionen:
500 g Linsen · 1 Knoblauchknolle
1 große Zwiebel
1 Lorbeerblatt · 2 Nelken
1 reife Fleischtomate
1 grüne Paprikaschote · 3 EL Olivenöl
1 TL mildes Paprikapulver
1 Msp. scharfes Paprikapulver
1 Prise Keuzkümmel
500 g Chorizos (rote Paprikawurst)
2 Kartoffeln, mehlig kochend
(etwa 450 g)
1 Prise Salz
schwarzer Pfeffer, frisch gemahlen

*Zubereitungszeit: 25 Min.
(+ 12 Std. Einweichen + 1 Std. Garen)*

*Bei 6 Portionen pro Portion:
3700 kJ/880 kcal*

1 Linsen über Nacht in reichlich Wasser einweichen.

2 Am nächsten Tag Backofen auf 180° (Gas Stufe 2) vorheizen. Knoblauchknolle darin auf dem Rost etwa 15 Min. rösten, herausnehmen und abkühlen lassen.

3 Zwiebel schälen und mit Lorbeerblatt und Nelken spicken. Tomate überbrühen, häuten, quer halbieren, entkernen und dabei den Stielansatz entfernen. Fruchtfleisch grob hacken. Paprikaschote putzen, waschen und in Streifen schneiden.

4 Öl in einem großen Topf erhitzen. Tomate und Paprika kurz darin andünsten, beide Paprikapulver sowie Kreuzkümmel unterrühren. Linsen und gespickte Zwiebel hinzufügen und mit ¾ l Wasser aufgießen. Gerösteten Knoblauch schälen, zerdrücken und untermischen. Alles aufkochen und zugedeckt bei schwacher Hitze etwa 45 Min. köcheln lassen.

5 Inzwischen Kartoffeln schälen, waschen, klein würfeln und etwa 15 Min. vor Garzeitende unter die Linsen mischen. Die Chorizos etwa 5 Min. vor Garzeitende dazugeben. Eintopf mit Salz und Pfeffer würzen. Gespickte Zwiebel entfernen. Mit weißem Landbrot servieren.

Getränk: Dazu paßt ein kräftiger Rotwein, z.B. aus Navarra, besonders gut.

Suppen und Eintöpfe

Eintopf mit Stockfisch

Aus dem Baskenland — Purrusalda

Zutaten für 4 Portionen:
500 g getrockneter Stockfisch
750 g Lauch
2 Knoblauchzehen
500 g Kartoffeln, mehlig kochend
5 EL Olivenöl
1 Lorbeerblatt
Salz
schwarzer Pfeffer, frisch gemahlen
½–1 TL mildes Paprikapulver

Zubereitungszeit: 35 Min.
(+ 24 Std. Wässern + 40 Min. Garen)

Pro Portion: 2800 kJ/670 kcal

1 Stockfisch mindestens 24 Std. in kaltes Wasser legen und das Wasser möglichst oft wechseln.

2 Am nächsten Tag Stockfisch aus dem Wasser nehmen und beiseite stellen. Lauch putzen, waschen und in schmale Ringe schneiden. Knoblauch schälen und längs halbieren. Kartoffeln schälen, waschen und in ½ cm dicke Scheiben schneiden.

3 Olivenöl in einem Topf erhitzen, den Knoblauch darin unter Rühren bei mittlerer Hitze dunkelbraun braten, herausnehmen und beiseite legen. Lauchringe im verbliebenen Bratfett kurz andünsten und die Kartoffelscheiben untermischen. Lorbeerblatt dazugeben, wenig salzen, kräftig pfeffern und mit ¾ l Wasser aufgießen. Aufkochen und dann zugedeckt bei schwacher Hitze etwa 30 Min. köcheln lassen.

4 Den gebratenen Knoblauch im Mörser oder mit einer Gabel zerdrükken, mit Paprikapulver mischen und unter das Gemüse rühren.

5 Den Fisch in mundgerechte Stücke schneiden, in den Topf geben und in etwa 5 Min. gar ziehen lassen. Mit weißem Landbrot servieren.

Info: Stockfisch ist luftgetrockneter Kabeljau, den es in Deutschland hauptsächlich in ausländischen Spezialitätengeschäften zu kaufen gibt.

Fischsuppe

Von den Kanaren · Gelingt leicht
Caldo de pescado

Zutaten für 4 Portionen:
2 große Zwiebeln
3 EL Olivenöl
250 g reife Fleischtomaten
3 TL mildes Paprikapulver
3 große Knoblauchzehen
Salz
1 TL schwarzer Pfeffer, frisch gestoßen
1 TL Kreuzkümmel
800 g rote Paprikaschoten
600 g Fischfilet (z.B. Kabeljau, Seelachs, Seehecht)
2 EL Zitronensaft

Zubereitungszeit: 15 Min. (+ 35 Min. Garen)

Pro Portion: 1000 kJ/240 kcal

1 Zwiebeln schälen und fein hacken. Olivenöl in einem großen Topf erhitzen und Zwiebeln darin bei schwacher Hitze glasig dünsten.

2 Tomaten überbrühen, häuten, quer halbieren, entkernen und dabei den Stielansatz entfernen. Das Fruchtfleisch grob zerschneiden. Zusammen mit dem Paprikapulver in den Topf geben und gut umrühren. Bei schwacher Hitze etwa 5 Min. dünsten.

3 Knoblauch schälen und direkt in den Topf drücken. Alles mit Salz, ½ TL Pfeffer und Kreuzkümmel würzen.

4 Paprikaschoten putzen, waschen, vierteln, erst in schmale Streifen, dann in kleine Würfel schneiden und bis auf ein Drittel unter die Tomaten mischen. Mit ¾ l Wasser aufgießen und etwa 20 Min. köcheln lassen. Die Suppe mit dem Pürierstab oder im Mixer pürieren.

5 Fisch kalt abspülen, trockentupfen und in mundgerechte Stücke schneiden. Mit Zitronensaft beträufeln, salzen, mit dem restlichen Pfeffer würzen und in die Suppe legen. Die restlichen Paprikawürfel einstreuen und alles bei schwacher Hitze zugedeckt etwa 5 Min. ziehen lassen. Mit Weißbrot servieren.

Kuttelsuppe

Aus Galizien · Braucht etwas Zeit

Callos a la gallega

Zutaten für 6–8 Portionen:
300 g Kichererbsen
750 g vorgegarte Kutteln
2 EL Essig · 2 Zwiebeln
6 Knoblauchzehen
750 g reife Fleischtomaten
150 g Serrano-Schinken
4 EL Olivenöl
2 TL frischer oder 1 TL getrockneter Thymian
Salz
schwarzer Pfeffer, frisch gemahlen
1 kleine getrocknete Chilischote
1 Lorbeerblatt · ¾ l Fleischbrühe
300 g Chorizos (rote Paprikawurst)
1 Bund glatte Petersilie

Zubereitungszeit: 30 Min.
(+ 12 Std. Einweichen
+ 2 Std. Garen)

Bei 8 Portionen pro Portion:
1800 kJ/430 kcal

1 Kichererbsen über Nacht in kaltem Wasser einweichen.

2 Am nächsten Tag Kutteln 30 Min. in kaltem Essigwasser einweichen.

3 Inzwischen Zwiebeln und Knoblauch schälen und fein hacken. Fleischtomaten überbrühen, häuten und grob schneiden, dabei den Stengelansatz entfernen.

4 Schinken in kleine Würfel schneiden. Olivenöl in einem großen Topf erhitzen, Zwiebeln und Knoblauch und Schinkenwürfel darin andünsten. Inzwischen die Kutteln abgießen, in schmale Streifen schneiden und dazugeben.

5 Tomaten untermischen, alles mit Thymian, Salz, Pfeffer würzen, die Chilischote etwas andrücken und mit dem Lorbeerblatt dazugeben. Kichererbsen abgießen und untermischen, mit Fleischbrühe aufgießen, aufkochen und etwa 2 Std. bei schwacher Hitze zugedeckt köcheln lassen.

6 Chorizos in Scheiben schneiden und etwa 15 Min. vor Ende der Garzeit untermischen. Petersilie waschen, trockenschütteln, abzupfen und fein hacken. Den Eintopf nochmals abschmecken, Petersilie darüber streuen und das Gericht mit weißem Landbrot servieren.

Chorizo

Chorizo, die rote Paprikawurst, ist aus der spanischen Küche nicht wegzudenken. Sie besteht grundsätzlich aus eingesalzenem Schweinefleisch, Schweinefilet, Knoblauch und Paprikapulver. Es gibt eine Variante, die kein Paprika, aber um so mehr Knoblauch enthält, sie heißt Chorizo blanco. Chorizo gibt es frisch, leicht geräuchert oder getrocknet. Jede Region hat ihre eigene Variante. In León und Galizien wird sie leicht geräuchert gegessen. In Salamanca, von Kennern die Hauptstadt der

Jede Region Spaniens kennt eine andere Variante der Chorizo.

Chorizo genannt, fügt man der Wurstmasse etwas Sherry zu. In Pamplona enthält sie Rindfleisch und ganz besonders viel Paprika, dafür aber weniger Knoblauch und eine Prise Zucker. Chorizo wird aufgeschnitten als Tapa ebenso gerne gegessen wie gegrillt oder in Eintöpfen. Bei uns gibt es sie in spanischen Spezialitätengeschäften.

Kalte Trauben-Mandel-Suppe

Aus Malaga · Erfrischend
Ajo blanco

Zutaten für 4 Portionen:
3 Scheiben Weißbrot (etwa 80 g)
120 g Mandeln, ungeschält
3 Knoblauchzehen · 4 EL Olivenöl
1 EL Weißweinessig · Salz
weißer Pfeffer, frisch gemahlen
150 g weiße Muskateller-Trauben

Zubereitungszeit: 20 Min.
(+ 1 Std. Kühlen)

Pro Portion: 1500 kJ/360 kcal

1 Weißbrot entrinden und in kaltem Wasser etwa 10 Min. einweichen.

2 Inzwischen Mandeln mit kochendem Wasser überbrühen, Kerne aus den Schalen drücken und trockentupfen. Knoblauch schälen. Das Weißbrot gut ausdrücken und mit Knoblauch und Mandeln im Mixer pürieren.

3 Die Paste in einer großen Schüssel mit Olivenöl und ¾ l Wasser mischen. Mit Weißweinessig, Salz und Pfeffer kräftig würzen. Die Suppe im Kühlschrank zugedeckt mindestens 1 Std. ziehen lassen.

4 Trauben häuten, halbieren und entkernen. Die Suppe vor dem Servieren durchrühren, abschmecken und eventuell nachwürzen. In Teller füllen und die Trauben darin verteilen.

Gazpacho

Aus Andalusien · Erfrischend
Kalte Gemüsesuppe

Zutaten für 4 Portionen:
200 g Weißbrot
100 ml Olivenöl
4 Knoblauchzehen
1 Prise Kreuzkümmel
750 g reife Fleischtomaten
1 Gurke
1 grüne Paprikaschote
Salz
2 EL Rotweinessig

Zubereitungszeit: 40 Min.
(+ 1–1½ Std. Kühlen)

Pro Portion: 1800 kJ/430 kcal

1 Von dem Weißbrot 50 g beiseite legen, den Rest zerpflücken, in eine Schüssel füllen und mit Olivenöl beträufeln. Knoblauch schälen und darüber pressen. Mit Kreuzkümmel bestreuen, durchmischen und etwa 30 Min. ziehen lassen.

2 Inzwischen Fleischtomaten überbrühen, häuten, quer halbieren, entkernen und den Stielansatz entfernen. ½ Tomate in kleine Würfel schneiden und kalt stellen. Den Rest grob zerschneiden und in den Mixer geben oder mit dem Pürierstab pürieren.

3 Gurke schälen, ein Drittel davon klein würfeln, den Rest in grobe Stücke schneiden und zu den Tomaten in den Mixer geben.

4 Paprikaschote putzen, waschen und ebenfalls ein Drittel davon in kleine Würfel schneiden. Den Rest grob zerschneiden und mit dem eingeweichten Brot und den anderen Zutaten im Mixer oder mit dem Pürierstab fein pürieren.

5 Das Püree durch ein feines Sieb streichen. Gazpacho nach Belieben mit ¼ l Wasser aufgießen und mit Salz und Essig abschmecken. Mindestens 1 Std. kalt stellen. Vor dem Servieren nochmals abschmecken und falls nötig nachwürzen.

6 Das restliche Weißbrot ebenfalls in kleine Würfel schneiden und in eine Schüssel füllen. Die Gazpacho mit dem gewürfelten Gemüse und dem Brot servieren. Diese Zutaten streut sich dann jeder nach Belieben selbst auf seine Gazpacho.

Tip! An sehr heißen Sommertagen kann man noch Eiswürfel in die Gazpacho geben.

Kichererbseneintopf

Aus Katalonien · Vegetarisch Potaje de garbanzos con espinacas

Zutaten für 4 Portionen:
500 g Kichererbsen
2 Zwiebeln · 1 Möhre
2 EL Olivenöl
1 Lorbeerblatt
Salz · 1 l Fleischbrühe
4 Knoblauchzehen
2 Fleischtomaten (etwa 500 g)
300 g Blattspinat
schwarzer Pfeffer, frisch gemahlen
3 Eier

Zubereitungszeit: 30 Min.
(+ 12 Std. Einweichen
+ 1¼ Std. Garen)

Pro Portion: 2600 kJ/620 kcal

1 Kichererbsen über Nacht in reichlich kaltem Wasser einweichen.

2 Am nächsten Tag Zwiebeln schälen und fein hacken. Möhre schälen und in Scheiben schneiden.

3 Olivenöl in einem großen Topf erhitzen, Zwiebeln und Möhre darin andünsten. Kichererbsen abgießen und mit dem Lorbeerblatt dazugeben. Salzen, mit Fleischbrühe aufgießen, langsam aufkochen lassen. Knoblauch schälen, halbieren, untermischen und alles etwa 50 Min. zugedeckt bei mittlerer Hitze köcheln lassen. Das Lorbeerblatt herausnehmen.

4 Inzwischen Fleischtomaten überbrühen, häuten, quer halbieren, entkernen und den Stielansatz entfernen. Das Fruchtfleisch grob hacken. Spinat waschen und ebenfalls grob hacken. Beides unter die Kichererbsen mischen, mit Salz und Pfeffer kräftig würzen und weitere 20 Min. garen.

5 Inzwischen Eier in etwa 10 Min. hart kochen, abschrecken, pellen und fein hacken. Eintopf abschmecken und falls nötig nachwürzen, da die Kichererbsen sehr viel Würzkraft aufnehmen. Den Eintopf in Teller verteilen, mit den gehackten Eiern bestreuen und mit weißem Landbrot servieren.

Asturianischer Bohnentopf

Braucht etwas Zeit · Deftig

Fabada asturiana

Zutaten für 4 Portionen:
500 g große weiße Bohnen
2 Zwiebeln · 4 Knoblauchzehen
2 EL Olivenöl · 3 EL Tomatenmark
1 EL mildes Paprikapulver
150 g Speck, durchwachsen,
ohne Schwarte
150 g Serrano-Schinken
1 Lorbeerblatt · 1 Prise Salz
schwarzer Pfeffer, frisch gemahlen
2 Döschen Safran, gemahlen (je 0,2 g)
2 Chorizos (300 g rote Paprikawurst)
2 Morcillas (300 g spanische Blutwurst)

Zubereitungszeit: 30 Min.
(+ 12 Std. Einweichen
+ 2 Std. Garen)

Pro Portion: 5100 kJ/1200 kcal

1 Die Bohnen über Nacht in reichlich Wasser einweichen.

2 Am nächsten Tag Zwiebeln und Knoblauch schälen und fein hacken. Olivenöl in einem Topf erhitzen, Zwiebeln und Knoblauch darin andünsten. Tomatenmark und Paprikapulver unterrühren.

3 Bohnen abgießen und dazugeben. Speck und Serrano-Schinken kleinschneiden, Lorbeerblatt dazugeben, salzen, pfeffern, mit 1½ l Wasser auffüllen und zugedeckt bei schwacher Hitze etwa 1½ Std. köcheln lassen. Während des Kochens den Schaum immer wieder abschöpfen.

4 Mit Pfeffer und Safran würzen, Chorizos und Morcillas einlegen. Den Eintopf weitere 30 Min. köcheln lassen, nochmals abschmecken und falls nötig nachwürzen. Lorbeerblatt herausnehmen. Mit weißem Landbrot servieren.

Getränk: Ein leichter asturianischer Rotwein aus Valdeorras paßt besonders gut dazu.

Info: Fabada asturiana ist Spaniens berühmtester Bohneneintopf.

Tip! Bitte vorsichtig salzen, da der Schinken und die Würste schon sehr viel Salz abgeben. Typisch ist es auch, Schweineöhrchen, -füßchen und -schwänzchen mitzugaren. Dieser Eintopf ist genau richtig für kalte Herbst- und Winterabende. Schmeckt auch aufgewärmt sehr gut.

Linsensuppe
Soúpa fakés

Aus Nordgriechenland · Gelingt leicht

Zutaten für 4 Portionen:
250 g grüne Linsen
1 mittelgroße Zwiebel
2 Knoblauchzehen · 200 g Möhren
1 Stange Bleichsellerie
300 g Tomaten · 4 EL Olivenöl
1 EL Tomatenmark · 2 Lorbeerblätter
1 Zweig frischer Thymian · Salz
schwarzer Pfeffer, frisch gemahlen
1 Bund Petersilie · Rotweinessig
100 g grüne oder schwarze Oliven

Zubereitungszeit: 40 Min.
(+ 1 Std. Einweichen
+ 40 Min. Garen)

Pro Portion: 1700 kJ/400 kcal

1 Linsen in ein Sieb geben, kalt abspülen und mit Wasser bedeckt etwa 1 Std. einweichen. Inzwischen Zwiebel und Knoblauch schälen und klein würfeln. Möhren schälen, längs halbieren und in Scheibchen schneiden. Sellerie waschen, klein würfeln, das Grün hacken. Die Tomaten häuten, Stielansätze entfernen und Fruchtfleisch würfeln.

2 Linsen in ein Sieb gießen und abtropfen lassen. In einem Suppentopf Olivenöl erhitzen. Das Gemüse und Tomatenmark etwa 2 Min. unter Rühren bei mittlerer Hitze schmoren. 1½ l Wasser dazugießen. Linsen, Lorbeerblätter und Thymian unterrühren und die Suppe aufkochen.

3 Die Suppe 30–40 Min. zugedeckt bei schwacher Hitze kochen, bis die Linsen weich sind, dann mit Salz und Pfeffer abschmecken. Petersilie abspülen, trockenschütteln, die Blättchen hacken und in die Suppe rühren. Essig in einem kleinen Kännchen mitservieren, ebenso die Oliven. Bei Tisch nach Geschmack 1–2 TL Essig und 3–4 Oliven in die Suppe rühren.

Variante: Linsensuppe mit Spinat
Statt der Tomaten 500 g gewaschenen, geputzten und grobgehackten Spinat etwa 10 Min. vor Ende der Garzeit in der Suppe mitkochen.

Hühnersuppe mit Ei und Zitrone
Kotosóupa avgolémono

Vom Festland · Gelingt leicht

Zutaten für 4 Portionen:
1 Huhn, küchenfertig zubereitet
(etwa 1,2 kg)
Salz · 1 Lorbeerblatt
200 g Möhren · 1 Zwiebel
1 dünne Stange Lauch
1 Stange Bleichsellerie
60 g Langkornreis
schwarzer Pfeffer, frisch gemahlen
2 Eier
Saft von 1 Zitrone
½ Bund Petersilie

Zubereitungszeit: 30 Min.
(+ 1½ Std. Garen)

Pro Portion (mit Sauce):
2100 kJ/500 kcal

1 Huhn abspülen und in einen Suppentopf legen. Salz, Lorbeerblatt und 1½ l kaltes Wasser hinzufügen und zum Kochen bringen. Schaum abschöpfen, dann das Huhn zugedeckt bei schwacher Hitze etwa 1 Std. Garen.

2 Möhren und Zwiebeln schälen und würfeln. Vom Lauch grüne Blätter und Wurzelansatz abschneiden, die Stange längs halbieren, abspülen und in Streifchen schneiden. Ansatz der Selleriestange entfernen. Stange waschen und in Stückchen schneiden, Blätter grob hacken. Reis in einem Sieb abspülen.

3 Huhn zum Abkühlen aus der Brühe nehmen. Gemüse und Reis in der Brühe etwa 25 Min. garen. Fleisch vom Huhn ablösen, in mundgerechte Stücke schneiden, zum gegarten Gemüse geben. Nach Bedarf die Suppe mit etwas Wasser strecken, beiseite stellen.

4 Suppe mit Salz und Pfeffer abschmecken. Eier und Zitronensaft gründlich verquirlen, mit dem Schneebesen in die leicht abgekühlte Suppe rühren. Erneut erhitzen, doch nicht mehr aufkochen, sonst gerinnt sie. Petersilie abspülen, Blättchen hacken, auf die Suppe streuen und servieren.

Info: »Avgolémono« bezeichnet eine für die griechische Küche typische Zubereitungsart.

Minestrone di verdure

Aus der Lombardei · Gelingt leicht

Gemüsesuppe

Zutaten für 6–8 Portionen:
50 g getrocknete weiße Bohnen
(am besten Cannellini)
Salz
1 Salbeiblatt
1 Stange Lauch
3 Möhren
¼ Wirsing oder
5 Schwarzkohlblätter
1 Stange Bleichsellerie
3 mittelgroße Kartoffeln
1 Zucchino
2 reife Eiertomaten
1 EL Butter
4 EL Olivenöl
2 l Fleischbrühe (selbstgemacht oder aus Würfeln)
100 g kleine Nudeln (z. B. Ditalini, Chifferini oder Gramigna)
1 Knoblauchzehe
10–15 Rosmarinblätter
1 frische oder getrocknete Chilischote
Parmesan, frisch gerieben zum Bestreuen

Zubereitungszeit: 1½ Std.
(+ 12 Std. Einweichen)

Bei 8 Portionen pro Portion:
700 kJ/170 kcal

1 Getrocknete weiße Bohnen am Vorabend in Salzwasser mit Salbeiblatt einweichen. Am nächsten Tag die Bohnen etwa 30–45 Min. vorgaren.

2 Lauch putzen und in ½ cm dicke Ringe schneiden. Möhren schälen und in Stücke schneiden. Wirsing oder Kohl vom Strunk befreien und in Streifen schneiden. Rippen der Bleichselleriestange entfasern. Die Stange in ½ cm lange Stücke schneiden. Kartoffeln schälen und würfeln. Zucchino in Scheiben schneiden, die beiden Enden entfernen. Alles Gemüse waschen und abtropfen lassen. Tomaten überbrühen, häuten, von den Stengelansätzen befreien, entkernen und achteln.

3 Butter und 2 EL Olivenöl in einem großen Kochtopf erhitzen. Lauchringe unter Rühren andünsten. Vorgegarte Bohnen in ein Sieb gießen, unter fließendem Wasser abspülen und hinzufügen. Nach und nach das vorbereitete Gemüse dazugeben und etwa 10 Min. dünsten.

4 Mit Fleischbrühe aufgießen. Zugedeckt 20–30 Min. bei mittlerer Hitze köcheln lassen. Ab und zu umrühren und mit Salz abschmecken.

5 Nudeln dazugeben und bei geringer Hitze al dente garen lassen.

6 Inzwischen Knoblauchzehe schälen, in Scheibchen schneiden. In einer kleinen Pfanne 2 EL Olivenöl erhitzen, Knoblauch, Rosmarinblätter und Chilischote im ganzen dazugeben und alles leicht anbraten. (Vorsicht! Knoblauch darf nicht anbrennen.)

7 Zum Schluß die Rosmarinsauce unter die Gemüsesuppe mischen. Die Minestrone in einer Suppenschüssel heiß servieren. Dazu geriebenen Parmesankäse reichen.

Variante:
Minestrone con piselli e pesto
(Minestrone mit Erbsen und Pestosauce) Minestrone nach dem angegebenen Rezept zubereiten (ohne Rosmarinsauce). 150 g enthülste und blanchierte Erbsen (wenn's schnell gehen soll, tiefgekühlte) zusammen mit den Nudeln hinzufügen. Gut umrühren, im offenen Topf Nudeln al dente kochen. Eine Pestosauce getrennt zur Minestrone reichen: 3 Bund grobgeschnittenes Basilikum, 2 EL Pinienkerne, 2 EL frisch geriebener Parmesan, 2 EL frisch geriebener Pecorino mit 2 zerkleinerten Knoblauchzehen und 100 ml kaltgepreßtem Olivenöl im Mörser zu einer Paste verarbeiten (oder mit dem Mixer pürieren). Wenn die Paste zu fest ist, noch etwas Suppenflüssigkeit unterrühren. Bei Tisch rührt sich jeder einen Löffel Pesto in die Gemüsesuppe. Dazu paßt getoastetes Weißbrot, mit einer halbierten Knoblauchzehe eingerieben.

Zuppa alla Valdostana

Aus dem Aostatal · Für den Winter

Wirsingsuppe mit Brot und Käse

Zutaten für 4 Portionen:
1 Wirsing oder Schwarzkohl
Salz
250 g Weißbrot vom Vortag
100 g Butter
etwa ¾ l Fleischbrühe
250 g Fontina in Scheiben
(ersatzweise Gouda)
weißer Pfeffer aus der Mühle

Zubereitungszeit: 1¼ Std.

Pro Portion: 2800 kJ/670 kcal

1 Wirsing oder Schwarzkohl putzen, äußere Blätter und Strunk entfernen, waschen und abtropfen lassen.

2 Wirsing vierteln und in feine Streifen schneiden. Zugedeckt in einem Kochtopf mit ½ l Salzwasser etwa 10 Min. sprudelnd kochen lassen. Kalt abschrecken und gut abtropfen lassen. Weißbrot in Scheiben schneiden. Backofen auf 250° (Gas Stufe 5) vorheizen.

3 Eine große Gratinform mit 1 EL Butter ausstreichen. Den Boden mit einer Schicht Brotscheiben auslegen und mit 3 EL Brühe übergießen. Dann eine Schicht Kohl einfüllen. 2 EL Butter in Flöckchen darauf verteilen und mit Käsescheiben bedecken.

4 In dieser Reihenfolge die Zutaten abwechselnd einfüllen: Brot mit Brühe, Wirsing, Butter und Käse, bis alles verbraucht ist. Mit einer Schicht Weißbrot abschließen. Restliche Brühe darüber gießen. Butterflöckchen auf Brotscheiben verteilen.

5 Die Suppe in den Backofen (oben) schieben und 20–30 Min. garen, bis die Brotscheiben goldgelb sind. Mit Salz und Pfeffer nachwürzen.

Wein: Ein trockener Rotwein aus dem Aostatal, z. B. ein Inferno, paßt gut.

Minestra di patate e carote

Aus dem Trentino · Deftig

Gemüsesuppe mit Kartoffeln und Möhren

Zutaten für 6–8 Portionen:
400 g Kartoffeln
400 g Möhren
2 Stangen Bleichsellerie
1 große Zwiebel
2 EL Butter
2 l Hühnerbrühe
Salz
100 g kurze Hartweizennudeln
1 Knoblauchzehe
4 Salbeiblätter
1 EL Olivenöl, kaltgepreßt
schwarzer Pfeffer aus der Mühle
80 g Parmesan, frisch gerieben

Zubereitungszeit: 1¼ Std.

Pro Portion: 820 kJ/200 kcal

1 Kartoffeln schälen, waschen und vierteln. Möhren schälen und in Stücke schneiden. Rippen der Selleriestangen entfasern. Die Stangen waschen und in 2 cm lange Stücke schneiden. Zwiebel schälen und fein hacken.

2 In einem großen Kochtopf Butter zerlassen, Zwiebel glasig anschwitzen. Nach und nach das vorbereitete Gemüse mit geschlossenem Deckel in der heißen Butter schwenken. Mit der Hühnerbrühe auffüllen. Gemüsesuppe salzen und zugedeckt bei mittlerer Hitze 25–30 Min. köcheln lassen.

3 Gemüse mit einem Schaumlöffel aus der Brühe heben, durchpassieren und zurück in den Topf geben.

4 Die Suppe kurz aufkochen, die Nudeln dazugeben und bei schwacher Hitze al dente garen lassen.

5 Knoblauchzehe schälen und klein hacken. Salbeiblätter waschen und abzupfen. In einer kleinen Pfanne das Olivenöl erhitzen, Knoblauch und Salbei leicht anbraten. Die Mischung in die fertige Suppe rühren und mit Pfeffer abschmecken. Heiß servieren. Dazu frisch geriebenen Parmesan und eventuell Weißbrot reichen.

Wein: Ein leichter trockener Weißwein aus Friaul, z. B. ein Sauvignon Friulano, schmeckt dazu ausgezeichnet.

# Cacciucco alla viareggina

Aus Viareggio (Toskana) · Festlich
Gemischter Fischeintopf

Zutaten für 6 Portionen:
600 g gemischte kleinere ganze Fische (z. B. Makrele, Meerbarbe)
500 g verschiedene Fischfilets (z. B. Brasse, Dorsch, Meeräsche, Seebarsch, Seeteufel, Seezunge)
300 g kleine Tintenfische, küchenfertig vorbereitet
500 g Miesmuscheln
300 g Garnelen
Salz
1 Zwiebel
6 Knoblauchzehen
1 Möhre
2 Stangen Bleichsellerie
6 EL Olivenöl, kaltgepreßt
2 getrocknete Chilischoten
600 g reife Tomaten (oder aus der Dose)
¼ l trockener Weißwein
nach Belieben 1 Briefchen von 125 mg Safran
1 Bund Petersilie
frisches Weißbrot in Scheiben

Zubereitungszeit: 2 Std.

Pro Portion: 1900 kJ/450 kcal

1 Kleinere Fische ausnehmen, schuppen, unter fließendem Wasser gründlich waschen. Köpfe und Flossen abschneiden. Fischfilets in 3 cm große Portionsstücke teilen. Tintenfische putzen, abspülen und in etwa 1 cm breite Ringe schneiden. Miesmuscheln waschen, abbürsten und entbarten. Geöffnete Muscheln aussondern. Garnelen waschen, schälen und den Darm entfernen.

2 Ganze Fische in 1 l Salzwasser in einem Topf erhitzen. Zwiebel und Knoblauch schälen, Gemüse putzen, waschen, grob zerkleinern und mit 2 Knoblauchzehen in die kochende Fischbrühe geben. Etwa ½ Std. bei schwacher Hitze köcheln. Fische herausnehmen, das Fleisch von den Gräten ablösen. Brühe durch ein Sieb gießen, Fischstücke durchpassieren und zurück in den Topf geben.

3 In einem anderen Topf ¼ l Wasser zum Kochen bringen. Miesmuscheln zugedeckt bei starker Hitze dämpfen, bis sich die Muscheln geöffnet haben (etwa 5 Min.). Ungeöffnete Muscheln wegwerfen. Den Muschelsud durch ein feines Sieb filtern und zur Fischbrühe gießen. 8 Muscheln mit Schalen für die Dekoration aufbewahren, die übrigen aus den Schalen lösen und in eine Schüssel geben.

4 In einer großen Kasserolle 5 EL Olivenöl erhitzen. 3 ganze Knoblauchzehen mit den Tintenfischstücken andünsten. Chilischoten im ganzen hinzufügen. Tomaten überbrühen, enthäuten, vom Stengelansatz befreien, zerkleinern und dazugeben. Wenn die Sauce eingedickt ist, den Wein angießen. 15 Min. zugedeckt köcheln, salzen und nach Belieben mit Safran würzen.

5 Die festfleischigen Fischfilets in die Tomatensauce einlegen, die Hälfte der vorbereiteten Fischbrühe angießen und etwa 5 Min. leicht garen.

6 Die zartfleischigen Fischsorten (Seezunge, Seeteufel) und die ausgelösten Muscheln und Garnelen dazugeben und die restliche Fischbrühe angießen. Weitere 2 Min. ziehen lassen. Petersilie waschen, trockenschütteln, fein hacken und einstreuen. Knoblauchzehen und Chilischoten herausnehmen.

7 Weißbrotscheiben im Toaster rösten, mit 1 Knoblauchzehe einreiben und mit 1 EL Olivenöl beträufeln. Die gerösteten Brotscheiben getrennt zum Fischeintopf reichen.

Wein: Ein trockener Weißwein aus der Toskana, z. B. ein Vernaccia di San Gimignano, paßt immer.

Variante: Weißbrotscheiben in die Suppenteller legen und den Fischeintopf darüber verteilen.

Suppen und Eintöpfe

Zuppa di finocchi
Fenchelsuppe

Von Sardinien · Geht schnell

Zutaten für 4 Portionen:
4 Fenchelknollen
1 Knoblauchzehe
1 Bund glatte Petersilie
6 EL Olivenöl, kaltgepreßt
4 Scheiben Weißbrot
Salz
schwarzer Pfeffer, frisch gemahlen

Zubereitungszeit: 15 Min.
(+ 20 Min. Garen)

Pro Portion: 1200 kJ/290 kcal

1 Den Fenchel waschen. Die zähen, faserigen Blätter und harten Stengel abschneiden. Das Fenchelgrün abschneiden und aufheben. Die Knollen vierteln und in Streifchen schneiden. Knoblauch schälen und kleinhacken. Petersilie waschen, trockenschütteln und die Blättchen hacken.

2 In einem Topf 3 EL Öl erhitzen, Fenchel, Knoblauch und Petersilie unter Rühren etwa 1 Min. darin dünsten. 1¼ l Wasser dazugießen, aufkochen lassen, dann zugedeckt bei schwacher Hitze etwa 20 Min. garen.

3 Weißbrot in Würfelchen schneiden. Das restliche Öl in einer Pfanne erhitzen und das Brot bei mittlerer Hitze unter Rühren darin braun und knusprig braten.

4 Die Suppe mit Salz und Pfeffer abschmecken. Das Fenchelgrün grob hacken. Bei Tisch in jeden Suppenteller einen Teil der Brotwürfel geben, die Suppe darüber gießen und mit dem Fenchelgrün bestreuen.

Info: Diese einfache Hirtensuppe wird auch heute noch auf Sardinien am liebsten mit wilden, kleinen Fenchelknollen zubereitet, die in den Bergen wachsen. Doch mit Gemüsefenchel schmeckt sie ebenfalls sehr gut. Auf Käse wird bei dieser Suppe verzichtet.

Zuppa di lenticchie
Linsensuppe mit Kastanien

Aus Molise · Wintergericht

Zutaten für 4 Portionen:
250 g Linsen
16 frische große Eßkastanien
(oder 1 Dose Kastanien,
Abtropfgewicht etwa 300 g)
2 Lorbeerblätter
100 g magerer, geräucherter
Bauchspeck ohne Schwarte
4 EL Olivenöl, kaltgepreßt
1 EL Tomatenmark
1 TL getrockneter Oregano
Salz · schwarzer Pfeffer
4 kleine Scheiben Weißbrot

Zubereitungszeit: 45 Min.
(+ 12 Std. Einweichen
+ 55 Min. Garen)

Pro Portion: 2400 kJ/570 kcal

1 Die Linsen in ein Sieb geben, kalt abspülen und in einer Schüssel mit Wasser bedeckt über Nacht einweichen. Am nächsten Tag die Kastanien auf der abgerundeten Oberfläche über Kreuz einschneiden und in der trockenen Pfanne bei mittlerer Hitze etwa 20 Min. rösten, bis die Schalen aufplatzen. Dabei die Pfanne mehrmals schütteln.

2 Inzwischen die Linsen abgießen, mit den Lorbeerblättern in einen Suppentopf geben, 1½ l frisches, kaltes Wasser dazugießen, aufkochen lassen und bei schwacher Hitze zugedeckt etwa 30 Min. garen. Inzwischen die Kastanien abkühlen lassen, schälen und kleinschneiden. (Kastanien aus der Dose abgießen und ebenfalls kleinschneiden.) Den Speck klein würfeln. In einem kleinen Topf 2 EL Öl erhitzen und den Speck bei mittlerer Hitze darin auslassen. Von der Linsenbrühe ⅛ l abnehmen, das Tomatenmark darin verrühren, über den Speck gießen. Kastanien und Oregano dazugeben und alles etwa 5 Min. zugedeckt köcheln.

3 Diese Mischung unter die Linsen rühren und alles etwa 20 Min. zugedeckt bei schwacher Hitze fertiggaren. Die Suppe mit Salz und Pfeffer abschmecken. Die Brotscheiben mit 2 EL Öl in der Pfanne rundum knusprig braten, in die Teller legen, und die Suppe darüber gießen und servieren.

Suppen und Eintöpfe

REIS, NUDELN UND CO.

Reis, Nudeln und Polenta spielen in der Küche der Mittelmeerländer eine große Rolle. Vor allem in Italien haben Pasta in allen Variationen als Primi Piatti Tradition. Doch sind auch die mediterranen Reisgerichte weltweit bekannt. Zusammen mit frischen Gemüsen und aromatischen Kräutern werden sie zu unvergleichlichen Gaumenschmeichlern. Die Zubereitungen sind oft verblüffend einfach, das Ergebnis immer überraschend köstlich.
Nudelgerichte sind hervorragende Sattmacher, mit denen Sie nicht nur den Hunger unerwarteter Gäste auf unkomplizierte Weise stillen können. Servieren Sie dazu ein Gläschen fruchtigen Wein, und das Glück ist perfekt!
Aber auch die Reisgerichte, wie Risotto aus Italien oder Paella aus Spanien, sind für die Gästebewirtung ideal. Oder wie wäre es einmal mit Polenta, knusprig gebacken oder mit einer feinen Sauce aus frischen Pilzen serviert. Dazu ein bunter Salat – voilà!
Typisch ist, daß Nudeln und Reis so gut wie nie als Sättigungsbeilage auf den Tisch kommen, sondern immer als eigenständige Gerichte.
Lassen Sie sich von den Rezepten in diesem Kapitel inspirieren und testen Sie auch ungewöhnliche Zutatenkombinationen, der Beifall Ihrer Gäste wird Ihnen sicher sein.

Festtagsreis

Istanbul · Würzig **Iç pilav**

Zutaten für 4 Portionen:
250 g Langkornreis
50 g winzige Korinthen (Kuş üzümü)
1 mittelgroße Zwiebel (100 g)
200 g Lammleber
50 g Butter
50 g Pinienkerne
¾ l Hühnerbrühe, selbstgemacht oder instant
schwarzer Pfeffer, frisch gemahlen
¼ TL Pimentpulver · ¼ TL Zimtpulver
1 Msp. gemahlener Kreuzkümmel
½ Bund Dill · Salz

Zubereitungszeit: 30 Min.
(+ 25 Min. Garen)

Pro Portion: 2200 kJ/520 kcal

1 Reis in einem Sieb abspülen und abtropfen lassen. Korinthen heiß waschen. Zwiebel schälen und fein hacken. Lammleber kurz kalt waschen, trockentupfen und in etwa 1 cm große Würfel schneiden.

2 In einem Topf 30 g Butter erhitzen. Zwiebel und Pinienkerne bei mittlerer Hitze etwa 3 Min. darin unter Rühren dünsten. Abgetropfte Korinthen und Reis untermischen. Hühnerbrühe angießen und die Gewürze hinzufügen. Alles gut verrühren und zugedeckt bei schwacher Hitze etwa 10 Min. garen.

3 Inzwischen in einer Pfanne 20 g Butter erhitzen. Leberwürfel unter Wenden bei starker Hitze etwa 3 Min. darin anbraten und unter den Reis heben, diesen in weiteren 10 Min. fertiggaren.

4 Herd ausschalten. Zwischen Topf und Deckel eine doppelte Lage Küchenpapier legen, damit der Dampf aufgesaugt wird. Den Reis noch etwa 10 Min. auf der Herdplatte quellen lassen. Dill waschen und trockenschütteln, die Blättchen fein hacken und unter den Reis mischen. Mit Salz abschmecken und servieren.

Tip! Der Festtagsreis stammt aus der Palastküche und schmeckt ausgezeichnet als eigenständiges Gericht oder zu gegrillten Lammkoteletts. Man kann ihn auch mit Hühnerlebern zubereiten. Diese anbraten und etwa 5 Min. vor Ende der Garzeit untermischen.

Weizengrütze

Mittelanatolien · Gelingt leicht **Bulgur pilavı**

Zutaten für 4 Portionen:
250 g grober Bulgur
2 kleine Zwiebeln (150 g)
3 milde Spitzpaprikaschoten
3 mittelgroße Tomaten (300 g)
40 g Butter
1 EL Tomatenmark
Salz
1 TL mildes Paprikapulver
schwarzer Pfeffer, frisch gemahlen

Zubereitungszeit: 30 Min.
(+ 30–40 Min. Garen)

Pro Portion: 1300 kJ/310 kcal

1 Bulgur in einem Sieb kalt abbrausen und abtropfen lassen. Zwiebeln schälen und kleinhacken. Spitzpaprika waschen, längs halbieren, Stiele, Kerne und weiße Rippen entfernen, Schoten ausspülen und in Streifchen schneiden. Tomaten mit kochendem Wasser übergießen, kurz stehenlassen, häuten, von den Stielansätzen befreien und das Fruchtfleisch würfeln.

2 Butter in einem Topf erhitzen. Gehackte Zwiebeln glasig dünsten und Paprikastreifen unter Rühren bei mittlerer Hitze etwa 2 Min. anbraten. Tomatenwürfel hinzufügen und kurz mitschmoren. Bulgur, ¾ l Wasser, Tomatenmark, Salz und Paprikapulver unterrühren. Den Bulgur etwa 10 Min. unter Rühren im offenen Topf kochen.

3 Die Hitze reduzieren und den Bulgur zugedeckt weitere 20–30 Min. bei schwacher Hitze garen. Topf noch etwa 10 Min. auf dem ausgeschalteten Herd stehenlassen. Bulgur mit einer Gabel auflockern, mit Salz und Pfeffer abschmecken.

Tip! Weizengrütze wird gerne als Beilage zu gegrillten Hackfleischbällchen oder zu Fleischspießen gereicht. Man kann den Bulgur auch mit Lamm- oder Kalbfleischwürfeln garen, dann wird er als Hauptgericht serviert.

Bulgurröllchen
İçli köfte

Südostanatolien · Warm oder kalt

Zutaten für 4 Portionen:
2 kleine Zwiebeln (150 g)
50 g Walnußkerne · 30 g Butter
225 g zweimal durchgedrehtes
Lammhackfleisch
½ Bund glatte Petersilie
¼ TL Zimtpulver · ¼ TL Pimentpulver
¼ TL gemahlener Kreuzkümmel
¼ TL mildes Paprikapulver
schwarzer Pfeffer, frisch gemahlen
Salz · 1 Msp. Zucker
150 g sehr feingestoßener Bulgur
½ TL gemahlener Koriander
½ l Sonnenblumenöl zum Frittieren

Zubereitungszeit: 1 ½ Std.

Pro Portion: 2600 kJ/620 kcal

1 Zwiebeln schälen und sehr fein würfeln. Walnüsse grob hacken. Butter in einer Pfanne erhitzen. Zwiebeln darin glasig dünsten, dann 100 g Hackfleisch untermischen, fein zerdrücken und unter Rühren bei starker Hitze 4–5 Min. anbraten. Pfanne beiseite stellen. Petersilie waschen und trockenschütteln, die Blättchen fein hacken und mit Walnüssen, Gewürzen, Salz und Zucker unter das Hackfleisch mischen.

2 Bulgur in einer Schüssel mit Koriander und 140 ml warmem Wasser mindestens 15 Min. durchkneten. Mit Salz bestreuen und dem restlichen rohen Hackfleisch vermischen, bis sich alle Zutaten zu einem Teig verbunden haben. Teig durch die feine Scheibe des Fleischwolfes drehen, erneut durchkneten. Teig in 12 Portionen teilen. Jede Portion in der Hand wie ein Ei formen. Mit dem Zeigefinger eine Vertiefung eindrücken, diese mit der beiseite gestellte Hackfleischmischung füllen. Öffnung verschließen, indem Bulgurmasse darüber zusammengedrückt wird, dabei die Eienden spitz formen.

3 Öl in einem hohen Topf erhitzen, bis an einem hineingetauchten Holzstäbchen kleine Bläschen aufsteigen. Jeweils 3 Röllchen darin braun ausbacken und auf Küchenpapier entfetten.

Bulgur

Weizen wird in Anatolien seit Urzeiten kultiviert, zu Mehl zerrieben oder im ganzen gekocht. Für ein Gericht aus ganzen Körnern müssen diese über Stunden eingeweicht und lange gegart werden. Pfiffige Frauen kürzten irgendwann einmal die mühselige Vorbereitung ab, sie erfanden den Bulgur. Dafür läßt man einen bis zur nächsten Getreideernte ausreichenden Vorrat an geschältem Weizen in Wasser quellen. Dieser wird dann gekocht und getrocknet. Dann zerschlägt man die Körner zu grobem oder feinem Schrot, dem Bulgur. In luftige Stoffsäcke verpackt, hält er sich über Monate und ist nach etwa 30 Min. Kochzeit gar.

Weizen wird zum Trocknen ausgebreitet.

Während die Städter den Bulgur fertig kaufen, stellen ihn die Bauern in den Dörfern selbst her. Dazu tun sich meist die Familien zusammen. Die Männer helfen, mit urtümlichen Holzstößeln bewaffnet, den Weizen zu zerstoßen. Diese Kraftarbeit erledigen jedoch auch Frauen. Grober Bulgur wird wie Reis gekocht. Feinen Bulgur verwendet man für Suppen, für Salat oder für Bulgurröllchen. Er ist auch für Tarhana (Suppenmehl) unentbehrlich.

Mittelanatolien · Etwas schwieriger

Nudelteigpastete
Su böreği

Zutaten für 6 Portionen, für eine Backform von 30–32 cm Ø oder eine entsprechend große rechteckige Auflaufform:
Für den Teig:
500 g Mehl + Mehl zum Ausrollen
4 Eier
2 EL Zitronensaft · 1 TL Salz
Für die Füllung:
200 g Schafkäse (Beyaz peynir)
1 Bund Dill
1 Bund glatte Petersilie
Zum Bestreichen:
150 g Butter +
Butter für die Backform
2 EL Olivenöl
140 ml Milch

Zubereitungszeit: 2 Std.
(+ 30 Min. Ruhen
+ 35 Min. Backen)

Pro Portion: 2800 kJ/670 kcal

1 Mehl in eine Rührschüssel sieben und in der Mitte eine Mulde bilden. In die Vertiefung Eier, Zitronensaft, Salz und 50 ml Wasser geben. Alles von der Mitte aus verrühren und etwa 5 Min. durchkneten, bis ein elastischer Teig entstanden ist. Diesen in 12 Stücke teilen, zu Bällchen formen und auf einem bemehlten Tablett mit einem feuchten Tuch bedeckt mindestens 30 Min. ruhen lassen.

2 Schafkäse mit der Gabel fein zerdrücken. Kräuter waschen und trockenschütteln, die Blättchen fein hacken und untermischen. Backform einfetten.

3 Auf gut bemehlter Arbeitsfläche ein Bällchen zu einer papierdünnen Platte, etwas größer als die Backform, ausrollen und die Form damit auslegen. Die übrigen Bällchen in Formgröße nacheinander ausrollen.

4 Eine Schüssel mit kaltem Wasser bereitstellen. Backofen auf 225° (Gas Stufe 4) vorheizen. In einem großen Topf reichlich Salzwasser mit Olivenöl zum Kochen bringen. 11 Teigblätter (1 bleibt ungekocht) einzeln bei mittlerer Hitze jeweils etwa 2 Min. kochen. Wenn sie an die Oberfläche kommen, mit einem Schaumlöffel herausheben, ins kalte Wasser tauchen und auf Küchentüchern abtropfen lassen.

5 Butter und Milch mit etwas Salz leicht erhitzen, Teigplatte in der Form damit einpinseln. Nacheinander 5 Teigplatten schichtweise aufeinander legen und jede ebenso bestreichen.

6 Auf die 5. Platte die Käsemischung verteilen. Die folgenden 5 Platten auf die Füllung schichten und dabei jede wieder einzeln einpinseln.

7 Überhängende Teigränder nach innen klappen, einpinseln und mit der letzten, der ungekochten Platte abdecken. Restliche Butter-Milch-Mischung auf die Oberfläche streichen. Pastete in Quadrate von etwa 8 cm Seitenlänge schneiden und im Backofen (Mitte) 30–35 Min. goldbraun backen. Heiß oder warm in der Form servieren.

Tip! Die Teigplatten lassen sich mit einem orientalischen Rollholz (Oklava) besonders dünn ausrollen.

Teigröllchen

Istanbul · Geht schnell Sigara böreği

Zutaten für 4 Portionen:
200 g Schafkäse (Beyaz peynir)
1 Bund Dill
1 Bund glatte Petersilie
2 fertiggekaufte Yufka-Teigblätter
⅜ l Sonnenblumenöl zum Ausbacken

Zubereitungszeit: 40 Min.

Pro Portion:
2500 kJ/600 kcal

1 Schafkäse mit der Gabel fein zerdrücken. Kräuter waschen und trockenschütteln, die Blättchen fein hacken und unter den Käse mischen.

2 Yufkablätter auf einer Arbeitsfläche ausbreiten, 2 übereinander legen und mit einem scharfen Messer vierteln. Jedes Viertel wie Tortenstücke in 3 gleich große Dreiecke schneiden.

3 Eine Untertasse mit kaltem Wasser bereitstellen. Auf die abgerundeten Seiten jedes Dreiecks jeweils 2 TL der Käsefüllung geben, Ecken leicht einklappen und die Stücke wie Zigaretten bis zur Spitze hin aufrollen. Spitzen mit etwas Wasser bestreichen und an die Röllchen kleben.

4 In eine Pfanne etwa 2 Finger hoch Öl füllen und erhitzen. Teigröllchen darin bei starker Hitze rundherum in etwa 5 Min. goldbraun braten. Auf Küchenpapier entfetten und heiß servieren.

Info: Die Teigröllchen gehören mit zu den beliebtesten Vorspeisen. Sie werden aber auch gerne zum Tee gereicht, wenn sich die türkischen Frauen am Nachmittag zum Plaudern treffen.

Yufka

Aus Yufka, großen dünnen Teigblättern, werden in der Türkei allerlei herzhafte und – mit hauchdünnen Blättern – süße Pasteten, wie Baklava, gebacken. Yufka dient außerdem zum Einwickeln von Käse, wie beim Sigara böreği. Hergestellt werden die Blätter vom Meister dieses Fachs, vom Yufkacı, aber auch von Mädchen und Hausfrauen selbst. Schon das Ausrollen des Teiges ist eine Kunst, die langes Üben erfordert. Zum Ausrollen wird ein dünnes langes Rollholz von 1½ cm Durchmesser verwendet. Bei dieser Arbeit sitzen die Frauen vor einer großen runden Holzplatte im Schneidersitz auf dem Boden. In ihrer Nähe ist das Holzfeuer, darauf ein nach oben gewölbtes rundes Backblech, genannt »Saç«. Auf diesem Blech wird auch Saç ekmeği, das dünne, aus der Nomadenzeit stammende Brot, gebacken, das Yufka ähnelt, nur ein wenig dicker und gröber ist als dieses. Umgedreht verwendet man das Blech als Pfanne. Saç ekmeği wird gerne auf Vorrat gebacken, übereinander gestapelt und in Tüchern aufbewahrt. Vor der Verwendung sprengt man es mit Wasser ein, läßt es eine Weile eingewickelt liegen, damit es weich wird. Zum Essen erhält jeder einen Fladen. Yufka gibt es bei uns in türkischen Lebensmittelläden zusammengerollt oder gefaltet zu 3 oder 5 Blättern und in Folie verpackt.

Nach traditionellem Rezept backen die Frauen Saç ekmeği.

Teigtäschchen
Mantı

Mittelanatolien · Braucht etwas Zeit

Zutaten für 4 Portionen:
Für den Teig:
400 g Mehl + Mehl zum Ausrollen
1 TL Salz
1 Ei
Für die Füllung:
250 g zweimal durchgedrehtes Lamm- oder Rinderhackfleisch
1 mittelgroße Zwiebel (100 g)
1 Bund glatte Petersilie
schwarzer Pfeffer, frisch gemahlen
1 TL mildes Paprikapulver
1 Msp. gemahlener Kreuzkümmel
Salz
Für die Saucen:
Kaffeefiltertüte
3 Becher säuerlicher Vollmilchjoghurt (je 175 g)
3 Knoblauchzehen
100 g Butter
1 TL scharfes Paprikapulver

Zubereitungszeit: 2 Std.
(+ 30 Min. Ruhen)

Pro Portion: 3300 kJ/790 kcal

1 Mehl in eine Rührschüssel sieben. Salz, Ei und ⅛ l Wasser untermischen und alles etwa 5 Min. zu einem geschmeidigen Teig verarbeiten. In Frischhaltefolie eingewickelt etwa 30 Min. ruhen lassen.

2 Hackfleisch in eine Schüssel geben. Zwiebel schälen und klein würfeln. Petersilie waschen und trockenschütteln, die Blättchen fein hacken. Mit je 1 Prise Pfeffer, Paprikapulver, Kreuzkümmel und Salz würzen. Alles gründlich verkneten.

3 Teig in 5 gleich große Stücke teilen. Jede Portion auf einer gut bemehlten Arbeitsfläche knapp 2 mm dick ausrollen.

4 Quadrate mit etwa 4 cm Seitenlänge ausschneiden. Auf jedes Quadrat ½ TL Hackfleischfüllung geben. Die vier Ecken der Teigflecken über der Füllung zusammenfassen und die Spitzen und Ränder mit Daumen und Zeigefinger zusammendrücken, so daß kleine Täschchen entstehen. Auf diese Weise den ganzen Teig verarbeiten.

5 Ein Spitzsieb über eine Schüssel hängen, eine Kaffeefiltertüte hineinstecken, Joghurt einfüllen und etwa 20 Min. abtropfen lassen. Knoblauch schälen.

6 Einen großen Topf mit reichlich Salzwasser zum Kochen bringen. Teigtäschchen in mehreren Portionen jeweils 4–5 Min. im offenen Topf bei schwacher Hitze garen, bis sie an die Oberfläche steigen. Fertige Teigtäschchen mit einem Schaumlöffel herausnehmen und kurz in einem Sieb abtropfen lassen.

7 Butter in einem Pfännchen erhitzen, Paprikapulver hineinrühren. Abgetropften Joghurt in eine Schüssel geben, geschälten Knoblauch durch die Presse dazudrücken und mit Salz verrühren. Teigtäschchen auf vorgewärmte tiefe Teller verteilen. Jede Portion mit etwas Knoblauchjoghurt und heißer Paprikabutter übergießen.

Getränk: Gekühlter Ayran, verdünnter Joghurt, schmeckt gut dazu.

Teigtaschen aus der Pfanne

Mittelmeerküste · Etwas schwieriger

Gözleme

Zutaten für 4 Portionen:
150 g Mehl + Mehl zum Ausrollen
1½ TL Salz
300 g Blattspinat
150 g Schafkäse (Beyaz peynir oder Tulum peyniri)
1 Bund glatte Petersilie
100 ml Sonnenblumenöl zum Braten

Zubereitungszeit: 1 Std.
(+ 30 Min. Ruhen)

Pro Portion: 1100 kJ/260 kcal

1 Mehl mit Salz in eine Schüssel sieben. 100 ml warmes Wasser rasch unterarbeiten und alles zu einem glatten, weichen Teig verkneten. Daraus 12 Bällchen formen, diese auf ein bemehltes Brett legen und mit einem feuchten Tuch bedeckt etwa 30 Min. ruhen lassen.

2 Inzwischen Spinat verlesen, die Blätter putzen, gründlich waschen, abtropfen lassen und in dünne Streifen schneiden. Schafkäse in einem tiefen Teller mit der Gabel fein zerdrücken. Petersilie waschen und trockenschütteln, die Blättchen fein hacken und unter den Käse mischen.

3 Auf einer gut bemehlten Arbeitsfläche Teigbällchen zu dünnen runden Blättern von 20–22 cm Durchmesser ausrollen, überschüssiges Mehl vorsichtig abschütteln. Auf jede Blatthälfte 1 EL Käse und ein Häufchen Spinat geben. Die andere Hälfte darüber klappen, Ränder mit einer Gabel festdrücken.

4 In einer Pfanne 1–2 EL Öl erhitzen. Taschen portionsweise von jeder Seite bei mittlerer Hitze in etwa 5 Min. goldbraun braten.

Tip! Teigtaschen zum Schluß mit geschmolzener Butter einpinseln.

Käse

Frischer Schafkäse, türkisch Beyaz peynir, in Blöcke gepreßt, in Lake eingelegt und daher mehr oder weniger salzig, ist der beliebteste Käse der Türkei. Sein Fettgehalt liegt zwischen 35% und 75% i.d.Tr. Der Käse kommt hauptsächlich aus den Regionen Thrakien, Mittelanatolien bei Eskişehir und Ostanatolien bei Kars. Dieses Gebiet liefert auch den Kaşar peyniri, ein Schnittkäse, der, zu großen Laiben geformt, mit dem Alter immer würziger wird.
Ein echter Nomadenkäse ist Tulum peyniri, meist auf der Sommerweide, der Yayla, hergestellt und in Ziegenhäuten zum Abtropfen aufgehängt, so daß er sich durch sein Eigengewicht preßt. Dieser salzige,

Die Türkei bietet einige typische Käsesorten, vor allem aus Schafmilch.

krümelige Käse wird zu Brot gegessen oder zum Füllen von Börek (Teigpastete) oder Gözleme (Teigtaschen) verwendet. Seltener zu finden ist Dil peyniri, faseriger Zungenkäse, der in Zungenform oder in Strängen geflochten angeboten wird.

Er ist ungesalzen, zart schmelzend und wird auch für Desserts verwendet. Lor peyniri ist ein Ziegenfrischkäse. Als Spezialität Ostanatoliens im Gebiet der Stadt Van gilt Otlu peynir – ein krümeliger Frischkäse, gewürzt mit wildem Knoblauch.

Reis, Nudeln und Co.

Paella

Aus Valencia · Für Gäste

Reispfanne

Zutaten für 6 Portionen:
2 rote Paprikaschoten (etwa 300 g)
600 g Fleischtomaten
1 große Zwiebel · 5 Knoblauchzehen
300 g frische oder aufgetaute Erbsen
1 Hähnchen, küchenfertig vorbereitet (etwa 1,2 kg)
250 g Schweinelende
400 g Venusmuscheln
6 große rohe Garnelen, ungeschält
8 EL Olivenöl · Salz
schwarzer Pfeffer, frisch gemahlen
1 Döschen Safran (0,2 g)
1 TL mildes Paprikapulver
1 Lorbeerblatt · 1¼ l Fleischbrühe
500 g spanischer Rundkornreis
(ersatzweise italienischer Arborio oder Vialone)
1 Zitrone

Zubereitungszeit: 45 Min.
(+ 1½ Std. Garen)

Pro Portion: 3800 kJ/900 kcal

1 Den Backofen auf 250° (Gas Stufe 3) vorheizen. Paprikaschoten etwa 20 Min. auf den Rost legen, bis die Haut braun wird und Blasen wirft. Dann herausnehmen, häuten, vom Kernhaus befreien und in schmale Streifen schneiden. Den Backofen auf 180° (Gas Stufe 2) zurückschalten.

2 Tomaten überbrühen, häuten, quer halbieren, entkernen, Stielansatz entfernen und grob hacken. Zwiebel und Knoblauch schälen und fein hacken. Frische Erbsen palen.

3 Hähnchen in 12 Stücke teilen. Schweinelende in Würfel schneiden. Muscheln gründlich unter fließendem Wasser abbürsten. Scampis abspülen.

4 Olivenöl in einer Paellapfanne erhitzen und die Geflügelstücke darin bei starker Hitze von allen Seiten anbraten, mit Salz und Pfeffer würzen und herausnehmen. Danach mit den Fleischwürfeln ebenso verfahren. Dann die Muscheln anbraten, bis sie sich geöffnet haben. Alle, die nach dem Anbraten nicht geöffnet sind, wegwerfen, sie sind nicht genießbar. Scampis ebenfalls anbraten, bis sie eine schöne rote Farbe bekommen haben. Fleisch, Geflügel und Meeresfrüchte warm stellen.

5 Im verbliebenen Bratfett Zwiebel und Knoblauch glasig dünsten. Tomaten und Erbsen dazugeben und etwa 5 Min. dünsten. Safran und Paprikapulver unterrühren, mit Salz und Pfeffer kräftig würzen, Lorbeerblatt dazugeben. Dann in einem Topf die Brühe aufkochen.

6 Reis zu den anderen Zutaten in die Pfanne geben, mit der kochenden Brühe aufgießen und etwa 25 Min. köcheln lassen, bis der Reis fast alle Flüssigkeit aufgesogen hat. Paprikastreifen untermischen, abschmecken und falls nötig nachwürzen.

7 Hähnchenstücke, Fleischwürfel, Muscheln und Scampis dekorativ auf dem Reis verteilen. Die Paellapfanne mit Alufolie abdecken und im vorgeheizten Backofen (Mitte) weitere 15 Min. ziehen lassen. Paella in der Pfanne auf den Tisch bringen.

Getränk: Ein weißer Rioja schmeckt gut dazu oder ein Weißwein aus Val de peñas.

Info: Das Wesentliche bei der Paella ist die Reissorte. Der Reis muß ganz körnig sein. Darum läßt man ihn nur so kurz wie möglich mitgaren. Die Kunst des Paella-Kochens besteht also im exakten Zufügen der Zutaten zum richtigen Zeitpunkt, so daß sich die Aromen zwar gut vermischen, das Fleisch und der Fisch aber saftig bleiben, das Gemüse schön knackig und der Reis noch ganz körnig ist.

Tip! Wer keine Paellapfanne hat, kann auch eine große Reine verwenden. In Spanien bereitet man die Paella zu Festen auf offenem Feuer, weil die Flammen am Rand der Pfanne entlangzüngeln und so den Inhalt ganz gleichmäßig erwärmen können. Deshalb bereiten Sie zu Hause die Paella am besten in der Rundum-Wärme des Backofens, nicht direkt auf dem Herd. Sie sollten unbedingt Fingerschalen mit warmem Wasser und Zitronenschnitze sowie Teller für Muschelschalen und Knochen bereitstellen.

Nudelauflauf
Pastítsio

Von den Kykladen · Gut vorzubereiten

Zutaten für 4–6 Portionen:
500 g Makkaroni · Salz
1 große Zwiebel · 4 EL Olivenöl
600 g Rinderhackfleisch
700 g Tomaten
je 1 Msp. Zimt- und Pimentpulver
¼ l trockener Weißwein
40 g Butter und Butter für die Form
4 EL Mehl · ¾ l Milch
schwarzer Pfeffer, frisch gemahlen
1 Prise Muskat · 1 EL Zitronensaft
3 Eier · 200 g Kefalotiri-Käse,
gerieben · 1 Bund Petersilie

Zubereitungszeit: 2 Std.
(+ 45 Min. Backen)
Bei 6 Portionen pro Portion:
3400 kJ/810 kcal

1 Makkaroni in reichlich Wasser bißfest kochen, abgießen. Zwiebel schälen und klein würfeln. Olivenöl erhitzen und die Zwiebel bei mittlerer Hitze glasig braten. Hackfleisch dazugeben, zerkleinern und rundum kräftig anbraten.

2 Tomaten häuten, kleinwürfeln und unter das Hackfleisch rühren. Gewürze, Salz, Wein und ⅛ l Wasser untermischen. Bei schwacher Hitze etwa 10 Min. kochen. Backofen auf 180° (Gas Stufe 2) vorheizen.

3 Butter in einer Kasserolle erhitzen, Mehl einrühren und anschwitzen. Langsam Milch unterrühren und aufkochen. Sauce mit Salz, Pfeffer, Muskat und Zitronensaft abschmecken. Leicht abkühlen lassen. 2 Eier verquirlen und unterrühren.

4 Eine feuerfeste Form einfetten. Die Hälfte der Makkaroni auf den Boden schichten. Etwas Käse darüber streuen. Petersilie abspülen, trockenschütteln und Blättchen hacken, mit 1 Ei unter das Hackfleisch rühren und auf die Makkaroni streichen.

5 Restliche Makkaroni darüber legen und mit der Sauce begießen. Restlichen Käse darüber streuen. Den Auflauf im Backofen (Mitte) etwa 45 Min. backen, bis sich die Oberfläche bräunt. In Stücke schneiden und servieren.

Muschelreis
Mídia me rísi

Von den Ionischen Inseln

Zutaten für 4 Portionen:
1,5 kg Mies- oder Venusmuscheln
2 Zwiebeln (etwa 200 g)
2 Knoblauchzehen · 3 EL Olivenöl
⅜ l trockener Weißwein · Salz
1 TL schwarze Pfefferkörner
½ Lorbeerblatt
1 Bund Petersilie · 200 g Tomaten
40 g Butter · 1 TL Tomatenmark
1 Msp. Zucker
schwarzer Pfeffer, frisch gemahlen
½ TL getrockneter Oregano
225 g Langkornreis

Zubereitungszeit: etwa 55 Min.

Pro Portion: 2400 kJ/570 kcal

1 Muscheln etwa 20 Min. in eine Schüssel mit kaltem Wasser legen. Dann unter fließendem Wasser abbürsten, Bartfäden abschneiden. Bereits geöffnete Muscheln wegwerfen. 1 Zwiebel und 1 Knoblauchzehe schälen, halbieren. In einem großen Topf mit Olivenöl glasig braten. ¼ l Wein und ½ l Wasser zugießen, Salz, Pfeffer, ½ Lorbeerblatt und 3 Zweige Petersilie hinzufügen und aufkochen.

2 Muscheln hineingeben, zugedeckt bei starker Hitze etwa 5 Min. kochen. Muscheln herausnehmen, nicht geöffnete Exemplare wegwerfen. Sud durch ein Sieb gießen, aufheben. 1 Zwiebel und 1 Knoblauchzehe schälen und fein würfeln. Tomaten häuten und kleinwürfeln.

3 In einem Topf Zwiebel und Knoblauch in Butter glasig braten. Tomaten und Tomatenmark unterrühren, kurz mitschmoren. ⅛ l Wein und ¾ l Muschelsud dazugießen, aufkochen, mit Salz, Zucker, Pfeffer und Oregano würzen. Reis unterrühren, aufkochen und bei schwacher Hitze in 25 Min. garen, gelegentlich umrühren. Nach Bedarf noch Muschelsud hinzufügen.

4 Einige Muscheln als Dekoration beiseite legen, aus den übrigen Fleisch entnehmen. Muschelfleisch und restliche gehackte Petersilie unter den Reis mischen, mit Muscheln garniert servieren.

Spinatreis
Spanakórizo

Aus Attika · Geht schnell

Zutaten für 4 Portionen:
1 kg frischer Blattspinat
1 Bund Frühlingszwiebeln
(etwa 200 g)
1 großes Bund Dill
5 EL Olivenöl
120 g Langkornreis · Salz
schwarzer Pfeffer, frisch gemahlen
1 unbehandelte Zitrone

Zubereitungszeit: 40 Min.

Pro Portion: 1100 kJ/260 kcal

1 Spinat von den Wurzelansätzen und groben Stielen befreien, waschen, abtropfen lassen und in schmale Streifen schneiden. Zwiebeln von harten Röhren und Wurzeln befreien, waschen und in Scheibchen schneiden. Dill abspülen und kleinhacken.

2 In einer großen Pfanne Olivenöl erhitzen und die Zwiebeln glasig braten. Spinat untermischen und bei mittlerer Hitze 3–4 Min. schmoren und zusammenfallen lassen. Reis und 600 ml Wasser dazugeben und aufkochen lassen. Auf schwache Hitze herunterschalten. Dill, Salz und eine Prise Pfeffer unterrühren.

3 Den Spinatreis zugedeckt etwa 20 Min. garen. Im Bedarfsfall noch 2–3 EL Wasser dazugeben, denn das Gericht soll saftig bleiben. Nochmal mit Salz und Pfeffer abschmecken. Zitrone waschen, vierteln und mit dem Spinatreis servieren. Nach Geschmack Zitronensaft über das Gericht träufeln.

Nudelauflauf mit Lauch
Pastítsio me prássa

Vom Festland · Gelingt leicht

Zutaten für 4 Portionen:
500 g Makkaroni · Salz
80 g Butter · 500 g Lauch
schwarzer Pfeffer, frisch gemahlen
500 g reife Tomaten
1 scharfe Peperoni
100 g schwarze Oliven
1 TL Tomatenmark
2 Eier · 2 EL Milch
80 g Graviéra-Käse, gerieben
(ersatzweise Greyerzer)

Zubereitungszeit: 30 Min.
(+ 45 Min. Backen)

Pro Portion: 1700 kJ/400 kcal

1 Makkaroni so kochen, daß sie noch Biß haben, abbrausen und abtropfen lassen. Nudeln in eine feuerfeste Form schichten. In einem Topf 40 g Butter erhitzen, bis sie sich zu bräunen beginnt und über die Nudeln träufeln.

2 Lauch von den harten, grünen Blättern und den Wurzelansätzen befreien, längs halbieren und waschen, dann in etwa 4 cm lange Stücke schneiden. In einer Pfanne 40 g Butter erhitzen und den Lauch bei schwacher Hitze zugedeckt etwa 10 Min. dünsten, mit Salz und Pfeffer würzen. Backofen auf 200° (Gas Stufe 3) vorheizen.

3 Lauch auf den Makkaroni verteilen. Dann Tomaten waschen, in Scheiben schneiden, dabei Stielansätze entfernen. Den Lauch mit Tomatenscheiben bedecken. Nun Peperoni waschen, längs halbieren, Kerne und Stielansatz entfernen. Dann auf die Tomaten legen. Oliven abspülen und dazwischenstecken.

4 Tomatenmark in ½ Tasse heißem Wasser auflösen und über den Auflauf gießen. Diesen etwa 45 Min. im Ofen (Mitte) backen. Etwa 10 Min. vor Ende der Garzeit Eier mit Milch verquirlen, über den Auflauf gießen, alles mit Käse bestreuen und fertigbacken.

Variante: Lauch mit Reis
Für »Prássaóryzo« 1 kg vorbereiteten, in Stücke geschnittenen Lauch, 200 g in Stifte geschnittene Möhren und 1 gewürfelte Zwiebel in 4 EL Olivenöl bei mittlerer Hitze 5 Min. offen schmoren. 50 g Reis, 300 ml Wasser, Salz, je 1 Prise Zucker und Pfeffer unterrühren und bei schwacher Hitze zugedeckt etwa 40 Min. garen. Mit 1 EL Zitronensaft verfeinern, warm servieren.

Nudelplättchen Metsovo

Aus Nordgriechenland · Deftig

Chylopíttes Metsóvou

Zutaten für 4–6 Portionen:
Für die Nudelplättchen:
500 g Mehl und Mehl zum Ausrollen
Salz
2 EL Olivenöl
2 Eier
Für die Schinkenmischung:
300 g milder roher Bergschinken, ohne Schwarte (ersatzweise magerer Südtiroler Schinkenspeck)
200 g Zwiebeln
2 Knoblauchzehen
1 Stange Bleichsellerie
400 g Tomaten
3 EL Olivenöl
Salz
schwarzer Pfeffer, frisch gemahlen
100 g Graviéra-Käse, gerieben (ersatzweise Greyerzer)

Zubereitungszeit: 2 Std.
(+ 1 Std. Ruhen)

Bei 6 Portionen pro Portion:
2700 kJ/ 640 kcal

1 Mehl in eine Schüssel sieben, mit 1 TL Salz vermischen. In die Mitte eine Mulde eindrücken. Olivenöl, Eier und 150 ml lauwarmes Wasser hineingeben, alles zu einem geschmeidigen Teig verarbeiten. Diesen mindestens 10 Min. kneten, dann in Frischhaltefolie eingewickelt etwa 1 Std. ruhen lassen.

2 Den Teig zu einer Rolle formen, diese in 6–8 Portionen teilen. Die erste Portion auf eine bemehlte Arbeitsfläche legen – die anderen wieder in Folie einwickeln, damit sie nicht austrocknen. Teig sehr dünn ausrollen, dabei Nudelrolle und Arbeitsplatte gut mit Mehl bestäuben.

3 Teigplatte ebenfalls mit wenig Mehl bestäuben, übereinanderklappen – sie darf dabei nicht zusammenkleben.

4 Die doppelte Teiglage mit einem scharfen Messer kreuz und quer in 1 cm breite Streifen schneiden, so daß kleine Quadrate entstehen. Doppelt liegende Quadrate vorsichtig auseinanderzupfen.

5 Die Nudeln auf einem trockenen Küchentuch ausbreiten, bis alle anderen Portionen fertig sind.

6 Schinken in Würfelchen schneiden. Zwiebeln und Knoblauch schälen und fein würfeln. Sellerie abspülen und ebenfalls würfeln, die Blättchen hacken.

7 Tomaten mit heißem Wasser übergießen, häuten, Stielansätze entfernen und das Fruchtfleisch klein würfeln. Olivenöl in der Pfanne erhitzen und den Schinken bei mittlerer Hitze anbraten.

8 Zwiebeln, Knoblauch und Sellerie dazugeben und etwa 1 Min. unter Rühren mitbraten. Tomaten unterrühren und alles 1 weitere Min. schmoren. Mit Salz und Pfeffer abschmecken.

9 Dann reichlich Wasser mit 1 TL Salz in einem großen Topf aufkochen. Nudeln in das kochende Wasser geben und etwa 3 Min. sieden, in einem Sieb kurz abtropfen lassen und mit kaltem Wasser abschrecken. Unter die heiße Schinkenmischung heben und mit dem Käse zum Bestreuen servieren.

Getränk: Ein roter Naoussa aus Nordgriechenland paßt ausgezeichnet dazu.

Arancini di riso

Aus Sizilien · Etwas schwieriger

Fritierte Reisbällchen

Zutaten für etwa 16 Arancini:
500 g Vialone-Reis
Salz
1 Briefchen von 125 mg Safran
50 g Parmesan, frisch gerieben
2 Eier
1 kleine Hühnerbrust
1 kleine Zwiebel
1 kleine Möhre
1 kleine Stange Bleichsellerie
1 Bund Petersilie
100 g Mozzarella
3 EL Olivenöl (+ Sonnenblumenöl zum Fritieren)
1 Chilischote
150 g Rinderhackfleisch
6 EL passierte Tomaten
100 g frische Erbsen (ersatzweise tiefgekühlte)
⅛–¼ l Fleischbrühe
80 g Semmelbrösel
2 EL Mehl

Zubereitungszeit: 2 Std.

Pro Stück: 1000 kJ/240 kcal

1 In einem Topf 1¼ l Salzwasser aufkochen. Den Reis einstreuen, bei schwacher Hitze und unter häufigem Rühren 15 Min. ausquellen lassen. Gegen Ende der Garzeit Safran in 3 EL heißem Wasser auflösen und unter den schön körnigen Reis mischen. Geriebenen Parmesan und 1 Ei in den fertigen Reis rühren. Abkühlen lassen.

2 Die Hühnerbrust waschen, abtrocknen und in kleine Würfelchen schneiden. Die Zwiebel schälen, die Möhre putzen, den Sellerie waschen, trockentupfen. Gemüse und Zwiebel ganz klein schneiden. Petersilie waschen, trockenschütteln und fein hacken. Den Mozzarella in 32 Würfel schneiden.

3 In einer Kasserolle 3 EL Olivenöl erhitzen. Zwiebel glasig dünsten. Das Gemüse mit einer ganzen Chilischote kurz anbraten, dann die Hälfte der Petersilie, die Hühnerbrustwürfel und das Rinderhackfleisch hinzufügen, salzen und 5 Min. mitbraten. Die passierten Tomaten angießen. Erbsen einstreuen. Alles zugedeckt 15–20 Min. bei mittlerer Hitze schmoren lassen. Wenn die Flüssigkeit verbraucht ist, nach und nach etwas Brühe angießen. Die Fleischsauce mit der übrigen Petersilie bestreuen und unter häufigem Rühren eindicken lassen. Chilischote entfernen.

4 Das zweite Ei in einem tiefen Teller verquirlen, leicht salzen und pfeffern. Semmelbrösel in einen flachen Teller geben.

5 Eine Handvoll Reis zu einer Kugel formen. Mit dem Zeigefinger in die Mitte eine Vertiefung drücken. Die Mulde mit 1 EL der Gemüse-Fleisch-Mischung und 2 Mozzarellawürfeln füllen, Öffnung wieder mit Reis verschließen und zu einem Bällchen formen. Das Reisbällchen leicht mit Mehl bestäuben. In verquirltem Ei und dann in den Semmelbröseln wenden. Auf diese Weise etwa weitere 15 Bällchen formen und vorsichtig auf einen Teller legen.

6 In einem Topf reichlich Öl für das Fritieren erhitzen. Die Reiskugeln portionsweise goldgelb ausbacken. Zum Aufsaugen von überschüssigem Fett auf Küchenpapier legen und auf einer vorgewärmten Platte anrichten. Die Arancini sehr heiß servieren.

Wein: Ein trockener Weißwein mit vollem Bukett, wie z. B. ein Etna Bianco aus Sizilien, paßt ausgezeichnet.

Gnocchi di patate

Aus dem Trentino · Braucht etwas Zeit

Kartoffelnockerln mit geräuchertem Ricotta

Zutaten für 4 Portionen:
1 kg mehlige Kartoffeln
Salz
1 Ei
1 Eigelb
150 g Mehl
(+ Mehl für das Backbrett)
200 g geräucherter Ricotta
(ersatzweise Ricotta)
150 g Butter
6–8 Salbeiblätter
1 Prise Muskatnuß, frisch gerieben
schwarzer Pfeffer aus der Mühle
50 g Parmesan, frisch gerieben

Zubereitungszeit: 2 Std.

Pro Portion: 3300 kJ/790 kcal

1 Kartoffeln in Salzwasser weich kochen und pellen. Die heißen Kartoffeln durch die Presse auf ein bemehltes Backbrett drücken und abkühlen lassen.

2 Ei, Eigelb und Salz in die Kartoffelmasse geben und mit so viel Mehl verkneten, daß ein lockerer, homogener Teig entsteht. Hände und Backbrett immer gut bemehlt halten, der Teig darf nicht an den Fingern kleben.

3 Teig in kleine Portionen aufteilen und aus jeder Portion mit der bemehlten Handfläche fingerdicke Röllchen formen. Diese in 2–3 cm lange Stücke schneiden. Jedes Teigstückchen leicht mit Mehl bestäuben.

4 In einem großen Topf reichlich Salzwasser zum Kochen bringen. Gnocchi in kleinen Mengen nacheinander hineingleiten und zugedeckt bei schwacher Hitze 3–5 Min. ziehen lassen. Sobald die Gnocchi gar sind, steigen sie an die Oberfläche.

5 Ricotta in dünne kleine Scheibchen schneiden. In einer großen Pfanne die Hälfte der Butter zerlassen, 4 Salbeiblätter zart anbraten. Ricotta hinzufügen und in der Butter schwenken.

6 Gnocchi mit einem Schaumlöffel herausnehmen, gut abtropfen lassen und in die Pfanne hineingeben. Die restliche Butter und den Ricotta unter die Gnocchi mischen. Mit Muskatnuß und Pfeffer würzen. Gnocchi direkt in der Pfanne oder in einer vorgewärmten Schüssel mit Salbeiblättern anrichten. Frisch geriebenen Parmesan dazu reichen.

Wein: Zu Gnocchi paßt ein charaktervoller Rotwein aus dem Trentino, z. B. ein Teroldego Rotaliano.

Info: Die Kartoffeln sind je nach Jahreszeit mehr oder weniger mehlig. Falls nötig, muß man dem Gnocchiteig noch etwas Mehl zugeben.

Variante: Gnocchi verdi
(Spinatnockerln)
100 g frischen oder 50 g tiefgekühlten Spinat, gut ausgedrückt, fein hacken und mit 1 kg gekochten, durchpassierten Kartoffeln, mit 150 g Mehl und 1 Eigelb mischen. Gnocchi nach dem Rezept vorbereiten, mit 150 g zerlassener Butter übergießen und mit Parmesan bestreuen.

Tip! Ricotta affumicata ist ein schönes Mitbringsel aus Norditalien. Verpackt läßt sich geräucherter Käse im Kühlschrank auch für längere Zeit aufbewahren.

Risotto alla milanese

Aus Mailand · Gelingt leicht

Safranrisotto

Zutaten für 4 Portionen:
1 kleine Zwiebel
etwa 1 l Fleischbrühe
1 Markknochen
100 g Butter
400 g Vialone- oder Arborioreis
⅛ l trockener Weißwein
Salz
1 Briefchen von 125 mg Safran
3 EL Sahne
schwarzer Pfeffer aus der Mühle
100 g Parmesan, frisch gerieben

Zubereitungszeit: 40 Min.

Pro Portion: 3000 kJ/710 kcal

1 Zwiebel schälen und fein hacken. Fleischbrühe mit Markknochen etwa 5 Min. kochen lassen. In einer Kasserolle 50 g Butter zerlassen, darin die gehackten Zwiebeln bei schwacher Hitze andünsten, bis sie weich, aber nicht zu braun sind.

2 Den Reis in die Kasserolle geben und so lange rühren, bis die Körner glasig sind, dann mit Weißwein ablöschen und verdampfen lassen. Nach und nach die heiße Brühe angießen, den Risotto salzen und ohne Deckel bei mittlerer Hitze 10 Min. kochen. Dabei immer wieder umrühren.

3 Safran in 3 EL Brühe auflösen und in den Reis geben. Das Mark aus den Knochen nehmen, mit einer Gabel zerdrücken und unter den Reis mischen. Bei mittlerer Hitze und unter Rühren weitere 5 Min. kochen. Bei Bedarf noch etwas Brühe angießen.

4 Unter den fertigen Reis die Sahne und die restliche Butter mischen. Mit Pfeffer würzen und sofort servieren. Dazu frisch geriebenen Parmesan reichen.

Wein: Ein junger Rotwein aus der Lombardei, z. B. ein Sassella, paßt immer.

Pappeln spiegeln sich in den überfluteten Reisfeldern bei Vercelli.

Reis

Reis ist im 15. Jahrhundert von Kaiser Karl V. aus Spanien nach Italien eingeführt worden. Seit dieser Zeit wird das Getreidegras im feuchten Schwemmland der Poebene angebaut. Von der Schonkost bis zum exklusiven Nahrungsmittel der gehobenen Schichten brachte der Reis im 19. Jahrhundert den Städten Turin und Mailand einen rasanten wirtschaftlichen Aufschwung. In der Poebene gedeihen die größten Reiskulturen Europas. Zwischen Novara und Vercelli im südlichen Piemont erstrecken sich zwischen Pappelreihen weite Reisfelder. Die bis 1,8 m hohe Reispflanze liebt Wasser und Wärme.
Im Frühjahr werden die Pflanzen aus den Saatbeeten auf den künstlich überfluteten Feldern eingesetzt. Während des Wachstums stehen die Reiskulturen völlig unter Wasser. Zu Beginn der Erntezeit im Sommer wird das Wasser wieder abgeleitet. Nach dem Abschneiden der Rispen vom Halm wird der Reis getrocknet und gedroschen. In der Poebene gibt es mehr Mittelkorn- und Rundkornreis, als man in ganz Italien verbrauchen kann. Man unterscheidet zwischen den Reissorten »comune« (Riso comune originario), »semifino« (Vialone Nano) und »fino« (Arborio, Carnaroli und Razza). Die letzten beiden eignen sich zum Risotto.

Ravioli al burro

Aus Ligurien · Exklusiv
Ravioli mit Spinatfüllung, Butter und Salbei

Zutaten für 4–6 Portionen:
Für den Teig:
400 g Mehl (+ Mehl zum Ausrollen)
4 Eier
Salz
1 EL Olivenöl

Für die Füllung:
500 g frischer Spinat
1 Bund Petersilie
1 Ei
300 g Ricotta (Frischkäse)
100 g Parmesan, frisch gerieben
Salz
1 Prise Muskatnuß, gerieben
Pfeffer aus der Mühle

Zum Servieren:
100 g Butter
8 frische Salbeiblätter
50 g Parmesan, frisch gerieben
Pfeffer aus der Mühle

Zubereitungszeit: 2½ Std.
(+ 15 Min. Ruhen)

Bei 6 Portionen pro Portion:
2900 kJ/690 kcal

1 Mehl auf ein Backbrett häufen, in die Mitte eine Mulde drücken, Eier und Salz hineingeben und mit etwas Wasser verkneten. 1 EL Olivenöl untermischen, um den Nudelteig elastischer zu machen. Teig kräftig durchkneten. Zur Kugel formen, in ein bemehltes Küchentuch einschlagen und etwa 15 Min. ruhen lassen.

2 Spinat putzen, waschen, in kochendem Salzwasser etwa 3 Min. blanchieren (sprudelnd kochen lassen). Abgießen, kalt abschrecken, ausdrücken und fein hacken. Petersilie waschen, trockentupfen, klein schneiden.

3 Ei in einer Rührschüssel verquirlen, Spinat, Petersilie, Ricotta und Parmesan hinzufügen. Mit Salz, Muskatnuß und Pfeffer aus der Mühle würzen. Zutaten gut miteinander vermischen.

4 Teigkugel halbieren, beide Stücke auf leicht bemehlter Fläche papierdünn ausrollen. Mit einem Teigrädchen in 5 cm breite Streifen schneiden. Mit Hilfe von 2 TL haselnußgroße Portionen der Füllung in Abständen von 5 cm auf dem Streifen verteilen. Die Zwischenräume mit Wasser bestreichen. Die übrigen Teigstreifen darüber legen und beide Schichten zwischen den Füllungen mit der Fingerkuppe leicht zusammendrücken, danach Teigtaschen quadratisch ausschneiden. Auf einem bemehlten Tuch ausbreiten und kurz antrocknen lassen.

5 Ravioli portionsweise in 3 l sprudelndes Salzwasser geben, nach dem Aufwallen 3–5 Min. ziehen lassen. Butter mit 4 Salbeiblättern in einer Pfanne zerlassen. Ravioli mit einem Schaumlöffel aus dem Wasser herausnehmen, abtropfen lassen und auf einer vorgewärmten Platte anrichten. Salbeibutter darüber gießen, mit Parmesan bestreuen und mit den restlichen Salbeiblättern garnieren. Nach Geschmack pfeffern. Heiß servieren.

Wein: Ein leichter trockener Pinot Grigio aus Friaul oder ein Orvieto aus Umbrien passen gut dazu.

Lasagne verdi al forno

Aus der Emilia-Romagna · Berühmt

Grüner Lasagneauflauf

Zutaten für 4–6 Portionen:
Für den Teig:
100 g frischer Spinat
300 g Mehl · 3 Eier · Salz
2 EL Olivenöl (nach Belieben)

Für die Saucen:
Béchamelsauce: 70 g Butter
2–3 gehäufte EL Mehl · ¾ l Milch
1 Prise Muskatnuß, gerieben · Salz
Ragoutsauce: Zutaten nach dem unten angegebenen Rezept
50 g Parmesan, frisch gerieben
30 g Butter

Zubereitungszeit: 2½ Std.
(+ 30 Min. Ruhen)

Bei 6 Portionen pro Portion:
3400 kJ/810 kcal

1 Spinat putzen, waschen und naß im eigenen Saft zugedeckt dünsten. Spinat ausdrücken und fein hacken.

2 Mehl aufhäufen. In die Mitte eine Mulde drücken. Eier, Spinat und etwas Salz hineingeben. Den Teig 15 Min. durchkneten, nach Belieben 2 EL Olivenöl untermischen und mit einem Tuch bedeckt 30 Min. ruhen lassen.

3 Für die Béchamelsauce Butter schmelzen und das Mehl hineinrühren. Nach und nach Milch dazugießen. Dabei mit dem Schneebesen schlagen. Mit Muskatnuß und Salz würzen. Aufkochen lassen, bis die Sauce sämig ist. Ragoutsauce nach dem unten stehenden Rezept zubereiten.

4 Teig 2 mm dünn ausrollen und in rechteckige Stücke schneiden. 3 l Salzwasser mit etwas Öl zum Kochen bringen. Teigblätter portionsweise kochen, bis sie hochsteigen. Herausnehmen, gut abtropfen lassen und auf ein feuchtes Tuch legen.

5 Backofen auf 180° (Gas Stufe 2) vorheizen. Eine rechteckige Gratinform mit Butter ausstreichen, mit Lasagneblättern auslegen, Ragoutsauce darübergeben, mit Béchamelsauce begießen und mit Parmesan bestreuen. In dieser Reihenfolge alle Zutaten einfüllen, bis sie aufgebraucht sind. Mit Parmesan abschließen. Butterflöckchen darauf verteilen. Lasagne im Backofen in etwa 30 Min. überbacken.

Tagliatelle al ragù

Aus Bologna · Klassisch

Bandnudeln mit Ragoutsauce

Zutaten für 4 Portionen:
1 große Zwiebel · 2 Möhren
1 Stange Bleichsellerie
½ Bund Petersilie
50 g roher Schinken
50 g geräucherter, durchwachsener Speck
50 g Butter · 400 g Rinderhackfleisch
⅛ l Rotwein · ⅛ l Fleischbrühe
500 g Eiertomaten · 1 Lorbeerblatt
Salz · Pfeffer aus der Mühle
¼ l Milch · 400 g Eierbandnudeln
60 g Parmesan, frisch gerieben

Zubereitungszeit: 1½ Std.

Pro Portion: 4000 kJ/950 kcal

1 Zwiebel schälen. Gemüse putzen, waschen. Petersilie waschen, trockenschütteln und alles fein hacken. Schinken- und Speckscheiben in Würfel schneiden.

2 Butter in einer großen Kasserolle zerlassen, Zwiebel mit Schinken- und Speckwürfeln unter ständigem Rühren anschwitzen. Möhren, Sellerie und Petersilie hinzufügen und 8–10 Min. mitdünsten. Dann das Hackfleisch dazugeben und anbraten. Mit Rotwein ablöschen und zugedeckt bei starker Hitze schmoren, bis die Flüssigkeit verdampft ist. Brühe angießen und einkochen lassen.

3 Eiertomaten überbrühen und enthäuten. Das Fruchtfleisch in Stücke schneiden und mit dem Lorbeerblatt in die Kasserolle geben. Salzen und pfeffern. Sauce zugedeckt bei schwacher Hitze etwa 20 Min. eindicken lassen. Dann die Milch einrühren und weitere 10 Min. köcheln, bis die Milch verdampft ist.

4 Bandnudeln in kochendem Salzwasser mit einigen Tropfen Olivenöl al dente kochen. Abgießen und in eine vorgewärmte Schüssel geben. Mit Ragoutsauce würzen. Parmesan dazu reichen.

Trenette al pesto genovese

Aus Ligurien · Gelingt leicht
Trenette Genueser Art

Zutaten für 4 Portionen:
2 Knoblauchzehen
Salz
3 Bund Basilikum
nach Belieben 1 Chilischote
1 EL Pinienkerne
2 EL Parmesan, frisch gerieben
2 EL Pecorino, frisch gerieben
100 ml Olivenöl, kaltgepreßt
2 junge, kleine Kartoffeln
400 g Trenette (oder Spaghetti)

Zubereitungszeit: 30 Min.

Pro Portion: 2800 kJ/670 kcal

1 Knoblauchzehen schälen, grob zerkleinern und mit einer Prise Salz in einen Mörser geben.

2 Basilikum waschen, trockenschütteln, Stiele entfernen, die Blätter grob hacken. Wer's gerne scharf mag, kann auch 1 Chilischote ins Pesto mischen: Chilischote längs aufschlitzen, von den Kernen befreien und in feine Streifen schneiden. Basilikum, Chilischote und die Pinienkerne ebenfalls in den Mörser geben und zerstoßen.

3 Parmesan und Pecorino daruntermischen. Olivenöl langsam hinzugießen und so lange rühren, bis eine cremige Paste entsteht.

4 Kartoffeln schälen, in Stücke schneiden und in reichlich Salzwasser etwa 10 Min. vorgaren. Trenette-Nudeln dazugeben und bißfest garen.

5 Vorbereitete Pestosauce mit 2–3 EL kochendem Nudelwasser geschmeidig rühren.

6 Kartoffeln und Nudeln in ein Sieb gießen, abtropfen lassen und in eine vorgewärmte Schüssel geben. Mit der Sauce schnell und gründlich vermischen. Das Nudelgericht heiß servieren.

Wein: Dazu paßt leichter, trockener Weißwein, z. B. Soave Superiore aus Venetien.

Tip! Nicht ganz traditionell, aber wesentlich schneller können Sie die Sauce zubereiten, wenn Sie alle Zutaten mit dem Mixer oder Pürierstab zerkleinern.

Basilikum

Basilikum, ein königliches Würzkraut für Pesto, Tomaten und vieles mehr.

Schon vor 4000 Jahren kam die »Königin der Kräuter« aus Indien nach Ägypten und gelangte von dort über Rom nach Südeuropa. Vom griechischen »basilikon« kommt ihr Name: königlich. Dem Basilikum werden seit alters her heilsame Eigenschaften zugeschrieben. So soll es stärkend, beruhigend, krampflösend und appetitanregend wirken. Neben dem grünen Basilikum gibt es auch rote Sorten. Das Buschbasilikum besitzt kleine grüne Blättchen. Allen drei Arten gemeinsam ist der süßlich-pfefferartige Geschmack. Unmittelbar vor oder während der Blüte ist die beste Erntezeit, dann ist der Gehalt an aromagebenden ätherischen Ölen am höchsten. Geradezu klassisch ist Basilikum im berühmten ligurischen Pesto (Rezept S. 64) und in vielen Tomatengerichten. Zerrieben oder gehackt paßt es aber auch ausgezeichnet zu Fleisch, Saucen, Suppen und Marinaden. Es sollte allerdings nicht mitgekocht werden. Konserviert wird das Basilikum in Italien meist in Olivenöl: Gewaschene und trockengetupfte Blätter werden sorgfältig in ein Glas geschichtet und in Olivenöl eingelegt. Mit Basilikum gewürzter Weinessig eignet sich hervorragend für Salat.

Polenta con tartufi

Aus Alba (Piemont) · Raffiniert

Polenta mit Käse und Trüffeln

Zutaten für 4 Portionen:
Polenta (Grundrezept):
1¼ l Wasser · 1 EL Salz
300 g Maisgrieß

Zum Verfeinern:
200 g Fontina · 100 g Butter
100 g Parmesan, frisch gerieben
1 kleine weiße Trüffelknolle
(30–50 g)
weißer Pfeffer aus der Mühle

Zubereitungszeit: 1 Std.

Pro Portion:
3000 kJ/710 kcal

1 In einem schweren, hohen Topf das Wasser zum Kochen bringen und salzen. Maisgrieß unter ständigem Rühren langsam in das kochende Wasser einlaufen lassen, damit sich keine Klümpchen bilden. Etwa 30 Min. unter ständigem Rühren bei verringerter Hitze köcheln lassen, bis die Polenta eingedickt ist.

2 Fontina in Würfel schneiden und unter die Polenta mischen. Butter in einem kleinen Topf aufschäumen lassen. 60 g Parmesan und die flüssige Butter in den Brei einrühren. Alles zusammen etwa 5 Min., kräftig rührend, weiterköcheln lassen. Die Polenta soll in diesem Rezept ganz weich und cremig werden.

3 Mit einem Trüffelhobel die rohe weiße Trüffelknolle hobeln. Polenta mit einer Schöpfkelle auf den vorgewärmten Serviertellern anrichten, mit dem restlichen Parmesan bestreuen. Trüffel darüber verteilen und die Polenta mit Pfeffer würzen.

Variante: Polenta al piatto con ragù
(Polenta mit Ragoutsauce)
Eine Ragoutsauce wie im Rezept S. 57 vorbereiten. Polenta nach den angegebenen Mengen zubereiten, auf den Tellern verteilen und mit der Sauce servieren. Dazu nach Geschmack frisch geriebenen Parmesan reichen.

Polenta fritta

Aus Umbrien · Knusprig

Gebratene Polenta

Zutaten für 4 Portionen:
1¼ l Wasser · 1 EL Salz
300 g Maisgrieß · ¼ l Olivenöl
schwarzer Pfeffer aus der Mühle
nach Belieben 100 g Parmesan,
frisch gerieben

Zubereitungszeit: 1 Std.
(+ 2 Std. Auskühlen)

Pro Portion:
3400 kJ/810 kcal

1 Nach dem Grundrezept auf Seite 70 eine feste Polenta kochen.

2 Die Polenta in heißem Zustand auf ein großes Holzbrett stürzen, etwa 5 cm hoch glattstreichen und etwa 2 Std. auskühlen lassen. Mit einem Bindfaden in 1 cm breite Scheiben schneiden.

3 Olivenöl in einer großen Pfanne erhitzen. Polentascheiben hineinlegen und in etwa 8 Min. auf beiden Seiten goldgelb braten, bis sie knusprig sind.

4 Polentascheiben auf Küchenpapier abtropfen lassen, mit Pfeffer würzen und auf einem vorgewärmten Servierteller anrichten. Nach Wunsch frisch geriebenen Parmesan dazu reichen.

Variante:
Frittelle di polenta alla lodigiana
(Gebackene Polentaplätzchen aus Lodi)
Eine Polenta aus ½ l Milch und 100 g Maisgrieß vorbereiten. Auf ein Holzbrett stürzen, 1 cm hoch glattstreichen und abkühlen lassen. Mit einem Glas mit bemehltem Rand etwa 30 Kreisformen ausstechen. Die Hälfte der Polentaplätzchen mit je 1 Scheibe Fontina belegen. Mit den restlichen Polentaplätzchen bedecken und diese leicht andrücken. 2 Eier in einer tiefen Schüssel mit Salz verquirlen. Eine Frittelle nach der anderen hineintauchen. In Semmelbröseln wenden. 5 EL Olivenöl in einer Pfanne erhitzen. Frittelle in Öl beidseitig knusprig ausbacken.

Maccheroni alla chitarra

Aus den Abruzzen · Deftig

»Gitarren«-Nudeln mit Lamm-Ragout

Zutaten für 4 Portionen:
600 g mageres Lammfleisch aus der Keule
½ l trockener Weißwein
700 g gut reife Tomaten (ersatzweise 1 große Dose geschälte Tomaten, 480 g Abtropfgewicht)
je 2 rote und grüne Paprikaschoten (je etwa 150 g)
4 Knoblauchzehen
4 EL Olivenöl, kaltgepreßt
3 Lorbeerblätter · Salz
schwarzer Pfeffer, frisch gemahlen
500 g Maccheroni alla chitarra (schmale Bandnudeln, ersatzweise Lingue)
70 g Pecorino oder Parmesan, frisch gerieben

Zubereitungszeit: 40 Min. (+ 1 Std. Garen)

Pro Portion: 4400 kJ/1000 kcal

1 Das Lammfleisch waschen, trockentupfen, zwei Drittel in Würfel von 2–3 cm Kantenlänge schneiden, den Rest mit der Küchenmaschine oder einem Hackmesser zerkleinern. Das gesamte Fleisch in einer Schüssel mit dem Wein übergießen, etwa 10 Min. darin marinieren, abgießen, dabei den Wein auffangen und beiseite stellen. Das Fleisch abtropfen lassen.

2 Tomaten mit kochendheißem Wasser übergießen, häuten, Stielansätze und Kerne entfernen und das Tomatenfleisch grob würfeln, dabei den Saft auffangen. Die Paprikaschoten halbieren, von Stielansätzen und Innenteilen befreien, waschen, vierteln und in Streifchen schneiden.

3 Den Knoblauch schälen und in Scheibchen schneiden. Das Öl in einem Topf bei mittlerer Hitze heiß werden lassen, Knoblauch und Lorbeerblätter kurz darin braten, bis sie sich bräunen, dann mit einem Löffel wieder herausnehmen. Die Lorbeerblätter wegwerfen. Das Fleisch in dem Öl bei starker Hitze hellbraun anbraten. Den beiseite gestellten Wein dazugießen und verdampfen lassen. Die Tomatenstücke mit Saft (oder Dosentomaten mit der Hälfte der Flüssigkeit), Paprikastreifen und Knoblauch unterrühren, mit Salz und Pfeffer würzen und zugedeckt bei schwacher Hitze etwa 1 Std. garen.

4 Die Nudeln in reichlich gesalzenem Wasser in 10–12 Min. je nach Packungsangabe bißfest garen, in ein Sieb abgießen, abtropfen lassen und in eine Schüssel geben. Das Ragout abschmecken und über die Nudeln gießen, vorsichtig damit vermischen und mit dem Käse zum Bestreuen servieren.

Fettuccine alla burina

Aus Latium · Gelingt leicht

Nudeln mit Erbsen, Schinken und Pilzen

Zutaten für 4 Portionen:
100 g roher Schinken
100 g frische Steinpilze (ersatzweise 30 g getrocknete)
30 g Butter
200 g junge Erbsen, frisch gepahlt oder tiefgekühlt
200 g Sahne
Salz
schwarzer Pfeffer, frisch gemahlen
500 g Fettuccine (Bandnudeln)
70 g Pecorino, frisch gerieben

Zubereitungszeit: 40 Min.

Pro Portion: 3300 kJ/790 kcal

1 Backofen auf 75° vorheizen. Schinken in Würfelchen schneiden. Die Pilze mit Küchenpapier säubern, falls sie sehr schmutzig sind, kurz kalt abspülen und mit Küchenpapier abtrocknen. Wurzelansätze abschneiden und die Pilze klein würfeln. (Getrocknete Pilze mit warmem Wasser bedeckt einweichen.)

2 Butter in einer Kasserolle bei mittlerer Hitze heiß werden lassen und die Schinkenwürfel darin etwa 1 Min. unter Rühren anbraten. Pilze untermischen (eingeweichte Pilze vorher abgießen und abtropfen lassen), etwa 1 Min. mitbraten. Erbsen dazugeben und unter Rühren etwa 5 Min. dünsten. Sahne dazugießen und etwa 1 Min. einkochen lassen. Die Sauce mit Salz und Pfeffer abschmecken, zugedeckt beiseite stellen. Eine Schüssel für die Nudeln im Ofen (Umluft 50°) warm stellen.

3 Nudeln in reichlich kochendem Wasser mit 1 TL Salz bißfest garen, abgießen, abtropfen lassen und in die vorgewärmte Schüssel geben. Sauce erneut erhitzen, über die Nudeln gießen, mit Käse zum Bestreuen sofort servieren.

Variante: Spaghetti alla carbonara
(Spaghetti nach Köhlerinnen-Art)
Dafür 200 g mageren, geräucherten Bauchspeck ohne Schwarte würfeln, in einer großen Pfanne auslassen. 20 g Schweineschmalz dazugeben, 2 gewürfelte Knoblauchzehen kurz mitbraten, die Pfanne warm stellen. 500 g Spaghetti bißfest garen, abtropfen lassen und unter die Zutaten in der Pfanne mischen. In einer Schüssel 4 Eigelbe von sehr frischen Eiern mit 50 g frisch geriebenem Pecorino verquirlen, unter die heißen Spaghetti mischen, mit Salz und Pfeffer abschmecken und mit geriebenem Käse zum Bestreuen servieren.

Fazzoletti verdi

Aus Kampanien · Braucht etwas Zeit

Grüne »Taschentücher«-Lasagne

*Zutaten für 6 Portionen,
für eine feuerfeste Auflaufform
von 28 x 36 cm
oder ein tiefes Backblech:*
200 g frischer Spinat
250 g Mehl
2 Eier
Salz
Mehl für die Arbeitsfläche
Für die Füllung:
400 g frischer weicher Ricotta
2 Eigelb
100 g gekochter Schinken
125 g Mozzarella
175 g Parmesan,
frisch gerieben
½ Bund glatte Petersilie
Für die Tomatensauce:
1 Knoblauchzehe
2 EL Olivenöl, kaltgepreßt
1 große Dose geschälte Tomaten
(480 g Abtropfgewicht)
Salz
schwarzer Pfeffer, frisch gemahlen
Für die Béchamelsauce:
1 kleine Zwiebel
20 g Butter
2 EL Mehl
⅜ l Milch
50 ml trockener Weißwein
Salz
schwarzer Pfeffer, frisch gemahlen
Butter für die Form
20 g Butter
außerdem: Klarsichtfolie

Zubereitungszeit: 2 Std.
(+ 30 Min. Ruhen + 45 Min. Backen)

Pro Portion: 3300 kJ/790 kcal

1 Spinat von welken Blättern befreien, gründlich waschen und tropfnaß in einen Topf geben. Die Blätter bei starker Hitze zugedeckt in etwa 2 Min. zusammenfallen lassen. Spinat in ein Sieb geben, das Wasser ausdrücken. Den Spinat mit dem Pürierstab fein zerkleinern.

2 Das Mehl in eine Schüssel sieben, Eier, 1 Prise Salz und den Spinat hinzufügen. Alles zu einem glatten Nudelteig verkneten. Teig in Folie gewickelt etwa 30 Min. ruhen lassen. Teig halbieren. Jede Hälfte auf bemehlter Arbeitsfläche sehr dünn ausrollen und in etwa 18 cm große Quadrate schneiden. In einem großen Topf reichlich Wasser mit 1 TL Salz aufkochen. Jeweils 4–5 Teigblätter darin 2–3 Min. sprudelnd kochen, in eine Schüssel mit kaltem Wasser tauchen und auf einer Platte ausbreiten.

3 Für die Füllung Ricotta und Eigelbe verrühren. Schinken und Mozzarella in kleine Würfel schneiden, mit 75 g Parmesan unter die Mischung rühren. Petersilie waschen, Blättchen hacken, die Hälfte unter die Füllung mischen. Diese mit Salz abschmecken. Auf eine Hälfte jedes Nudelquadrates 1 EL Füllung streichen. Die Blätter zweimal falten, so daß kleinere Quadrate entstehen.

4 Backofen auf 200° vorheizen. Für die Tomatensauce Knoblauch schälen und hacken. Öl in einem Topf erhitzen, den Knoblauch darin glasig braten. Tomaten mit Saft dazugeben und zerdrücken. Etwa 10 Min. offen bei mittlerer Hitze kochen lassen, mit Salz und Pfeffer abschmecken. Restliche Petersilie unter die Sauce mischen.

5 Für die Béchamelsauce die Zwiebel schälen und kleinhacken. In einem Topf die Butter erhitzen, bis sie schäumt. Die Zwiebel darin bei mittlerer Hitze glasig braten. Das Mehl unterrühren und anschwitzen. Die Milch und den Wein mit dem Schneebesen unterrühren, die Sauce aufkochen, bis sie dicklich wird, salzen und pfeffern.

6 Die Auflaufform oder das Blech mit Butter einreiben. Zuerst die Hälfte der Tomatensauce, darauf die Hälfte der Béchamelsauce verteilen. Fazzoletti dachziegelartig einschichten, so daß die Spitzen nach oben zeigen. Restliche Tomaten- und Béchamelsauce darauf verteilen, mit dem restlichen Parmesan bestreuen. 20 g Butter schmelzen, darüber träufeln. Fazzoletti im Ofen (Mitte, Umluft 180°) 40–45 Min. backen, bis sie sich bräunen. Sofort servieren.

Riso con le cozze

Reis mit Miesmuscheln

Aus Apulien · Aromatisch

Zutaten für 4 Portionen:
1 kg Miesmuscheln, vorgereinigt
400 g Tomaten
1 Knoblauchzehe
3 EL Olivenöl, kaltgepreßt
¼ l trockener Rotwein
Salz
schwarzer Pfeffer, frisch gemahlen
250 g Risotto-Reis
1 Bund glatte Petersilie
*70 g Pecorino oder Parmesan,
frisch gerieben*

Zubereitungszeit: 1 ½ Std.

Pro Portion: 1900 kJ/450 kcal

1 Die Muscheln in eine Schüssel geben und mit kaltem Wasser bedeckt etwa 15 Min. stehenlassen. Offene Muscheln, wegwerfen. Die Muscheln mehrmals in frischem Wasser waschen.

2 Einen großen Topf stark erhitzen, die nassen Muscheln hineingeben und ohne weitere Flüssigkeitszugabe 6–7 Min. garen, bis sich alle Muscheln geöffnet haben. Den Topf mehrmals schütteln. Die Muscheln abgießen, dabei die Flüssigkeit, die sich gebildet hat, auffangen. Aus den Muscheln das Muschelfleisch lösen. Noch immer geschlossene Muscheln wegwerfen.

3 Die Tomaten mit kochendheißem Wasser übergießen, häuten, die Stielansätze herausschneiden. Das Tomatenfleisch würfeln. Den Knoblauch schälen. Das Öl in einem Topf erhitzen, den Knoblauch darin hellbraun braten und entfernen. Tomaten, Muschelflüssigkeit und Wein in das Öl geben. Zugedeckt etwa 5 Min. bei mittlerer Hitze kochen, salzen, pfeffern. Sauce warm halten.

4 In einem zweiten Topf 2 l Wasser mit 1 TL Salz aufkochen, den Reis darin in etwa 10 Min. offen vorgaren, dann in ein Sieb abgießen. Reis in die Sauce geben, alles etwa 10 Min. bei schwacher Hitze offen köcheln lassen, gelegentlich rühren. Petersilie waschen, trockenschütteln, die Blättchen hacken, mit den Muscheln unter den Reis heben. Den Reis in 5–10 Min. fertiggaren, dabei mehrmals sanft umrühren. Mit dem Käse zum Bestreuen sofort servieren.

Risotto alla sarda

Reis auf sardische Art

Von Sardinien · Wintergericht

Zutaten für 4 Portionen:
1 mittelgroße Zwiebel
250 g Tomaten
4 EL Olivenöl, kaltgepreßt
200 g Schweinehackfleisch
½ l trockener Rotwein
1 Prise Safran · Salz
schwarzer Pfeffer, frisch gemahlen
300 g Risotto-Reis
30 g Butter
50 g Pecorino, frisch gerieben
2 Stengel frischer oder
½ TL getrockneter Oregano

Zubereitungszeit: 1 Std.

Pro Portion: 2600 kJ/620 kcal

1 Die Zwiebel schälen und fein würfeln. Die Tomaten mit kochendheißem Wasser übergießen, kurz stehenlassen, dann häuten. Die Tomaten halbieren, Stielansätze herausschneiden, das Tomatenfleisch würfeln. 2 EL Olivenöl in einem Topf erhitzen, die Zwiebel darin glasig braten.

2 Das Hackfleisch untermischen und dabei zerdrücken, bei mittlerer Hitze etwa 5 Min. anbraten, mit dem Rotwein ablöschen. Die Tomaten unterrühren und alles aufkochen lassen. Den Safran in 2 EL warmem Wasser verrühren und hinzufügen. Alles mit Salz und Pfeffer abschmecken, dann beiseite stellen.

3 In einem zweiten Topf das restliche Öl bei mittlerer Hitze heiß werden lassen, den Reis darin glasig braten, dann unter die Fleisch-Tomaten-Sauce rühren, aufkochen und bei schwacher Hitze offen köcheln lassen. 700 ml Wasser zum Sieden bringen und bereitstellen. Davon nach und nach immer 1 Suppenkelle unter den Reis rühren, so wie er die Flüssigkeit aufnimmt.

4 Den Reis auf diese Art in 30–40 Min. fertiggaren. Butter und Käse unter den fertigen Risotto rühren. Frischen Oregano waschen, trockenschütteln, die Blättchen hacken, über den Reis streuen, sofort servieren.

Farfalle al Gorgonzola

Aus der Lombardei · Raffiniert

Schmetterlingsnudeln mit Gorgonzolasauce

Zutaten für 4 Portionen:
400 g Schmetterlingsnudeln
Salz
etwas Olivenöl
1 Salbeiblatt
150–200 g milder Gorgonzola
50 g Butter
¼ l Sahne
weißer Pfeffer aus der Mühle
50 g Parmesan, frisch gerieben

Zubereitungszeit: 30 Min.

Pro Portion: 3400 kJ/810 kcal

1 Schmetterlingsnudeln in reichlich kochendem Salzwasser mit einigen Tropfen Olivenöl und dem Salbeiblatt bißfest garen.

2 Inzwischen Gorgonzola würfeln. In einer großen Pfanne Butter zerlassen, Gorgonzolawürfel dazugeben und bei schwacher Hitze langsam schmelzen lassen. Sahne nach und nach dazugießen. Dabei immer umrühren. Mit Salz und Pfeffer würzen. Die Sauce etwa 5 Min. eindicken lassen, bis eine sämige Creme entsteht, eventuell mit etwas Nudelwasser verdünnen und 1–2 EL Parmesan untermischen.

3 Schmetterlingsnudeln abgießen, gut abtropfen lassen und in der Pfanne mit der Gorgonzolasauce kräftig durchmischen. Salbeiblatt entfernen. Nudeln in eine vorgewärmte Schüssel geben und sofort servieren. Den restlichen Parmesan dazu reichen.

Wein: Ein spritziger Rosé, z. B. ein Chiaretto del Lago di Iseo oder del Lago di Garda, paßt vorzüglich.

Rigatoni al sugo di noci

Aus Ligurien · Gelingt leicht

Rigatoni mit Nußsauce

Zutaten für 4 Portionen:
170 g Walnußkerne
1 EL Pinienkerne
50 g Butter
1 Knoblauchzehe
400 g Rigatoni
Olivenöl, kaltgepreßt
Salz
100 g Parmesan, frisch gerieben
weißer Pfeffer aus der Mühle
1 kleiner Bund Basilikum zum Servieren

Zubereitungszeit: 45 Min.

Pro Portion: 3700 kJ/880 kcal

1 Walnußkerne kurz überbrühen, damit sich die feine Haut besser abziehen läßt. 10 halbierte Walnußkerne zum Garnieren beiseite legen. Die übrigen Walnuß- und Pinienkerne in einem Mörser fein zerreiben (oder im Mixer zerkleinern).

2 Butter in einer kleinen Pfanne zerlassen, Walnuß- und Pinienkerne dazugeben und unter Rühren 4–5 Min. anbraten. Knoblauchzehe schälen und, um den Knoblauchgeschmack abzumildern, etwa 2 Min. in heißes Wasser tauchen, dann in feine Scheibchen schneiden und alles unter die Nußbutter mischen.

3 Rigatoni in reichlich sprudelndem Salzwasser mit einigen Tropfen Olivenöl al dente kochen.

4 Nußbutter in eine vorgewärmte Schüssel geben, die Hälfte des Parmesans mit etwas Nudelwasser verrühren und unterziehen. Mit Salz und Pfeffer würzen.

5 Die Nudeln abgießen und gut mit der Nußsauce mischen. Mit den ganzen Walnüssen und Basilikumblättern garnieren. Nach Belieben mit einigen Tropfen Olivenöl beträufeln. Den restlichen Parmesan dazu reichen.

Tip! Die Nußsauce schmeckt auch zu Tagliatelle (Bandnudeln) oder zu Ravioli. Um die Sauce geschmeidiger zu machen, kann man noch 2 EL Sahne oder etwas Nudelwasser hinzufügen.

Reis, Nudeln und Co.

Spaghetti al tonno

Aus Sizilien · Gelingt leicht

Spaghetti mit Thunfisch

Zutaten für 4 Portionen:
150 g Thunfisch in Öl
(Abtropfgewicht)
4 Sardellenfilets
1 Bund Petersilie
2 Knoblauchzehen
400 g reife Tomaten
(oder aus der Dose)
3 EL Olivenöl, kaltgepreßt
(+ Olivenöl zum Servieren)
1 frische Chilischote
Salz
400 g Spaghetti
2 EL Kapern
4–6 Basilikumblätter

Zubereitungszeit: 30 Min.

Pro Portion: 2300 kJ/550 kcal

1 Thunfisch gut abtropfen lassen und mit einer Gabel zerpflücken. Sardellenfilets abspülen und trockentupfen. Petersilie waschen, trockenschütteln und fein hacken. Knoblauchzehen schälen und in Scheibchen schneiden. Frische Tomaten überbrühen, enthäuten, Stengelansätze und Kerne entfernen. Tomaten aus der Dose abtropfen lassen. Das Fruchtfleisch zerkleinern.

2 In einer Pfanne 3 EL Olivenöl erhitzen. Knoblauch und Chilischote leicht anbraten. Sardellenfilets mitdünsten und mit einer Gabel zu einer Paste zerdrücken. Tomatenstücke mit gehackter Petersilie dazugeben. Alles leicht salzen und zugedeckt bei mittlerer Hitze 10–15 Min. köcheln lassen.

3 Inzwischen reichlich Salzwasser in einem Topf zum Kochen bringen. Spaghetti mit einigen Tropfen Olivenöl al dente kochen.

4 Den Thunfisch in die Sauce geben und mit Kapern bestreuen. Mit einigen EL Nudelwasser verdünnen. Die Sauce zugedeckt etwa 5 Min. eindicken lassen.

5 Spaghetti abgießen, gut abtropfen lassen und mit der heißen Sauce vermischen. Die Nudeln in eine vorgewärmte Schüssel geben. Basilikumblätter waschen, abtupfen und die Spaghetti damit garnieren. Nach Belieben mit einigen Tropfen Olivenöl beträufeln.

Spaghetti alla carbonara

Aus Latium · Schnell

Spaghetti mit Speck und Eiern

Zutaten für 4 Portionen:
150 g durchwachsener Speck
ohne Schwarte
1 EL Olivenöl, kaltgepreßt
30 g Butter
400 g Spaghetti grossi
oder Bigoli di Bassano
4 Eigelb
2 EL saure Sahne
100 g Parmesan, frisch gerieben
Salz
schwarzer Pfeffer aus der Mühle
1 Prise Muskatnuß, frisch gerieben

Zubereitungszeit: 30 Min.

Pro Portion: 3300 kJ/790 kcal

1 Speck in kleine Würfel schneiden. In einer großen Pfanne Olivenöl mit Butter erhitzen. Speckwürfel bei schwacher Hitze ausbraten.

2 Inzwischen die Spaghetti in reichlich kochendes Salzwasser geben und al dente garen.

3 Eigelb in einer Schüssel schaumig schlagen. Dann die saure Sahne hinzufügen und die Hälfte des Parmesans unterrühren. Mit Salz, Pfeffer und 1 Prise Muskatnuß würzen.

4 Spaghetti abgießen, gut abtropfen lassen und in die Pfanne mit den Speckwürfeln geben, kurz ziehen lassen, dann die Pfanne vom Herd nehmen. Die Eiermasse hineingießen und schnell unter die Spaghetti rühren. Spaghetti alla carbonara sofort anrichten. Mit Pfeffer würzen. Den restlichen Parmesan extra dazu reichen.

Varianten: Spaghetti alla carbonara ist ein klassisches Rezept, das aber viele Variationen kennt. Süße Sahne kann man vorher erwärmen oder ganz weglassen. Wichtig ist, die Eiermasse mit den Spaghetti schnell zu vermischen, damit die Eier nicht stocken und die Sauce cremig bleibt. Eventuell etwas Nudelwasser oder Sahne dazufügen.

GEMÜSE UND EIERGERICHTE

Gemüse- und Eiergerichte ersetzen in der mediterranen Küche oft die Hauptmahlzeit, denn sie sind leicht verdaulich und meist einfach in der Herstellung. In religiös geprägten Gebieten haben sie in Fastenzeiten Hochkonjunktur. Vor allem in Griechenland hat die vegetarische Küche aus diesem Grund Tradition, denn während etwa drei Vierteln des Kirchenjahres darf kein Fleisch gegessen werden. Besonders in den ländlichen Gebieten hält man sich auch heute noch daran. Gemüse sind die wahren Herrscher der Mittelmeerländer, denn dort gedeihen sie in unbeschreiblicher Vielfalt. Und da Fleisch früher nur an Feiertagen auf den Tisch kam, gibt es Gemüsegerichte in phantasievollen Kombinationen. Kleine gefüllte Gemüse werden als Vorspeise gereicht, Gratins häufig als Zwischengerichte. Gemüse in Reinkultur erhält eine Nebenrolle im Menü und fungiert als Beilage.

Häufig wird Gemüse mit Eiern kombiniert. Daraus entstehen so leckere Gerichte wie duftende Aufläufe oder lockere Omeletts, die man warm oder kalt essen kann. Wenn Sie – wie in Südfrankreich üblich – Omeletts gerne halb gar essen, sollten die Eier dafür immer ganz frisch sein.

Versuchen Sie sich aber auch einmal an den sättigenderen Varianten aus Spanien, den Tortillas, die zu immer neuen Rezeptkreationen verführen.

Gemüse und Eiergerichte 133

# Omelette aux blettes

Mangold-Omelett

Aus der Provence · Gut vorzubereiten

Zutaten für 4 Portionen:
2 Schalotten (etwa 100 g)
400 g Mangoldblätter,
ersatzweise 500 g Spinat
5 EL (fruchtiges) Olivenöl,
kaltgepreßt
Salz
4 ganz frische Eier
1 EL Crème fraîche
Muskatnuß, frisch gerieben
nach Belieben:
1 EL Weinessig zum Beträufeln

Zubereitungszeit: 35 Min.

Pro Portion: 920 kJ/220 kcal

1 Schalotten schälen, klein würfeln. Mangold abbrausen, trockenschütteln und fein schneiden. In einer großen Pfanne 2 EL Öl erhitzen. Schalotten darin bei schwacher Hitze etwa 5 Min. dünsten. Mangold dazugeben und bei starker Hitze unter Wenden in 5–8 Min. trocken braten. Salzen, beiseite stellen.

2 In einer Schüssel Eier mit Crème fraîche, Salz und Muskat aufschlagen. Mangold untermischen. Restliches Öl in der großen Pfanne erhitzen. Mangold-Ei-Mischung darin offen bei mittlerer Hitze auf jeder Seite in etwa 2–3 Min. zum Omelett braten. Mit Hilfe eines Vire-Omelette (oder Tellers) wenden.

3 Dann das Omelett zusammenklappen und auf eine längliche Platte gleiten lassen. Heiß, lauwarm oder kalt (mit Essig beträufelt) servieren.

Variante: Omelette aux oignons blancs
(Omelett mit weißen Zwiebeln)
300 g weiße, geschälte Zwiebeln mit 3 Gewürznelken und 2 EL Essig in ¼ l kaltem Wasser etwa 6 Std. wässern. Dann in Salzwasser etwa 5 Min. kochen lassen. Zwiebeln in eiskaltem Wasser blanchieren. Dann in Scheiben schneiden und in 5–8 Min. in 2 EL Öl goldgelb braten. 4 Eier mit 1 EL Crème fraîche und Pfeffer wie beim Mangold-Omelett angegeben aufschlagen. Zwiebeln daruntergeben. Diese Mischung auf jeder Seite etwa 4 Min. braten, bis das Omelett fest ist. Kalt mit knusprigem Bauernbrot (zum Picknick) servieren.

Omelette aux truffes

Trüffel-Omelett

Aus dem Périgord · Gelingt leicht

Zutaten für 2–4 Portionen:
1 schwarzer Trüffel (etwa 20 g)
4 cl Armagnac, ersatzweise Cognac
4 ganz frische zimmerwarme Eier
4 EL Crème fraîche
Salz
gemischter Pfeffer, frisch gemahlen
1 EL Gänseschmalz, ersatzweise Entenschmalz

Zubereitungszeit: 20 Min.
(+ 12 Std. Marinieren)

Bei 4 Portionen
pro Portion: 830 kJ/200 kcal

1 Trüffel bürsten, abbrausen, gut trockentupfen, schälen. In dünne Scheibchen hobeln. Im Armagnac etwa 12 Std. marinieren. Dann Marinade weggießen.

2 Dann 1 Ei trennen. Eiweiß steif schlagen. Die Hälfte der Trüffel unter das Eiweiß heben. Restliche Eier und das Eigelb in einer Schüssel mit Crème fraîche, Salz und Pfeffer aufschlagen. Trüffel-Eiweiß vorsichtig unter die Eimasse heben. In einer großen Pfanne Schmalz erhitzen. Eimasse darin bei mittlerer Hitze in 2–4 Min. stocken lassen, dabei mit dem Pfannenwender die Eimasse vom Pfannenrand lösen. Restliche Trüffel über das Omelett streuen, zusammenklappen. Sofort auf eine vorgewärmte Platte geben. Dazu einen grünen Salat servieren.

Varianten: Omelette provençale
(Omelett, provenzalische Art)
Omelett wie angegeben zubereiten, doch statt Trüffel und Armagnac 2–3 Knoblauchzehen, 1 EL Kapern, 1 EL entsteinte schwarze Oliven, 6 in Öl eingelegte Sardellenfilets, 200 g gehäutete und entkernte Tomaten zu Mus zerstampfen, unter das steife Eiweiß heben. Mit 1–2 EL Öl auf jeder Seite 2–3 Min. braten, dann servieren.

Omelette au brocciu et à la menthe
(Schafkäse-Omelett, korsische Art)
Omelett wie angegeben zubereiten. Statt Trüffel 150 g zerbröckelten Brocciu (ersatzweise gesalzenen Ricotta) und ¼ Bund feingeschnittene Minzeblätter unter das Eiweiß heben. Mit 1–2 EL Olivenöl auf jeder Seite 2–3 Min. braten. Nach Belieben mit Minzestreifchen und Zucker bestreuen.

Frittata di patate e zucchini

Aus Friaul · Gelingt leicht

Omelette mit Kartoffeln und Zucchini

Zutaten für 4 Portionen:
3 mittelgroße Kartoffeln
2 Zucchini (etwa 200 g)
1 mittelgroße Zwiebel
6 EL Olivenöl · Salz
½ TL frische Rosmarinblätter
(oder ¼ TL getrocknete)
6 Eier
schwarzer Pfeffer aus der Mühle
1 Bund Petersilie

Zubereitungszeit: 45 Min.

Pro Portion: 2000 kJ/480 kcal

1 Kartoffeln schälen, waschen und in hauchdünne Scheiben schneiden. Zucchini waschen, beide Enden knapp abschneiden und die Früchte in etwa ½ cm dicke Scheiben schneiden. Zwiebel schälen und fein hacken.

2 In einer flachen Pfanne 4 EL Olivenöl erhitzen. Zuerst Zwiebel und dann Kartoffeln hineingeben und beidseitig anbraten. Mit Salz und Rosmarin würzen, dann zugedeckt 15–20 Min. dünsten. Zucchini hinzufügen und unter vorsichtigem Rühren weitere 5 Min. dünsten.

3 Die Eier mit Salz und Pfeffer in einer großen Schüssel verquirlen. Das Gemüse aus der Pfanne hineingeben und kräftig durchmischen. 2 EL Olivenöl in der gleichen Pfanne erhitzen, die Eier-Gemüse-Mischung hineingeben und etwa 5 Min. bei schwacher Hitze stocken lassen. Das Omelette wenden, die andere Seite goldbraun backen.

4 Petersilie waschen, trockenschütteln und fein hacken. Die Frittata auf eine vorgewärmte Platte legen, mit Petersilie bestreuen und heiß oder kalt servieren. Dazu Weißbrot reichen.

Crespelle magre di spinaci

Aus der Emilia-Romagna

Pfannkuchenrollen mit Spinat

Zutaten für 4 Portionen:
Für den Teig:
125 g Vollkornmehl
3 Eier · ¼ l Milch
Salz
30 g Butter
schwarzer Pfeffer aus der Mühle

Für die Füllung:
500 g frischer Spinat
4 EL Rosinen
4 Scheiben roher Schinken
3 EL Olivenöl
30 g Butter
2 EL Pinienkerne
100 g Parmesan, frisch gerieben

Zubereitungszeit: 1 Std.
(+ 30 Min. Ruhen + 15 Min. Einlegen)

Pro Portion: 2900 kJ/690 kcal

1 In einer Rührschüssel aus Mehl, Eiern, Milch und Salz einen glatten Pfannkuchenteig rühren. 30 g Butter schmelzen und leicht abgekühlt unterheben. Nach Wunsch pfeffern. Teig etwa 30 Min. quellen lassen.

2 Spinat putzen, waschen und naß etwa 1 Min. zugedeckt dünsten, salzen. Die ganze Flüssigkeit ausdrücken. Spinat fein hacken. Rosinen etwa 15 Min. in Spinatwasser einlegen.

3 Schinken würfeln, in einer Pfanne mit 2 EL Olivenöl und der Hälfte der Butter anbraten. Spinat dazugeben, abgetropfte Rosinen und ganze Pinienkerne untermischen. Die Masse etwa 5 Min. ziehen lassen und in eine Schüssel geben. Mit der Hälfte des Parmesans vermischen.

4 Eine andere Pfanne mit Butter ausstreichen und aus dem Pfannkuchenteig nacheinander 8 hauchdünne Crêpes auf beiden Seiten goldgelb backen. Alle Pfannkuchen mit der Füllung belegen und aufrollen. Auf einer vorgewärmten Platte die Crespelle anordnen, mit dem restlichen Parmesan bestreuen, pfeffern und mit 1 EL Olivenöl beträufeln.

Variante: Crespelle al forno
(Überbackene Pfannkuchenrollen)
Pfannkuchen zubereiten und füllen. Eine Gratinform mit 1 EL Butter ausstreichen, 4 Crespelle einschichten, mit 100 g Mozzarellascheiben abdecken und die restlichen 4 Rollen darüber legen. Mit Béchamelsauce (Rezept S. 57) übergießen und im vorgeheizten Backofen bei 170° (Gas Stufe 2) in etwa 10 Min. goldgelb überbacken.

Gemüse und Eiergerichte

Piperrada

Paprikaomelette

Aus dem Baskenland · Gelingt leicht

Zutaten für 4 Portionen:
1 mittelgroße rote Paprikaschote
1 mittelgroße grüne Paprikaschote
2 mittelgroße Fleischtomaten (etwa 350 g)
50 g gekochter Schinken
1 große Zwiebel · 4 Knoblauchzehen
3 EL Olivenöl · Salz
schwarzer Pfeffer, frisch gemahlen
8 Eier

Zubereitungszeit: 20 Min.
(+ 25 Min. Garen)

Pro Portion: 1900 kJ/450 kcal

1 Den Backofen auf 250° (Gas Stufe 5) vorheizen. Paprikaschoten etwa 20 Min. auf den Rost legen, bis die Haut braun wird und Blasen wirft. Die Schoten häuten, entkernen und in schmale Streifen schneiden.

2 Fleischtomaten überbrühen, häuten, quer halbieren, entkernen und dabei den Stielansatz entfernen. Das Fruchtfleisch klein würfeln. Schinken in schmale Streifen schneiden.

3 Zwiebel und Knoblauch schälen, beides fein hacken. Die Hälfte des Olivenöls in einer Pfanne erhitzen, Zwiebel, Knoblauch und Schinken darin andünsten. Tomatenwürfel und Paprikastreifen dazugeben, mit Salz und Pfeffer würzen, etwa 10 Min. schmoren, bis kaum noch Flüssigkeit da ist und in eine Schüssel füllen.

4 Das restliche Olivenöl in der Pfanne erwärmen. Die Eier aufschlagen, verquirlen, mit Salz und Pfeffer würzen und hineingießen. Bei schwacher Hitze in etwa 3 Min. stocken lassen, dabei ab und zu umrühren. Das Gemüse auf den Eiern verteilen und zugedeckt weitere 10 Min. garen. Mit weißem Landbrot servieren.

Eier mit Gemüse

Aus Andalusien · Gelingt leicht

Huevos a la flamenca

Zutaten für 4 Portionen:
250 g Kartoffeln, mehlig kochend
3 EL Olivenöl · 1 mittelgroße Zwiebel
2 Knoblauchzehen
1 rote Paprikaschote
1 grüne Paprikaschote
150 g Serrano-Schinken
1 Chorizo (ca. 150 g rote Paprikawurst)
500 g Fleischtomaten
200 g Erbsen · Salz
schwarzer Pfeffer, frisch gemahlen
1 TL mildes Paprikapulver
Fett für die Förmchen · 8 Eier

Zubereitungszeit: 35 Min.
(+ 30 Min. Garen)

Pro Portion: 2900 kJ/690 kcal

1 Kartoffeln schälen, waschen und in kleine Würfel schneiden. Olivenöl in einer breiten Pfanne erhitzen, die Kartoffelwürfel darin etwa 5 Min. bei mittlerer Hitze braten.

2 Zwiebel und Knoblauch schälen und fein hacken. Paprikaschoten putzen, waschen, klein würfeln. Alles in die Pfanne geben.

3 Schinken klein würfeln, Chorizo in Scheiben schneiden und unter das Gemüse mischen. Alles bei schwacher Hitze etwa 8 Min. dünsten. Den Backofen auf 180° (Gas Stufe 2) vorheizen.

4 Tomaten überbrühen, häuten, quer halbieren, entkernen und grob hacken. Frische Erbsen palen und mit den Tomaten unter die anderen Zutaten mischen. Alles mit Salz, Pfeffer und Paprika würzen und weitere 5 Min. garen.

5 Vier Portionsförmchen oder eine Auflaufform einölen und den Pfanneninhalt darin verteilen. In jedes Förmchen 2 Eier schlagen oder alle 8 Eier nebeneinander in die große Form geben. Im Backofen (Mitte) etwa 10 Min. garen, bis die Eier gestockt sind. Als Beilage Weißbrot reichen.

Getränk: Ein Rotwein aus Navarra schmeckt vorzüglich dazu.

Tip! Die Gemüsesorten können je nach Saison variieren.

Omelette mit Wildgemüse

Von Kreta · Vegetarisch

Omelétta agriochórta

*Zutaten für 2–4 Portionen:
500 g selbstgesammelte Wildgemüse (z. B. zarte Blätter von Löwenzahn, Brennessel, Sauerampfer, Spitzwegerich, Brunnenkresse, Gänseblümchen und die jungen Blattstauden des Ackerhederich, Wildform des Rettichs)
Salz · 4 Eier · 4 EL Olivenöl
schwarzer Pfeffer, frisch gemahlen*

Zubereitungszeit: 30 Min.

*Bei 4 Portionen pro Portion:
1100 kJ/260 kcal*

1 Das Wildgemüse vorsichtig waschen. In einem Topf reichlich Wasser mit 1 TL Salz aufkochen und das Gemüse darin etwa 1 Min. blanchieren (sprudelnd kochen), dann gründlich abtropfen lassen.

2 Eier in eine Schüssel aufschlagen. 5 EL Wasser und Salz dazugeben und alles kräftig verquirlen. Öl in einer mittelgroßen Pfanne erhitzen und die Eier hineingießen. Das Gemüse darauf verteilen und flachdrücken.

3 Bei mittlerer Hitze das Omelette 1–2 Min. von der einen und ebenso lange von der anderen Seite braten, mit Pfeffer bestreuen und mit Weißbrot servieren.

Getränke: Dazu passen ein Weißwein aus Attika, ein gut gekühlter Rhoditis oder ein Retsina.

Tip! Das Omelette wird in Griechenland auf einem Teller für alle serviert, und jeder schneidet sich einen Teil davon ab. Dazu kann man noch zerbröckelten Schafkäse reichen, den man sich auf das Omelette streut.

Eier auf Gemüse

Aus den Piliondörfern · Geht schnell

Spetsofái

Zutaten für 4 Portionen:
500 g grüne oder rote längliche Paprikaschoten
500 g reife Tomaten
1 Zwiebel
2 Knoblauchzehen
1 Stange Bleichsellerie
½ Bund Petersilie
250 g kleine, geräucherte Bauernwürstchen (ersatzweise ungeräucherte Mettwürstchen oder Debrecziner)
4 EL Olivenöl
Salz
schwarzer Pfeffer, frisch gemahlen
4 Eier

Zubereitungszeit: 40 Min.

Pro Portion: 1900 kJ/450 kcal

1 Paprikaschoten halbieren, putzen, waschen und längs in breite Streifen schneiden. Tomaten mit heißem Wasser überbrühen, häuten, Stielansätze entfernen und das Fruchtfleisch würfeln.

2 Zwiebel und Knoblauch schälen, in Ringe bzw. Scheibchen schneiden. Sellerie abspülen und in Stücke schneiden. Petersilie abspülen, trockenschütteln und die Blättchen hacken.

3 Würstchen in dicke Scheiben schneiden. Olivenöl in einer großen Pfanne erhitzen und die Paprikaschoten rundum bei mittlerer Hitze anbraten, abtropfen lassen und beiseite stellen.

4 Zwiebel, Knoblauch und Sellerie in die Pfanne geben und etwa 3 Min. schmoren. Paprikaschoten dazwischen betten, alles warm halten.

5 Wurstscheiben in einer zweiten Pfanne ohne Fettzugabe bei mittlerer Hitze beidseitig braun braten, dann zu dem Gemüse geben. Alles mit Salz und Pfeffer abschmecken. Petersilie unterrühren.

6 Im ausgetretenen Wurstfett Spiegeleier braten. Diese auf Gemüse und Wurst legen und in der Pfanne auf den Tisch stellen oder auf vorgewärmten Portionstellern auf dem Gemüse anrichten. Sofort mit Weizenbrot servieren.

Getränk: Ein Retsina aus attischen Weinen schmeckt besonders gut dazu.

Tip! Mit 2 Spiegeleiern pro Person wird das Gericht zur sättigenden Hauptmahlzeit.

Frittata con le cipolle

Aus den Abruzzen · Gelingt leicht

Omelett mit Zwiebeln

Zutaten für 4 Portionen:
500 g Gemüsezwiebeln
4 EL Olivenöl, kaltgepreßt
Salz
1 TL getrockneter Oregano
6 kleine, ganz frische Eier

Zubereitungszeit: 20 Min.

Pro Portion: 910 kJ/220 kcal

1 Die Zwiebeln schälen und in dünne Scheiben schneiden. 2 EL Olivenöl in der Pfanne bei mittlerer Hitze heiß werden lassen und die Zwiebeln darin etwa 5 Min. unter Wenden dünsten, mit Salz und Oregano bestreuen, in eine Schüssel geben und abkühlen lassen.

2 In einer zweiten Schüssel die Eier verquirlen, und unter die Zwiebeln mischen. Das restliche Öl in der Pfanne erhitzen und die Zwiebel-Eier-Mischung hineingeben. Bei mittlerer Hitze von beiden Seiten in insgesamt etwa 4 Min. goldbraun braten, in Viertel teilen und mit Brot servieren.

Variante: Frittata di asparagi
(Omelett mit wildem Spargel)
Für dieses Gericht aus Apulien 250 g wilden Spargel (ersatzweise dünnen grünen Spargel) waschen, Enden abschneiden, die Stangen halbieren (grünen Spargel an den dicken Enden dünn schälen, in etwa 4 cm lange Stücke schneiden). 2 EL Olivenöl mittelstark erhitzen und den wilden Spargel darin etwa 2 Min. anbraten (grünen Spargel etwa 5 Min.). 6 kleine ganz frische Eier in einer Schüssel mit 4 EL frisch geriebenem Pecorino, je 1 Prise Salz und Pfeffer verquirlen und den Spargel untermischen. 2 EL Olivenöl mit dem Restöl in der Pfanne stark erhitzen. Eier mit Gemüse in die Pfanne gießen und offen oder zugedeckt stocken lassen, bis die Eier fest werden. Auf einen Teller gleiten lassen, aufteilen und mit Brot servieren.

Melanzane alla finitese

Aus Kalabrien · Etwas schwieriger

Gefüllte Auberginenscheiben

Zutaten für 6 Portionen:
600 g große Auberginen
Salz
schwarzer Pfeffer, frisch gemahlen
1 Bund Basilikum
200 g Caciocavallo
(ersatzweise Pecorino)
100 g Paniermehl
100 g Mehl · 1 großes Ei
Olivenöl zum Ausbacken
nach Belieben:
Basilikumblättchen zum Garnieren

Zubereitungszeit: 45 Min.

Pro Portion: 1200 kJ/290 kcal

1 Auberginen waschen, Stiele und Stielansätze abschneiden und die Auberginen schräg in etwa 1 cm dicke Scheiben schneiden. Einen mittelgroßen Topf halb mit Wasser füllen, aufkochen, 1 TL Salz hinzufügen. Die Auberginenscheiben darin etwa 5 Min. vorgaren, abgießen, leicht ausdrücken.

2 Die Scheiben leicht mit Salz und Pfeffer bestreuen. Basilikum waschen, trockenschütteln. Den Käse in dünne Scheiben schneiden. Die Hälfte der Auberginen damit belegen, mit je 2 Basilikumblättern bedecken. Die restlichen Auberginenscheiben wie bei einem Sandwich auf die belegten Scheiben legen.

3 Paniermehl und Mehl auf je einen flachen Teller geben. Das Ei mit 1 Prise Salz verquirlen. Öl in der Pfanne erhitzen. Die Auberginen-Sandwiches zuerst im Mehl, dann im Ei, dann im Paniermehl wenden und in Öl von beiden Seiten bei mittlerer Hitze ausbacken. Auf Küchenpapier entfetten, nach Belieben mit Basilikumblättchen garnieren, heiß servieren.

Variante: Melanzane alla calabrese
(Auberginen auf kalabrische Art)
Gewaschene und entstielte Auberginen in dünne Scheiben schneiden, mit Salz bestreut etwa 1 Std. ziehen lassen. 4 EL Olivenöl erhitzen und 4 gehackte Anchovisfilets, 2 gehackte Knoblauchzehen und je 1/2 Bund gehackte Petersilien- und Basilikumblättchen darin andünsten. Gehäutete Dosentomaten (480 g Abtropfgewicht) mit Saft dazugeben, zerdrücken, mit Salz und Pfeffer würzen, offen dicklich einkochen lassen. Die Auberginenscheiben gut trockentupfen, in heißem Öl hellbraun braten, entfetten. Auf einer Platte abwechselnd Auberginenscheiben und Tomatensauce schichten und servieren.

Eier auf Auberginen

Aus Zentralgriechenland Avgá mátia melitzánes

Zutaten für 4 Portionen:
4 mittelgroße Auberginen
(etwa 1 kg)
6 EL Olivenöl und Öl für die Form
4 Schalotten (ersatzweise 2 kleine
Frühlingszwiebeln)
400 g Tomaten
1 Bund Petersilie
1 Zweig frischer oder
½ TL getrockneter Thymian
Salz
½ TL Zucker
schwarzer Pfeffer, frisch gemahlen
8 Eier

Zubereitungszeit: 45 Min.

Pro Portion: 1200 kJ/290 kcal

1 Auberginen abspülen und abtrocknen. Stielansätze abschneiden. Auberginen längs halbieren, das Fruchtfleisch quadratisch einritzen.

2 In einer großen beschichteten Pfanne 2 EL Olivenöl erhitzen. 4 Auberginenhälften mit der Schnittfläche nach unten hineinlegen und bei mittlerer Hitze etwa 10 Min. braten. Zwischendurch zweimal wenden. Dann die übrigen Hälften mit 2 EL Olivenöl ebenso braten.

3 Backofen auf 200° (Gas Stufe 3) vorheizen. Eine für alle Auberginenhälften ausreichend große feuerfeste Form mit Öl einpinseln. Schalotten schälen und in dünne Ringe schneiden. Tomaten waschen, halbieren, Stielansätze entfernen und das Fruchtfleisch würfeln. Kräuter abspülen, trockenschütteln und die Blättchen hacken.

4 Auberginen mit der Schnittfläche nach oben nebeneinander in die Form legen. Einen Teil des Fruchtfleisches mit einem Löffel herausnehmen.

5 2 EL Olivenöl in der Pfanne erhitzen. Zwiebeln, Tomaten und Auberginenfleisch etwa 5 Min. bei mittlerer Hitze schmoren, mit Salz, Zucker und Pfeffer abschmecken. Thymian und die Hälfte der Petersilie unterrühren.

6 Die Mischung in die Auberginen füllen, Platz für je 1 Ei machen. Es wird aufgeschlagen und in die Mitte gesetzt. Auberginen im Backofen (Mitte) 10–15 Min. backen, mit der restlichen Petersilie bestreut servieren.

Variante: Die geputzten Auberginen längs oder quer in 1 cm dicke Scheiben schneiden, in Öl in der Pfanne bei mittlerer Hitze braten. Zum Entfetten auf Küchenpapier legen, dann in 4 Portionen teilen. 4 Scheiben Kochschinken in der Pfanne beidseitig anbraten, auf die Auberginen legen. Die übrigen Zutaten: 4 Schalotten, 400 g Tomaten, 1 Bund Petersilie und ½ TL getrockneter Thymian wie beschrieben vorbereiten. Im verbliebenen Fett in der Pfanne schmoren, würzen, auf den Schinken legen. Spiegeleier mit 1 EL Öl braten und die Portionen damit bedecken.

Saubohnen in Olivenöl

Küstenregionen · Frühlingsgericht

Zeytinyağlı taze bakla

Zutaten für 4 Portionen:
700 g frische, ganz junge
Saubohnenschoten
1 mittelgroße Zwiebel (100 g)
6 EL Olivenöl
1 TL Mehl · ½ TL Zucker
½ TL Salz · 1 Bund Dill
Saft von ½ Zitrone
2 Becher säuerlicher
Vollmilchjoghurt (je 175 g)

Zubereitungszeit: 45 Min.
(+ 30 Min. Garen
+ Abkühlen)

Pro Portion:
2300 kJ/550 kcal

1 Saubohnen gründlich waschen und putzen, dabei die Fäden abziehen. Zwiebel schälen und fein reiben. In einem Topf Olivenöl erhitzen, die geriebene Zwiebel darin glasig dünsten, Bohnen dazugeben. Mehl in ¼ l Wasser glattrühren und über die Bohnen gießen, unter Rühren aufkochen.

2 Zucker und Salz gründlich untermischen und die Bohnen bei schwacher Hitze, je nach Zartheit bzw. Dicke der Schoten, in 25–30 Min. garen.

3 Dill waschen, trockenschütteln und bis auf 1 Zweig grob hacken. Etwa 5 Min. vor Ende der Garzeit der Bohnen Dill und Zitronensaft unterrühren. Bohnen abkühlen lassen. Die restlichen Dillblättchen abzupfen und überstreuen.

4 Joghurt in eine Schüssel geben und mit dem Schneebesen cremig rühren, zu den kalten Bohnen servieren. Jeder gibt bei Tisch 2–3 EL Joghurt an seine Bohnenportion und ißt beides zusammen.

Info: Diese Bohnen werden im milden Klima der Mittelmeerküste bereits Ende Januar, Anfang Februar geerntet. Sie sind eine Delikatesse.

Wintergemüsetopf

Kış türlüsü

Gelingt leicht · Braucht etwas Zeit

Zutaten für 4 Portionen:
2 große Möhren (300 g)
2 große Kartoffeln (250 g)
2 Süßkartoffeln (300 g)
250 g Sellerieknollen
2 mittelgroße Zwiebeln (200 g)
2 dünne Stangen Lauch (150 g)
8 EL Olivenöl
120 g Langkornreis
1 knapper TL Salz
1 knapper TL Zucker
schwarzer Pfeffer, frisch gemahlen
½ TL mildes Paprikapulver
½ Bund Dill
½ Bund glatte Petersilie

Zubereitungszeit: 45 Min.
(+ 40 Min. Garen
+ Abkühlen)

Pro Portion: 1900 kJ/450 kcal

1 Möhren, Kartoffeln, Süßkartoffeln und Sellerie putzen, waschen, schälen und in etwa 2–3 cm große Würfel schneiden. Zwiebeln schälen und kleinhacken. Lauch putzen, dabei harte grüne Blätter entfernen. Die Stangen gründlich waschen und in etwa 2 cm lange Stücke schneiden.

2 Olivenöl in einem Topf erhitzen und das Gemüse bei mittlerer Hitze und unter gelegentlichem Rühren etwa 10 Min. darin dünsten. Reis in einem Sieb abspülen und zum Gemüse geben. Das Ganze mit ¼ l Wasser ablöschen. Mit Salz, Zucker, reichlich Pfeffer und dem Paprikapulver würzen.

3 Das Gemüse zugedeckt bei schwacher Hitze etwa 30 Min. garen, dabei gelegentlich umrühren, es soll nicht zerfallen. Nach Bedarf noch ⅛–¼ l Wasser nachgießen, damit das Gericht saftig bleibt.

4 Gemüse im Topf oder in einer Schüssel abkühlen lassen. Kräuter waschen und trockenschütteln, die Blättchen fein hacken und vor dem Servieren über das Gericht streuen.

Getränke: Gekühlter Ayran, verdünnter Joghurt, oder Bier passen gut dazu.

Info: Kış türlüsü ist ein Hauptgericht. Es wird in der Türkei lauwarm oder kalt gegessen. Es schmeckt jedoch auch heiß wunderbar.

Imam bayıldı
Der Imam fiel in Ohnmacht

Istanbul · Sommergericht

Zutaten für 4 Portionen:
4 kleine Auberginen (800 g)
Salz
2 mittelgroße Zwiebeln (200 g)
2 große Tomaten (300 g)
1 ½ Bund glatte Petersilie
4 grüne milde Peperoni
4 Knoblauchzehen
8 EL Olivenöl
½ TL Zucker

Zubereitungszeit: 45 Min.
(+ 45 Min. Kochen
+ Abkühlen)

Pro Portion: 910 kJ/220 kcal

1 Auberginen waschen. Das Grün rund um die Stielansätze und die Stiele selbst dünn abschälen. Stiele nicht entfernen. Von den Auberginen im Abstand von 2–3 cm evtl. mit dem Sparschäler längs etwa 1 cm breite Streifen Schale abschälen, Schale von der gleichen Breite stehenlassen, bis die Auberginen ganz gestreift sind. Bei einem der abgeschälten Streifen je Aubergine einen tiefen, langen Einschnitt (er dient später als Tasche) anbringen. Die Früchte etwa 15 Min. in kaltes Salzwasser legen.

2 Inzwischen Zwiebeln schälen und in Scheiben schneiden. Tomaten mit kochendem Wasser übergießen, kurz stehenlassen und häuten. Tomaten halbieren, Stielansätze herausschneiden und das Fruchtfleisch würfeln, dabei den Saft auffangen. Petersilie waschen und trockenschütteln, die Blättchen von 1 Bund fein hacken, die von ½ Bund abzupfen und zum Garnieren beiseite stellen. Peperoni waschen, längs halbieren, Kerne und Stiele entfernen, Schoten ausspülen. Knoblauch schälen und in Stifte schneiden. Auberginen aus dem Salzwasser nehmen und abtrocknen.

3 In einer Pfanne 3 EL Olivenöl erhitzen. Auberginen bei starker Hitze rundherum in 5–7 Min. hellbraun anbraten. Die Früchte mit dem Einschnitt nach oben nebeneinander in einen flachen Topf legen. Zwiebelscheiben in der Pfanne mit 2 EL Öl bei mittlerer Hitze glasig dünsten und vom Herd nehmen. Tomatenwürfel mit dem aufgefangenen Saft, gehackter Petersilie, ½ TL Salz, Zucker und die restlichen 3 EL Olivenöl untermischen.

4 Den Einschnitt, der als Tasche dient, mit der Gemüsemischung füllen. Restliches Gemüse auf den Auberginen verteilen. Den Saft aus der Pfanne darüber träufeln. Füllmasse mit Knoblauchstiften spicken.

5 Auf jede Auberginenfüllung 2 Peperonihälften legen. ¼ l Wasser angießen, Gericht aufkochen und bei mittlerer Hitze etwa 10 Min. weiterkochen. Dann etwa 35 Min. schwach köcheln lassen. Gemüse im Topf erkalten lassen und auf einer Platte anrichten. Die abgezupften Petersilienblättchen zum Garnieren nehmen.

Getränk: Ein gut gekühlter, trockener frischer Weißwein, z.B. ein Çankaya von Kavaklıdere, paßt gut dazu.

Spinat Sacromonte

Aus Granada · Gelingt leicht

Espinacas al estilo Sacromonte

Zutaten für 4 Portionen:
1 kg Blattspinat
100 g Mandeln, ungeschält
2 Scheiben Weißbrot vom Vortag
2 Knoblauchzehen
5 EL Olivenöl
50 g Rosinen
Salz
schwarzer Pfeffer, frisch gemahlen
1 Prise Safranfäden

Zubereitungszeit: 40 Min.

Pro Portion: 1500 kJ/360 kcal

1 Blattspinat verlesen, waschen und in einem Sieb abtropfen lassen.

2 Mandeln überbrühen und aus den braunen Schalen drücken. Weißbrot in kleine Würfel schneiden. Knoblauch schälen.

3 In einer Pfanne 1 EL Olivenöl erhitzen, die Mandeln darin goldbraun rösten und herausnehmen. Noch 2 EL Öl dazugießen, die Brotwürfel darin kroß rösten und dabei den Knoblauch darüber pressen. Zusammen mit den Mandeln im Mörser oder im Mixer zu einer Paste verarbeiten.

4 Das restliche Olivenöl in einem großen Topf erhitzen. Spinat mit den Rosinen darin etwa 5 Min. dünsten, bis er zusammengefallen ist. Die Paste unterrühren und mit Salz, Pfeffer und Safran abschmecken.

Variante: Den Spinat mit gehackter Zwiebel, viel Knoblauch und gewürfeltem Serrano-Schinken dünsten. Mit Salz, Pfeffer und Muskatnuß würzen. Schmeckt auch kalt sehr gut.

Tip! Schmeckt zu Fleisch, Fisch und Geflügel. Mit Reis ist es auch ein vegetarisches Hauptgericht.

Gemüseragout

Aus der Mancha · Gelingt leicht

Pisto manchego

Zutaten für 4 Portionen:
750 g reife Fleischtomaten
1 große Zwiebel
3 EL Schweineschmalz
oder Olivenöl
3 Knoblauchzehen
2 grüne Paprikaschoten (etwa 300 g)
500 g Zucchini
Salz
schwarzer Pfeffer, frisch gemahlen
1 Bund glatte Petersilie

Zubereitungszeit: etwa 20 Min.
(+ 25 Min. Garen)

Pro Portion: 650 kJ/150 kcal

1 Fleischtomaten überbrühen, häuten, entkernen und grob zerschneiden.

2 Zwiebel schälen und fein hacken. Schmalz oder Öl in einem Topf erhitzen und die Zwiebel darin andünsten. Den Knoblauch schälen und dazupressen.

3 Paprikaschoten putzen, waschen, vierteln und in etwa 2 cm breite Stücke schneiden.

4 Zucchini waschen und den Stengelansatz abschneiden. Je nach Größe der Zucchini erst längs vierteln oder halbieren und wiederum in etwa 2 cm breite Stücke schneiden. Mit den Paprikaschoten in den Topf geben und kurz schmoren.

5 Tomaten untermischen, mit Salz und Pfeffer würzen und im offenen Topf etwa 25 Min. bei schwacher Hitze schmoren.

6 Petersilie waschen, trockenschütteln, Blättchen abzupfen, fein hacken und kurz vor Garzeitende untermischen. Die Flüssigkeit sollte fast ganz verdampft sein. Falls das Gemüseragout noch zu flüssig ist, bitte zum Schluß nochmals kurz die Temperatur erhöhen.

Tip! Das Gericht kann heiß oder kalt als Beilage zu Fisch, Fleisch oder Geflügel, aber auch als vegetarisches Hauptgericht serviert werden. In kleinen Portionen ist das Ragout ein ideales Tapa.

Pizza türkische Art
Lahmacun

Südostanatolien · Braucht etwas Zeit

Zutaten für 4 Portionen, 8 Pizzen:
Für den Teig: 450 g Mehl + Mehl zum Ausrollen · Salz · 21 g Hefe (½ Würfel)
Für den Belag: 4 Frühlingszwiebeln
2 große Tomaten (300 g)
2 grüne milde oder scharfe Peperoni
2 Bund glatte Petersilie
250 g zweimal durchgedrehtes Lammhackfleisch
2 TL Paprikaflocken (Pulbiber) · Salz
schwarzer Pfeffer, frisch gemahlen
¼ TL gemahlener Kreuzkümmel
2 EL Olivenöl + Öl für die Backbleche
2 mittelgroße rote Zwiebeln (200 g)
1 TL Sumak

Zubereitungszeit: 1 Std. (+ 45 Min. Ruhen + 40 Min. – 1 Std. Backen)

Pro Pizza: 1700 kJ/400 kcal

1 Mehl und Salz in eine Schüssel sieben. Hefe in ¼ l lauwarmem Wasser auflösen, in das Mehl eine Mulde drücken, zu einem Vorteig verrühren und zugedeckt etwa 15 Min. an einem warmen Platz gehen lassen. Alles vermengen, etwa 10 Min. mit den Händen durchkneten, 8 Kugeln formen, zugedeckt etwa 30 Min. gehen lassen. Backofen auf 250° (Gas Stufe 5) vorheizen.

2 Frühlingszwiebeln putzen, waschen und klein würfeln. Tomaten mit kochendem Wasser übergießen, kurz stehenlassen, häuten, Stielansätze herausschneiden und das Fruchtfleisch hacken. Peperoni waschen, längs halbieren, Kerne und Stiele entfernen. Schotenhälften ausspülen und in Streifchen schneiden. Petersilie waschen und trockenschütteln, die Blättchen von 1 Bund Petersilie fein hacken.

3 Gemüse und Kräuter mit Hackfleisch, Paprika, Salz, Pfeffer und Kreuzkümmel verkneten. Backblech einfetten. Teigkugeln auf bemehlter Arbeitsfläche zu tellergroßen Platten ausrollen, je ⅛ der Hackfleischmischung darauf streichen. Je 2 Pizzen auf 1 Backblech setzen, mit etwas Olivenöl beträufelt 10–15 Min. nacheinander im vorgeheizten Backofen (Mitte) backen.

4 Zwiebeln schälen, in feine Ringe schneiden und mit Sumak vermischen. Die Blättchen der übrigen Petersilie abzupfen. Auf die fertigen Lahmacun Zwiebeln und Petersilie verteilen und sofort servieren.

Fladenbrot
Pide

Gut vorzubereiten · Gelingt leicht

Zutaten für 4 Brote:
900 g Mehl
+ Mehl für die Arbeitsfläche
2 TL Salz · 84 g Hefe (2 Würfel)
Sonnenblumenöl für die Backbleche
4 EL Hartweizengrieß · 1 Ei
1 TL Zucker
1 EL Olivenöl + Öl zum Einölen
4 EL Sesamkörner
1 EL Çörekotu (Schwarzkümmel)

Zubereitungszeit: 45 Min. (+ 40 Min. Ruhen + 20–24 Min. Backen)

Pro Brot: 3900 kJ/930 kcal

1 Mehl mit Salz in eine Rührschüssel sieben. Hefe in 600 ml lauwarmem Wasser glattrühren, unter das Mehl mischen. Alles zu einem weichen Teig verarbeiten und etwa 5 Min. kräftig durchkneten, bis er nicht mehr an den Händen klebt. Zugedeckt an einem warmen Platz etwa 30 Min. gehen lassen.

2 Backofen auf 250° (Gas Stufe 5) vorheizen. 2 große Backbleche einfetten. Teig mit bemehlten Händen nochmals kurz durchkneten, zu 4 gleich großen Kugeln formen. Arbeitsfläche mit etwas Mehl und Grieß bestreuen. Jede Kugel mit den Händen zu einem runden Fladen von etwa 25 cm Durchmesser flachdrücken, je 2 auf ein Blech legen. Zugedeckt weitere 10 Min. gehen lassen.

3 Ei mit Zucker und Olivenöl verquirlen, Fingerspitzen einer Hand einölen, damit in die Fladen im Abstand von 4–5 cm ein Rautenmuster eindrücken. Brote mit der Eimischung einpinseln, mit Sesam und Schwarzkümmel bestreuen. Nacheinander in Ofenmitte in 10–12 Min. goldbraun backen.

4 Nach 5–6 Min. Backzeit die Ofentür kurz öffnen. ¼ Tasse kaltes Wasser rasch auf den Ofenboden gießen und die Tür sofort schließen. Brot zu Ende backen. Es läßt sich auch gut einfrieren.

Carote al marsala

Von Sizilien · Süßlich   Möhren mit Marsala

Zutaten für 4 Portionen:
500 g Möhren
40 g Butter
Salz
100 ml trockener Marsala

Zubereitungszeit: 30 Min.

Pro Portion: 570 kJ/140 kcal

1 Die Möhren schälen und quer leicht schräg in etwa 3 mm dünne Scheiben schneiden. Die Butter in einem Topf erhitzen, bis sie schäumt. Die Scheiben hineinlegen, leicht mit Salz bestreuen und bei mittlerer Hitze unter Rühren 6–7 Min. braten, bis sie sich leicht zu färben beginnen.

2 Marsala über die Möhren gießen. Die Temperatur herunterschalten. Die Möhren zugedeckt bei schwacher Hitze noch etwa 5 Min. dünsten, bis sie weich sind, aber noch Biß haben. In eine Schüssel geben und servieren.

Variante: Patate al marsala
(Kartoffeln mit Marsala)
Dafür 500 g kleine Frühkartoffeln dünn schälen. 20 g Butter und 2 EL Olivenöl in einer Pfanne erhitzen. Die Kartoffeln in die Pfanne geben, leicht mit Salz bestreuen und bei schwacher Hitze etwa 10 Min. braten, bis sie fast gar sind. 100 ml Marsala darüber gießen und die Kartoffeln zugedeckt in 10–15 Min. fertig garen.

Tip! Die mit Marsala gegarten Gemüse können als eigenständiger Gang oder als Vorspeisen serviert werden.

Mit Marsala kann man würzige Gerichte wie auch Desserts verfeinern.

Marsala

Der Dessertwein Marsala trägt den Namen der Stadt, aus der er stammt. Sie liegt an der Westküste Siziliens in der Provinz Trapani. In der Antike als Lilibeo bekannt, wurde sie im Mittelalter von den Arabern in Mars-el-Allah, Hafen Allahs, umgetauft, heute Marsala.

Auf den süßen Wein stießen 1773 zwei englische Brüder, die darin eine Alternative zum spanischen Sherry und zum portugiesischen Portwein sahen. Um den Marsala für den Export seetüchtig zu machen, setzten sie ihm Traubenbranntwein zu und aromatisierten ihn mit Traubenmost. Der Wein fand in England großen Anklang. Später beteiligten sich auch Sizilianer an der Herstellung, die sie schließlich übernahmen. Man unterscheidet mehrere Sorten:

Marsala Vergine, blaß bernsteingelb, trocken und extratrocken, mit vollem weichem Geschmack, ist ein feiner Aperitif- oder Dessertwein. Er kann bis zu 20 Jahren lagern. Marsala Superiore, mit mindestens zweijähriger Lagerung, bernsteinbraun, von trocken bis süß mit herbem Karamelgeschmack, schmeckt köstlich zu trockenem Gebäck. Marsala Fine, der junge Marsala, ist auch Grundlage von Marsala-Kreationen mit Ei oder Kaffee. Das Herstellungsgebiet umfaßt heute Gemeinden in den Provinzen Trapani, Palermo und Agrigento. Die verwendeten Rebsorten sind Catarratto, Grillo und Inzolia. Der Alkoholgehalt liegt zwischen 16 und 20 Prozent.

Carciofi alla romana
Artischocken auf römische Art

Braucht etwas Zeit · Frühlingsgericht

Zutaten für 4 Portionen:
8 längliche kleine, zarte Artischocken
Saft von 1 Zitrone
200 g magerer, geräucherter Speck, ohne Schwarte
3 Knoblauchzehen
3 Zweige frische Minze
schwarzer Pfeffer, frisch gemahlen
Salz
½ Bund glatte Petersilie
75 ml Olivenöl, kaltgepreßt

Zubereitungszeit: 40 Min.
(+ 30 Min. Dünsten)

Pro Portion: 2300 kJ/550 kcal

1 Die Artischocken gründlich waschen. Eine Schüssel mit 1½–2 l kaltem Wasser, vermischt mit dem Zitronensaft, bereitstellen. Von den Artischocken großzügig die äußeren harten Blattkränze abziehen. Die Spitzen der übrigen Blätter bis zum gelben Teil abschneiden.

2 Die Samenfäden in der Mitte, das Heu, mit einem Löffelchen auskratzen. Die Stiele bis auf etwa 3 cm kürzen und schälen einschließlich der Böden. Die Artischocken in das Zitronenwasser legen.

3 Den Speck sehr klein würfeln, in der trockenen Pfanne bei starker Hitze auslassen. Knoblauch schälen, durch die Knoblauchpresse dazudrücken und glasig braten. Die Pfanne beiseite stellen. Die Minze waschen, trockenschütteln und die Blättchen fein hacken, unter den Speck mischen und mit Pfeffer abschmecken.

4 Die Artischocken aus dem Wasser nehmen und trockenschütteln. Die Blättchen auseinanderbiegen und die Speckmischung dazwischen verteilen und in die Mitte geben. Die Artischocken nebeneinander in einen Topf setzen, mit Salz bestreuen.

5 Petersilienblättchen hacken, auf die Artischocken streuen. Das Öl überträufeln und das Gemüse zugedeckt bei mittlerer Hitze etwa 10 Min. garen. 150 ml heißes Wasser dazugießen und die Artischocken zugedeckt in etwa 30 Min. fertiggaren.

Variante: Der Speck kann auch durch 4–5 EL Semmelbrösel, vermischt mit Knoblauch, Kräutern und etwas Öl ersetzt werden.

Variante: Carciofi alla giudea
(Artischocken auf jüdische Art)
8 Artischocken waschen, die äußeren harten Blätter und das Heu entfernen, in Zitronenwasser legen, dann trockenschütteln. Das Innere mit Salz und Pfeffer würzen. Reichlich Olivenöl in einer tiefen Pfanne mittelstark erhitzen. Artischocken mit den Stielen nach oben hineinsetzen. In etwa 10 Min. knusprig fritieren, dabei gegen den Pfannenboden drücken, damit sich die Blüten öffnen. Vorsicht, Spritzgefahr! Auf Küchenpapier entfetten, mit den Fingern essen.

Mandorlata di peperoni

Aus Kalabrien · Geht schnell

Paprikagemüse mit Mandeln

Zutaten für 4 Portionen:
50 g Rosinen
600 g dickwandige rote, grüne und gelbe Paprikaschoten
300 g gut reife Tomaten
3 EL Olivenöl, kaltgepreßt
50 g Mandelstifte
3 EL Weinessig
½ TL Zucker
Salz
schwarzer Pfeffer, frisch gemahlen

Zubereitungszeit: 40 Min.

Pro Portion: 890 kJ/210 kcal

1 Die Rosinen in warmem Wasser einweichen. Paprikaschoten waschen, halbieren, Stielansätze und die Innenteile mitsamt den Kernen herausschneiden. Die Schoten ausspülen und in dünne Streifen schneiden. Die Tomaten waschen, halbieren, Stielansätze herausschneiden und die Tomaten würfeln.

2 Olivenöl in einer Kasserolle erhitzen, Paprika und Tomaten hineingeben und zugedeckt bei mittlerer Hitze etwa 10 Min. dünsten.

3 Rosinen abgießen, abtropfen lassen und mit den Mandeln unter das Gemüse rühren. Essig, Zucker und je 1 Prise Salz und Pfeffer hinzufügen und unterrühren. Alles weitere 10 Min. zugedeckt dünsten, abschmecken, warm oder kalt servieren.

Variante: Peperonata
(Paprikagemüse)

Für dieses Gericht aus Kampanien-Basilikata die gleiche Menge Paprikaschoten und Tomaten wie im Rezept »Mandorlata di peperoni« beschrieben vorbereiten. Außerdem 2 Knoblauchzehen und 1 mittelgroße Zwiebel schälen und in dünne Scheiben schneiden. 3 El Olivenöl erhitzen und das gesamte Gemüse bei mittlerer Hitze unter Rühren andünsten, dann zugedeckt bei schwacher Hitze etwa 20 Min. garen. 3 EL gehackte Basilikumblätter unterrühren und mit Salz und Pfeffer abschmecken.

Tip! Beide Gemüsegerichte können als Beilage zu Fleisch oder Fisch, wie auch als Sauce zu Pasta oder als Vorspeise serviert werden.

Fagioli alla menta

Von Sizilien · Braucht etwas Zeit

Weiße Bohnen mit Minze

Zutaten für 4 Portionen:
250 g getrocknete, mittelgroße weiße Bohnen (aus dem italienischen Spezialitätengeschäft)
3 Knoblauchzehen
2 Stangen Bleichsellerie
75 ml Olivenöl, kaltgepreßt
Salz
5 EL Weinessig
schwarzer Pfeffer, frisch gemahlen
3 Zweige frische Minze
50 g schwarze Oliven

Zubereitungszeit: 30 Min.
(+ 12 Std. Einweichen
+ 45 Min. Garen + 3 Std. Marinieren)

Pro Portion: 1700 kJ/400 kcal

1 Die Bohnen in einem Sieb kalt abspülen, in eine Schüssel geben und mit reichlich kaltem Wasser bedeckt über Nacht quellen lassen. In ein Sieb schütten, abtropfen lassen und in einen Topf geben. Die Knoblauchzehen schälen und dazwischen legen. Den Sellerie waschen, schadhafte Stellen abschneiden. Die Stangen in grobe Stücke schneiden und ebenfalls zu den Bohnen geben.

2 Alles mit kaltem Wasser bedecken. Die Bohnen zum Kochen bringen, den Schaum mit einem Sieblöffel abschöpfen. Die Bohnen zudecken, wenn sie nicht mehr schäumen und bei schwacher Hitze in 40–45 Min. weich kochen, sie dürfen auf keinen Fall zerfallen. Die Bohnen im Sud abkühlen lassen, dann in ein Sieb geben, dabei den Sellerie entfernen, denn er diente nur zum Würzen.

3 Olivenöl mit etwas Salz in einer Schüssel cremig rühren. Den Essig und 1 Prise Pfeffer unterrühren. Die Bohnen untermischen. Die Minze waschen, trockenschütteln, 1 Zweig beiseite legen. Von den übrigen Zweigen die Blättchen grob hacken und unter die Bohnen mischen. Diese zugedeckt 2–3 Std. durchziehen lassen, erneut abschmecken und auf einer Platte mit Oliven anrichten und mit der beiseite gelegten Minze garnieren.

Tip! Mit einem herzhaften Stück Käse oder Salami und Brot ergeben die Bohnen eine sättigende Zwischenmahlzeit.

 # Gemüseplatte

Aus Katalonien · Braucht etwas Zeit

Escalivada

Zutaten für 4 Portionen:
6 EL Olivenöl
2 Kartoffeln, mehlig kochend (etwa 500 g)
2 mittelgroße Zwiebeln
2 rote Paprikaschoten (etwa 300 g)
2 kleine Auberginen (etwa 600 g)
2 mittelgroße Fleischtomaten (etwa 500 g)
Saft von ½ Zitrone
Salz
schwarzer Pfeffer, frisch gemahlen

Zubereitungszeit: 25 Min.
(+ 50 Min. Garen)

Pro Portion: 1300 kJ/310 kcal

1 Backofen auf 180° (Gas Stufe 2) vorheizen. Ein Backblech mit 2 EL Olivenöl einpinseln.

2 Kartoffeln waschen, längs halbieren und mit der Schnittfläche nach unten auf das Blech legen.

3 Zwiebeln schälen, quer halbieren und mit der Schnittfläche nach unten nach etwa 15 Min. dazulegen.

4 Inzwischen Paprika putzen, waschen und in breite Streifen schneiden. Auberginen waschen, vom Stengelansatz befreien und erst in Längsscheiben, dann in Streifen schneiden. Mit den Paprikastreifen nach etwa 20 Min. in den Backofen legen und mit Olivenöl beträufeln.

5 Inzwischen Tomaten waschen, quer halbieren und nach etwa 40 Min. mit der Schnittfläche nach unten auf das Blech legen. Auberginen und Paprika dabei wenden. Alles zusammen etwa 20 Min. weitergaren lassen.

6 Das restliche Olivenöl mit dem Zitronensaft mischen. Das Gemüse auf einer Platte anrichten, mit der Ölmischung beträufeln, salzen und pfeffern. Warm oder kalt servieren.

Getränk: Ein trockener Weißwein aus Katalonien paßt besonders gut dazu.

Tip! Die Gemüseplatte paßt sehr gut zu Fleisch, Fisch und Gemüse, ist aber auch ein ausgezeichnetes vegetarisches Hauptgericht.

Oliven & Olivenöl

Der Olivenbaum ist eine der ältesten Kulturpflanzen des Mittelmeerraumes. Etwa 90% der Oliven werden zu Öl verarbeitet, der Rest als Tafeloliven verwendet. Spanien ist das wichtigste Erzeugerland für Tafeloliven, die mit Stein oder ohne, gefüllt mit Paprika, Sardellen, Mandeln, Zwiebeln oder Kapern angeboten werden. Spanien exportiert sie in alle Welt. Am bekanntesten sind die Sorten »Gordal« und »Manzanilla«.

Die Oliven werden oft mühsam mit der Hand geerntet. Dann werden sie verlesen, gewaschen und schnellstmöglich verarbeitet. Für Olivenöl werden vier bis fünf Kilo reife Früchte pro Liter benötigt. In den Ölmühlen werden sie zunächst zerkleinert, dann gepreßt. Danach wird in Zentrifugen das Öl vom Fruchtwasser getrennt. Die kaltgepreßten Öle sind besonders hochwertig. Es gibt sie in zwei Qualitätsstufen: Aceite de oliva virgen extra (Natives Olivenöl extra), es enthält nur 1% freie Fettsäuren, und Aceite de oliva virgen fino (Natives Olivenöl, bis 2% freie Fettsäuren). Sie sind besonders aromatisch und für kalte Gerichte empfehlenswert. Öl mit höheren Fettsäureanteil oder anderen Mängeln wird raffiniert. Mit nativem Olivenöl vermischt, kommt es als Aceite de oliva puro (Olivenöl) in den Handel.

Die Oliven werden oft noch von Hand geerntet.

Braucht etwas Zeit

Auberginen Alpujarra

Berenjenas al estilo Alpujarra

Zutaten für 4 Portionen:
4 mittelgroße Auberginen (etwa 1½ kg)
Saft von ½ Zitrone
2 Zwiebeln
2 EL Olivenöl
½ Bund frische Minze
3 Eier
2 EL Semmelbrösel
4 EL Manchego-Käse (Schafkäse), frisch gerieben
Salz
schwarzer Pfeffer, frisch gemahlen
1 Prise Zimt
Olivenöl für die Auflaufform

Zubereitungszeit: 40 Min. (+ 20 Min. Überbacken)

Pro Portion: 1100 kJ/240 kcal

1 Backofen auf 180° (Gas Stufe 2) vorheizen. Auberginen waschen. Reichlich Wasser mit Zitronensaft aufkochen, die Auberginen längs halbieren und in dem Wasser etwa 5 Min. köcheln lassen.

2 Dann das Fruchtfleisch der Auberginen mit einem scharfen Messer bis auf einen Rand von etwa 2 cm herausschneiden und klein würfeln. Die Auberginenhälften unten etwas flachschneiden, damit sie stehen.

3 Zwiebeln schälen und fein hacken. Olivenöl in einer Pfanne erhitzen. Zwiebelwürfel darin glasig dünsten, Auberginenwürfel dazugeben und etwa 10 Min. mitgaren. In eine Schüssel füllen und abkühlen lassen.

4 Minze waschen, trockenschütteln, Blättchen abzupfen, fein hacken und dazugeben. Eier mit Semmelbröseln und 3 EL des geriebenen Käses gründlich unter die Auberginenwürfel rühren. Die Mischung mit Salz, Pfeffer und Zimt kräftig würzen.

5 Die Auberginenhälften damit füllen und mit dem restlichen Käse bestreuen. Eine Auflaufform einölen, Auberginenhälften hineinsetzen und im vorgeheizten Backofen (Mitte) 15–20 Min. überbacken. Mit Salat servieren.

Getränk: Dazu paßt ein leichter Rosé aus Navarra besonders gut.

Variante: Anstatt des Fruchtfleisches der Auberginen kann für die Füllung auch etwa 600 g Hackfleisch verwendet werden. Das Fruchtfleisch wird dann mit 2 Fleischtomaten geschmort, püriert und als Sauce verwendet.

Überbackene Zucchini

Aus Murcia · Vegetarisch Calabacines al horno

Zutaten für 4 Portionen:
1 große Zwiebel
3 Knoblauchzehen
5 EL Olivenöl
600 g Fleischtomaten
Salz
schwarzer Pfeffer, frisch gemahlen
1 TL mildes Paprikapulver
1 Zweig Thymian
1 kg Zucchini
Mehl zum Wenden
Öl für die Form
100 g Manchego-Käse (Schafkäse),
frisch gerieben

Zubereitungszeit: 45 Min.
(+ 15 Min. Überbacken)

Pro Portion: 1100 kJ/260 kcal

1 Zwiebel und Knoblauch schälen und fein hacken. In einer Pfanne 2 EL Olivenöl erhitzen, Zwiebel und Knoblauch darin andünsten.

2 Inzwischen Fleischtomaten überbrühen, häuten, quer halbieren, entkernen und den Stielansatz entfernen. Das Fruchtfleisch hacken und dazugeben. Mit Salz, Pfeffer, Paprika und ¾ der Thymianblättchen würzen und etwa 5 Min. im offenen Topf bei schwacher Hitze schmoren.

3 Den Backofen auf 200° (Gas Stufe 3) vorheizen. Dann die Zucchini putzen, waschen und in ½ cm dicke Scheiben schneiden. Mit Salz und Pfeffer würzen und in Mehl wenden. In einer Pfanne 3 EL Olivenöl erhitzen und die Scheiben darin beidseitig bei mittlerer Hitze goldbraun braten, auf Küchenpapier abtropfen lassen.

4 Eine Auflaufform einölen und die Zucchinischeiben darin verteilen. Mit der Tomatensauce begießen und dem geriebenen Käse bestreuen. Im vorgeheizten Backofen (Mitte) etwa 15 Min. überbacken. Restliche Thymianblättchen darüberstreuen. Als Beilage Kartoffeln servieren.

Getränk: Ein kräftiger Rotwein aus dem Penédesgebiet paßt gut dazu.

Tip! Dieses Gericht ist auch als Beilage zu Fleisch gut geeignet, dann reicht es für die doppelte Personenzahl.

Manchego

Aus der Heimat Don Quichotes, der La Mancha, kommt Spaniens berühmtester Käse, der »Manchego«. Seit Jahrhunderten leben dort die Manchego-Schafe. Ihre Milch ist fettreich und schmeckt nach Gräsern und wilden Kräutern, von denen sie sich ausschließlich auf den kargen Weiden der Mancha ernähren. Der charakteristische Hartkäse schmeckt mild, aromatisch und leicht säuerlich. Er ist in verschiedenen Reifestufen von »tierno«, frisch und hellgelb, über »semi-seco«, besonders mild und aromatisch, aber fast nur vor Ort erhältlich, bis zu »seco«, trocken, dunkelgelb und hart, zu bekommen. Der Manchego hat 50 % Fett und ist eine von Kennern geschätzte Spezialität. Man erkennt ihn deutlich an seiner schwarzen Rinde und den Kerben von Hanfschnüren, mit denen der Käse traditionellerweise umwickelt wird. Außerdem ist auf der oberen und unteren Seite eine Blume eingeprägt. Seine Reifezeit liegt zwischen 2 und 12 Monaten, wobei das Aroma der Anjejos, der einjährigen, am intensivsten ist. Als Tapa, gerieben, aber auch als Dessert mit Quittenkonfitüre, gehört er unbedingt zur spanischen Küche.

Der charakteristische Hartkäse Manchego wird aus Schafmilch gemacht.

Tortilla de patatas
Kartoffelomelette

Ganz Spanien · Gut vorzubereiten

Zutaten für 4–6 Portionen:
750 g Kartoffeln, mehlig kochend
2 große Zwiebeln
7 EL Olivenöl
Salz
schwarzer Pfeffer, frisch gemahlen
6 Eier

Zubereitungszeit: 20 Min.
(+ 40 Min. Garen)

Bei 6 Portionen pro Portion:
1500 kJ/360 kcal

1 Kartoffeln schälen, waschen und in dünne Scheiben schneiden. Zwiebeln schälen und klein würfeln, nicht fein hacken.

2 Die Hälfte des Olivenöls in einer Pfanne mit hohem Rand, etwa 20 cm Durchmesser, erhitzen. Kartoffelscheiben und Zwiebelwürfel darin bei mittlerer Hitze etwa 25 Min. garen, nicht braten. Mit Salz und Pfeffer würzen.

3 Eier in einer Schüssel aufschlagen und verquirlen, mit Salz und Pfeffer kräftig würzen. Kartoffeln und Zwiebeln etwas abgekühlt zu den Eiern geben.

4 Das restliche Olivenöl in der Pfanne erhitzen, die Eiermischung hineingeben und bei milder Hitze in etwa 6 Min. stocken lassen, dabei immer wieder an der Pfanne rütteln.

5 Die Pfanne mit einem flachen Teller (oder Deckel) bedecken. Pfanne und Teller fest zusammenhalten und umdrehen, so daß die Tortilla auf dem Teller liegt.

6 Dann vorsichtig wieder in die Pfanne gleiten lassen und in weiteren 6–8 Min. fertiggaren.

7 Die Tortilla in Tortenstücke oder in Würfel schneiden. Warm oder kalt servieren.

Variante: Sie können Schinkenwürfel oder Chorizoscheiben mit den Kartoffeln in die Eiermasse geben.

Info: Tortilla heißt eigentlich Omelette. Tortilla de patatas ist ein Omelette mit Kartoffeln. Ein einfaches, sättigendes Gericht, das warm oder kalt als Haupt- oder Zwischengericht gegessen wird. Es gibt viele Varianten: mit Gemüse, Schinken, Krabben etc.

Tip! Für 2 Personen, mit Salat serviert, ist die Tortilla ein leichtes Abendessen. Sie läßt sich gut als Tapa mit anderen kleinen Gerichten reichen.

Gemüseauflauf

Von den Ionischen Inseln

Briám

Zutaten für 4 Portionen:
Salz · 300 g mittelgroße Auberginen
200 g Zucchini
200 g Kartoffeln, festkochend
200 g Zwiebeln
2 Knoblauchzehen
250 g frische oder tiefgekühlte grüne Bohnen
300 g reife Tomaten
100 ml Olivenöl
schwarzer Pfeffer, frisch gemahlen
1 Msp. Zucker
½ Bund Petersilie
außerdem: Etwas Feta-Käse

Zubereitungszeit: 1 Std.
(+ 1 Std. Garen)

Pro Portion: 1400 kJ/330 kcal

1 In eine Schüssel 2 EL Salz und kaltes Wasser geben. Auberginen von den Stielansätzen befreien, in ½ cm dicke Scheiben schneiden und in das Wasser legen. Zucchini von Stiel- und Blütenansätzen befreien, abspülen und in ½ cm dicke Scheiben schneiden.

2 Kartoffeln und Zwiebeln schälen und in dünne Scheiben schneiden, Knoblauch schälen und fein hacken, Bohnen abspülen, Fäden abziehen und in 3–4 cm lange Stücke schneiden. Tomaten waschen, in Scheiben schneiden und Stielansätze entfernen.

3 Backofen auf 180° (Gas Stufe 2) vorheizen. Auberginenscheiben abtropfen lassen, mit Küchenpapier trockentupfen. Olivenöl in einer Pfanne erhitzen und die Auberginen von beiden Seiten bei starker Hitze hellbraun braten. Herausnehmen und die Scheiben in ein Sieb drücken, Öl abtropfen lassen und auffangen.

4 Scheiben in eine Auflaufform schichten, darüber das vorbereitete Gemüse legen. Jede Schicht leicht mit Salz, Pfeffer und Zucker bestreuen und obenauf mit Tomatenscheiben abdecken.

5 Das aufgefangene Öl mit ⅛ l heißem Wasser verrühren und über das Gemüse gießen. Den Auflauf mit Alufolie abdecken, im Backofen (Mitte) etwa 30 Min. garen. Folie abnehmen und noch mal 30 Min. offen garen. Dann Petersilie hacken und über den Auflauf streuen. Mit Scheibchen von Feta-Käse und frischem Brot servieren.

Gefülltes Gemüse

Vom Festland · Braucht etwas Zeit

Domátes ke piperiés jemistés

Zutaten für 4 Portionen:
4 große Fleischtomaten
(etwa 600 g)
4 große grüne oder rote Paprika-
schoten (etwa 500 g)
Zucker · Salz
schwarzer Pfeffer, frisch gemahlen
80 g Langkornreis
1 große Zwiebel · 8 EL Olivenöl
300 g Rinderhackfleisch
1 Msp. Pimentpulver
½ Bund Petersilie
2 Zweige frische Minze
400 g Kartoffeln, festkochend
3 EL Tomatenmark

Zubereitungszeit: 1 Std.
(+ 1 Std. Garen)

Pro Portion: 2100 kJ/500 kcal

1 Tomaten und Paprikaschoten waschen und von allen einen Deckel abschneiden. Tomaten mit einem Löffelchen aushöhlen und das Innere aufheben. Die Paprikaschoten putzen und ausspülen. In die Tomaten etwas Zucker, Salz und Pfeffer, in die Schoten etwas Salz und Pfeffer streuen.

2 Reis mit lauwarmem Wasser knapp bedeckt etwa 15 Min. vorquellen lassen. Inzwischen Zwiebel schälen und sehr fein würfeln, dann 4 EL Olivenöl in einem Bräter erhitzen und die Zwiebel bei mittlerer Hitze glasig braten. Hackfleisch untermischen, fein zerkleinern und anbraten, bis der Fleischsaft verdampft ist. Das Tomateninnere hacken und untermischen.

3 Die Mischung mit Salz, Pfeffer und Piment würzen. Reis abgießen, mit ⅛ l Wasser unter das Hackfleisch rühren und bei schwacher Hitze zugedeckt etwa 10 Min. vorgaren.

4 Inzwischen Backofen auf 180° (Gas Stufe 2) vorheizen. Kräuter fein hacken und unter Reis und Fleisch rühren. Tomaten und Paprikaschoten mit der Mischung füllen, Deckel aufsetzen und nebeneinander in eine Form stellen.

5 Kartoffeln schälen und in dicke Stifte schneiden, zwischen das Gemüse legen. Tomatenmark mit 4 EL Olivenöl und ¼ l heißem Wasser verrühren, zum Gemüse gießen und dieses im Backofen (Mitte) etwa 1 Std. garen. In der Form servieren.

Artischocken mit Bohnen

Von Kreta · Braucht etwas Zeit

Angináres me koukiá

Zutaten für 4 Portionen:
4 mittelgroße Artischocken
(etwa 600 g)
1 Zitrone
500 g junge, zarte dicke Bohnen
300 g Möhren
300 g Kartoffeln, festkochend
1 Fenchelknolle mit viel Grün
1 mittelgroße Zwiebel
4 EL Olivenöl
Salz
schwarzer Pfeffer, frisch gemahlen
Saft von 1 Zitrone
3 Eigelb

Zubereitungszeit: 45 Min.
(+ 1 Std. Garen)

Pro Portion: 1200 kJ/290 kcal

1 Artischocken abspülen, harte Blätter und Blattspitzen abschneiden. Das Heu in der Mitte ausschaben. Stiele dünn abschälen. Artischocken mit Zitrone einreiben, in kochendem Wasser 20–25 Min. vorgaren, abtropfen und abkühlen lassen, in Scheiben schneiden.

2 Dicke Bohnen abspülen, Stiele abschneiden und die Fäden abziehen. Aus den großen Schoten die Kerne entnehmen, die kleinen Schoten ganz verwenden. Möhren und Kartoffeln schälen und in große Stücke schneiden.

3 Fenchelknolle abspülen, das Grün abschneiden und aufheben, faserige Teile entfernen. Die Knolle auf dem Gurkenhobel in feine Streifen schneiden. Das Gemüse in 1 l kochendem Wasser etwa 15 Min. vorkochen, in ein Sieb gießen. Das Gemüsewasser aufheben.

4 Zwiebel schälen und würfeln. Öl in einem großen Topf erhitzen und die Zwiebel glasig dünsten. Artischocken mit dem Gemüse vorsichtig unterheben und bei mittlerer Hitze etwa 2 Min. schmoren. Dann ½ l Gemüsewasser dazugeben und etwa 8 Min. dünsten.

5 Das Gemüse mit Salz und Pfeffer abschmecken und beiseite stellen. Zitronensaft und Eigelb verquirlen, unter das leicht abgekühlte Gemüse mischen, unter Rühren erneut erhitzen, bis die Sauce dicklich wird, aber nicht mehr kochen, da sie sonst gerinnt. Mit Fenchelgrün garniert servieren.

Artischocken-Spinat-Auflauf

Aus Athen · Gelingt leicht

Angináres me spanáki sto foúrno

Zutaten für 4 Portionen:
8 kleine, längliche Artischocken
(etwa 800 g)
Saft von 1 Zitrone
1 kg frischer Blattspinat
80 g Butter und Butter für die Form
Salz · 200 g gekochter Schinken
200 g Graviéra-Käse
1 gehäufter EL Mehl · ¼ l Milch
schwarzer Pfeffer, frisch gemahlen
1 Ei · 100 g Kefalotiri-Käse,
gerieben (ersatzweise Parmesan)

Zubereitungszeit: 1¼ Std.
(+ 30 Min. Garen)

Pro Portion: 2900 kJ/690 kcal

1 Artischocken abspülen, harte Blätter und Blattspitzen abschneiden. Stiele 2–3 cm stehen lassen, dünn schälen. Das Heu in den Artischocken ausschaben, ausspülen. Zitronensaft mit 3 l Wasser aufkochen. Artischocken zugedeckt bei mittlerer Hitze 15–20 Min. garen. Zum Abkühlen in ein Sieb geben.

2 Spinat waschen und in etwa 1 cm breite Streifen schneiden. Artischocken halbieren. Eine Auflaufform einfetten. 40 g Butter in der Pfanne stark erhitzen, Artischocken anbraten, dann in die Form legen, leicht salzen. Spinat in der restlichen Butter in der Pfanne bei starker Hitze anbraten, etwas salzen. Schinken und Graviéra-Käse fein würfeln, die Hälfte auf die Artischocken streuen, Spinat darauf verteilen, den restlichen Schinken und Käse überstreuen.

3 Backofen auf 225° (Gas Stufe 3) vorheizen. 40 g Butter in einer Kasserolle erhitzen, Mehl einrühren, kurz anschwitzen. Milch unterrühren, bei starker Hitze aufkochen, bis die Sauce dick wird. Topf beiseite ziehen. Sauce mit Salz und Pfeffer abschmecken. Ei verquirlen und unterrühren. Sauce auf dem Gericht verteilen, alles mit Kefalotiri-Käse bestreuen und 20–30 Min. im Ofen (Mitte) backen.

Gemüse und Eiergerichte

Musaká
Auflauf mit Auberginen

Vom Festland · Braucht etwas Zeit

Zutaten für 4–6 Portionen:
800 g Auberginen
Salz · ¼ l Olivenöl
200 g Zwiebeln · 600 g Tomaten
600 g Rinderhackfleisch
¼ l trockener Weißwein
¼ TL Zucker · ½ TL Zimtpulver
schwarzer Pfeffer, frisch gemahlen
1 kleiner Zweig frischer oder 1 TL getrockneter Oregano
1 Bund Petersilie · 100 g Paniermehl
100 g Graviéra-Käse, gerieben (ersatzweise Parmesan)
40 g Butter und Butter für die Form
4 EL Mehl · ¾ l Milch
Muskatnuß, frisch gerieben
2 TL Zitronensaft · 3 Eier

Zubereitungszeit: 1 Std.
(+ 20 Min. Marinieren
+ 1 Std. Garen)

Bei 6 Portionen pro Portion:
4100 kJ/980 kcal

1 Auberginen abspülen, Stielansätze entfernen und das Gemüse in etwa ½ cm dicke Längsscheiben schneiden. Etwa 20 Min. in gesalzenem kaltem Wasser ziehen, dann abtropfen lassen und mit Küchenpapier trockentupfen.

2 3–4 EL Olivenöl in einer großen beschichteten Pfanne erhitzen, nach und nach die Auberginenscheiben unter Zugabe von weiterem Öl bei starker Hitze von beiden Seiten hellbraun braten. Die Scheiben auf Küchenpapier entfetten.

3 Zwiebeln schälen und würfeln. Tomaten mit heißem Wasser übergießen, häuten, Stielansätze entfernen und das Fruchtfleisch würfeln. Im restlichen Öl in der Pfanne Zwiebeln glasig dünsten, Hackfleisch untermischen, zerkleinern und bei starker Hitze braten, bis der Saft verdampft ist.

4 Tomaten, Weißwein, Salz, Zucker, Zimtpulver und Pfeffer unterrühren, bei mittlerer Hitze zugedeckt etwa 5 Min. schmoren. Die Kräuter abspülen, trockenschütteln, Blättchen abzupfen, hacken und untermischen. Fleisch weitere 5 Min. schmoren und dann abkühlen lassen.

5 Backofen auf 180° (Gas Stufe 2) vorheizen. Paniermehl bis auf 2 EL und die Hälfte vom Käse unter das Hackfleisch mischen.

6 Butter in einer Kasserolle erhitzen, Mehl unterrühren und anschwitzen. Milch langsam einrühren und aufkochen. Gut 5 Min. unter Rühren bei schwacher Hitze kochen, mit Salz, Pfeffer, Muskat und Zitronensaft abschmecken, etwas abkühlen lassen.

7 2 Eier verquirlen, mit dem restlichen Käse in die Sauce rühren. Eine Auflaufform mit Butter einpinseln, mit Paniermehl ausstreuen. 1 Ei unter das Hackfleisch mischen. Die Form mit der Hälfte der Auberginenscheiben auslegen. Das Hackfleisch darauf streichen, mit den restlichen Auberginen belegen und mit der Sauce bedecken. Im Backofen (Mitte) etwa 1 Std. backen, dann in Quadrate schneiden und sofort servieren.

Getränk: Ein kräftiger roter Rapsani von den Vorbergen des Olymp schmeckt am besten dazu.

Tip! Der Auflauf kann auch mit anderen Gemüsesorten wie Zucchini, Tomaten, Kartoffeln und grünen Bohnen zubereitet werden. Zucchini- und Kartoffelscheiben müssen vorher angebraten und die Bohnen blanchiert werden.

Zucchini mit Zitronensauce

Kolokithákia avgolémono

Vom Festland · Sommergericht

Zutaten für 4 Portionen:
4 große Zucchini (etwa 1 kg)
150 g Zwiebeln
4 EL Olivenöl
80 g Langkornreis · Salz
schwarzer Pfeffer, frisch gemahlen
1 Msp. Piment, gemahlen
½ Bund glatte Petersilie
2 Zweige frische Minze
2 Eier · Saft von 1 Zitrone
frische Minze zum Garnieren

Zubereitungszeit: 30 Min.
(+ 50 Min. Garen)

Pro Portion: 930 kJ/220 kcal

1 Zucchini waschen, Stiel- und Blütenansätze abschneiden. Zucchini quer halbieren, mit einem Teelöffel aushöhlen, eine genügend dicke Wand stehenlassen. Fruchtfleisch fein hacken. Zwiebeln schälen, sehr klein würfeln, in Olivenöl glasig braten. Zucchinifleisch und Reis untermischen und mitbraten, bis der Reis glasig wird. Dann 150 ml Wasser dazugießen. Salz, Pfeffer und Piment unterrühren. Den Reis zugedeckt bei schwacher Hitze etwa 10 Min. vorgaren.

2 Kräuterblättchen fein hacken und unter den Reis mischen. Mit Salz abschmecken. Die Zucchini mit der Mischung füllen und vorsichtig feststopfen. Zucchini dicht nebeneinander in einen Topf legen. ¾ l Wasser erhitzen, etwas Salz unterrühren und an die Zucchini gießen.

3 Diese zugedeckt bei schwacher Hitze, 30–40 Min. garen, abtropfen lassen und warm halten. Eier mit Zitronensaft verquirlen. Die verbliebene Zucchiniflüssigkeit auf ¾ l auffüllen, Eier und Zitrone untermischen, die Sauce unter Rühren erhitzen, bis sie dicklich wird. Über das Gemüse gießen und mit Minze garniert servieren.

Gefüllte Schühchen

Papoutsákia

Vom Festland · Braucht etwas Zeit

Zutaten für 4 Portionen:
4 mittelgroße Auberginen
(etwa 1 kg)
4 EL Olivenöl und Öl für das Blech
1 große Zwiebel
300 g Rinder- oder Lammhackfleisch
300 g Fleischtomaten
1 EL Tomatenmark · Salz
schwarzer Pfeffer, frisch gemahlen
1 Bund Petersilie · 2 EL Paniermehl
100 g Kefalotiri-Käse, gerieben
(ersatzweise Emmentaler)
40 g Butter · 2 EL Mehl · ½ l Milch
Muskatnuß, frisch gerieben
2 TL Zitronensaft · 1 Ei

Zubereitungszeit: 1¼ Std.
(+ 30 Min. Backen)

Pro Portion: 2500 kJ/600 kcal

1 Auberginen waschen, abtrocknen, Stielansätze abschneiden. Olivenöl in einer Pfanne erhitzen, Auberginen rundum bei starker Hitze anbraten, abkühlen lassen, längs halbieren. Mit einem Löffel das Fruchtfleisch bis auf einen Rand ausschaben, hacken und beiseite stellen.

2 Zwiebel schälen und fein würfeln. Mit dem Hackfleisch im verbliebenen Öl unter Wenden bei starker Hitze anbraten. Auberginenfleisch untermischen. Pfanne kurz beiseite stellen. Tomaten häuten, Stielansätze entfernen und das Fruchtfleisch würfeln. Mit Tomatenmark unter die Zutaten in der Pfanne mischen.

3 Alles bei mittlerer Hitze etwa 5 Min. durchschmoren, mit Salz und Pfeffer abschmecken. Petersilie abspülen, trockenschütteln, Blättchen hacken, mit Paniermehl und der Hälfte des Käses unterrühren. Backofen auf 225° (Gas Stufe 3) vorheizen. Ein großes Backblech mit Öl einpinseln, die Auberginenhälften nebeneinander setzen und mit dem Hackfleisch füllen.

4 Butter erhitzen, Mehl einrühren und anschwitzen. Milch unter Rühren dazugeben und aufkochen. Bei schwacher Hitze 5–8 Min. köcheln, gelegentlich rühren. Topf beiseite stellen. Sauce mit Salz, Pfeffer, 1 Prise Muskat und Zitronensaft abschmecken. Ei verquirlen und mit dem restlichen Käse unter die Sauce rühren. Die Auberginen damit dick überziehen und im Backofen (Mitte) etwa 30 Min. überbacken.

Peperonata
Paprikagemüse

Aus Sizilien · Ganz einfach

Zutaten für 4 Portionen:
500 g reife Eiertomaten
1 kg rote und gelbe Paprikaschoten
2 große weiße Zwiebeln
6 EL Olivenöl, kaltgepreßt
Salz
1 Bund Basilikum

Zubereitungszeit: 50 Min.

Pro Portion: 940 kJ/220 kcal

1 Eiertomaten waschen und kurz in siedendes Wasser tauchen.

2 Tomaten mit dem Schaumlöffel aus dem Wasser nehmen und die Haut abziehen, Stengelansatz entfernen. Tomaten halbieren, in kleine Stücke hacken.

3 Paprikaschoten waschen, Deckel abschneiden. Schoten halbieren. Stiele, Kerne und weiße Rippen entfernen. Paprika in fingerbreite Streifen schneiden. Zwiebeln schälen, in feine Scheiben schneiden.

4 In einer Kasserolle 5 EL Olivenöl erhitzen, Zwiebelscheiben darin glasig dünsten.

5 Paprikastreifen dazugeben, leicht schmoren lassen und Tomatenwürfel hinzufügen. Mit Salz abschmecken.

6 Mischung mit ⅛ l Wasser ablöschen und bei schwacher Hitze zugedeckt 35 Min. leicht köcheln lassen. Ab und zu umrühren. Wenn sie zu trocken wird, zwischendurch noch etwas Wasser angießen.

7 Basilikum waschen, trockenschütteln und das Paprikagemüse mit den Blättern garnieren. Mit 1 EL Olivenöl beträufeln und heiß servieren.

Tip! Man kann die Peperonata mit 1–2 EL Kapern und/oder mit schwarzen Oliven anreichern. Mit 3 EL Essig abgelöscht, schmeckt sie auch kalt.

Fagioli all'uccelletto
Weiße Bohnen mit Salbei

Aus Florenz · Braucht etwas Zeit

Zutaten für 4–6 Portionen:
400 g getrocknete weiße Bohnenkerne (oder 800 g frische Bohnen zum Entkernen)
Salz · 400 g frische Tomaten (oder aus der Dose)
10 frische Salbeiblätter
4 Knoblauchzehen
6 EL Olivenöl, kaltgepreßt
schwarzer Pfeffer aus der Mühle

Zubereitungszeit: 2 Std.
(+ 12 Std. Einweichen der getrockneten Bohnen)

Bei 6 Portionen pro Portion:
2000 kJ/480 kcal

1 Getrocknete Bohnen am Vorabend in 1 l Wasser einweichen. (Frische Bohnenkerne können gleich gekocht werden.) Am nächsten Tag die Bohnen in einen Topf mit 1 l Wasser geben, salzen und ohne Deckel zum Kochen bringen. Kurz aufwallen lassen und die Bohnen bei schwacher Hitze zugedeckt in etwa 1½ Std. weich köcheln. Frische Bohnenkerne haben kürzere Garzeiten (etwa 1 Std.). Am besten probieren, ob die Bohnen weich sind.

2 Frische Tomaten kurz in kochendes Wasser tauchen, enthäuten, die Stengelansätze und die Kerne entfernen. Tomaten aus der Dose abtropfen lassen. Das Fruchtfleisch in Stücke schneiden. Salbeiblätter waschen und abtupfen. Knoblauchzehen schälen und in feine Scheibchen schneiden.

3 In einer Kasserolle 4 EL Olivenöl erhitzen. Knoblauch und Salbeiblätter darin andünsten. Gegarte Bohnen abtropfen lassen, in die Kasserolle geben, mit Salz und reichlich schwarzem Pfeffer aus der Mühle würzen und etwa 5 Min. ziehen lassen.

4 Tomatenstücke hinzufügen und zugedeckt etwa 15 Min. bei schwacher Hitze garen. Mit dem restlichen Öl beträufeln und heiß servieren.

Caponata siciliana

Braucht etwas Zeit Sizilianischer Gemüsetopf

Zutaten für 4–6 Portionen:
700 g Auberginen
Salz
2 mittelgroße weiße Zwiebeln
3 Stangen Bleichsellerie
500 g frische Tomaten
(oder aus der Dose)
10 EL Olivenöl, kaltgepreßt
schwarzer Pfeffer aus der Mühle
Mehl zum Wenden
4 Sardellenfilets in Öl
3 EL Weißweinessig
3 TL Zucker
50 g grüne Oliven
1 EL Kapern
1 EL Pinienkerne
nach Belieben 1 Bund Basilikum

Zubereitungszeit: 1 Std.
(+ 1 Std. Salzen der Auberginen)

Bei 6 Portionen pro Portion:
1000 kJ/240 kcal

1 Von den Auberginen die Stiele entfernen. Die Früchte waschen und längs in 1 cm dicke Scheiben schneiden. Die Gemüsestücke gleichmäßig mit Salz bestreuen, auf ein großes Sieb geben und 1 Std. ziehen lassen, damit die Bitterstoffe entzogen werden. Auberginen gründlich abspülen, mit Küchenpapier trockentupfen und in Würfel schneiden.

2 Zwiebeln schälen und in feine Ringe schneiden. Bleichsellerie putzen, Stangen teilen, diese gründlich waschen, wenn nötig Fäden abziehen und die Stangen in etwa 2 cm lange Stücke schneiden.

3 Tomaten kurz in kochendes Wasser tauchen, enthäuten, die Stengelansätze und die Kerne entfernen. Tomaten aus der Dose abtropfen lassen. Das Fruchtfleisch klein hacken.

4 In einer Kasserolle 2 EL Olivenöl erhitzen, Zwiebeln darin glasig dünsten und danach Sellerie etwa 5 Min. schmoren lassen. Salzen und pfeffern. Gemüse in einer Schüssel beiseite stellen.

5 In einer flachen Bratpfanne 6 EL Olivenöl sehr heiß werden lassen. Auberginenwürfel leicht in Mehl wenden und portionsweise darin etwa

8–10 Min. goldbraun ausbacken. Auberginen mit einem Schaumlöffel auf Küchenpapier legen und abtropfen lassen.

6 Pfanne säubern und 2 EL Olivenöl darin erhitzen. Sardellenfilets kurz anbraten, Tomaten hineingeben und nach etwa 7 Min. das vorbereitete Gemüse hinzufügen. Essig mit Zucker mischen, angießen und unter Rühren weitere 10–15 Min. bei schwacher Hitze anschmoren. Oliven entkernen und grob zerkleinern. Kapern abtropfen lassen und mit den Pinienkernen einrühren. Alles salzen und pfeffern.

7 Caponata in eine Servierschüssel geben und kalt stellen. Nach Belieben mit Basilikumblättern garnieren und als Beilage oder auch als Vorspeise anrichten.

Variante: Man kann die Caponata auch mit 1 EL in lauwarmem Wasser eingeweichten Rosinen (etwa 15 Min.) ergänzen. Rosinen mit dem Gemüse anschmoren lassen.

Tip! Caponata schmeckt vorzüglich als Beilage zu Schweinekoteletts mit Oliven, als Vorspeise mit geröstetem Weißbrot und als Hauptgericht mit Parmaschinken und Pecorino.

Gemüse und Eiergerichte

Carciofi fritti

Aus der Toskana · Schnell

Gebackene Artischocken

Zutaten für 4 Portionen:
8 junge fleischige Artischocken
Saft von 1 Zitrone
2 Eier
8 EL Mehl
Salz
4 EL Milch
10 EL Olivenöl zum Ausbacken
schwarzer Pfeffer aus der Mühle
2 Zitronen zum Servieren

Zubereitungszeit: 30 Min.
(+ eventuell 1 Std. Ruhezeit)

Pro Portion: 1000 kJ/240 kcal

1 Von den Artischocken (nur die jungen eignen sich für dieses Rezept) die Stiele abbrechen. Untere Blätter abschneiden, harte Außenblätter entfernen, die Blattspitzen einkürzen. Den weichen Blätterkegel der Länge nach vierteln. Aus jedem Viertel die lila Herzblätter und das »Heu« mit einem Messer herausschneiden. Geputzte Artischocken sofort in kaltes Zitronenwasser (mit Saft von 1 Zitrone) legen.

2 Eier mit Mehl in einer Schüssel verquirlen und mit einer Prise Salz würzen. Wenn nötig Milch hinzufügen und kräftig verrühren, bis ein nicht zu fester Ausbackteig entsteht (eventuell 1 Std. ruhen lassen). Artischockenviertel abtropfen lassen, einzeln in den Teig tauchen und wenden.

3 In einer Pfanne Olivenöl erhitzen. Artischockenviertel nach und nach darin rundum knusprig ausbacken, dann bei schwacher Hitze noch 5–6 Min. weiterbraten.

4 Goldbraune Artischocken auf Küchenpapier gut abtropfen lassen. Mit Salz und Pfeffer würzen. Zitronen in Achtel schneiden. Artischocken auf einer Platte mit Zitronenspalten anrichten und heiß servieren.

Variante: Nach diesem Rezept kann man auch 250 g Zucchini und 250 g blanchierte Blumenkohlröschen ausbacken. Die Zucchini vorher längs in Scheiben schneiden und mit Salz bestreuen. Dann durch den Teig ziehen.

Asparagi al prosciutto

Aus der Emilia-Romagna · Raffiniert

Überbackener Spargel mit Schinken

Zutaten für 4 Portionen:
1,5 kg grüner Spargel
Salz
70 g Butter
4 Scheiben Fontina (oder Gouda)
16 Scheiben luftgetrockneter Schinken (Parma oder San Daniele) oder evtl. Speckscheiben ohne Schwarte
50 g Parmesan, frisch gerieben
weißer Pfeffer aus der Mühle

Zubereitungszeit: 1½ Std.

Pro Portion:
2000 kJ/480 kcal

1 Die unteren Drittel der Spargelstangen schälen und die Stangen auf gleiche Länge schneiden. Spargel waschen und portionsweise mit Küchengarn zusammenbinden. In einem schmalen hohen Kochtopf 3 l Wasser zum Kochen bringen. Den Spargel aufrecht in kochendes Salzwasser geben (die Spitzen dürfen nicht mit Wasser bedeckt sein). Spargel zugedeckt in 10–15 Min. knapp gar kochen.

2 Backofen auf 200° (Gas Stufe 3) vorheizen. Eine feuerfeste Form mit der Hälfte der Butter fetten. Spargel aus dem Sud nehmen, mit Eiswasser abschrecken, damit die grüne Farbe erhalten bleibt, auf einem Küchentuch abtropfen lassen. Das Küchengarn entfernen. Käsescheiben in Würfel schneiden.

3 Den Spargel in 8 Portionen teilen und jede mit 2 Scheiben Schinken umwickeln. Spargelbündel schichtweise mit den Käsewürfeln in die Form geben. Butterflöckchen darauf verteilen.

4 Den Spargel mit Alufolie bedecken und etwa 8 Min. im Backofen überbacken. Alufolie entfernen, das Gericht mit Parmesan bestreuen und weitere 7 Min. backen. Spargel mit weißem Pfeffer aus der Mühle würzen und heiß servieren.

Tip! Grüner Spargel muß ganz frisch und knackig sein. Schauen Sie sich beim Kauf die unteren Enden genau an, vor allem wenn sie verpackt sind. Weißen Spargel großzügig schälen und die holzigen Endstücke entfernen. Spargel erst kurz vor dem Garen schälen, da er leicht austrocknet.

Melanzane alla parmigiana

Aus Parma · Braucht etwas Zeit
Auberginenauflauf

Zutaten für 4–6 Portionen:
1 kg Auberginen
Salz
600 g frische Tomaten
(oder aus der Dose)
1 Möhre
1 Stange Bleichsellerie
1 mittelgroße Zwiebel
2 Knoblauchzehen
3 EL Olivenöl, kaltgepreßt
(+ Olivenöl zum Ausbacken
+ zum Beträufeln)
1 Bund Basilikum
schwarzer Pfeffer aus der Mühle
1 frische, kleine Chilischote
Mehl zum Wenden
300 g Mozzarella
2 hartgekochte Eier
200 g Parmesan, frisch gerieben

Zubereitungszeit: 1¼ Std.
(+ 1 Std. Ziehenlassen der Auberginen)

Bei 6 Portionen pro Portion:
1700 kJ/400 kcal

1 Von den Auberginen die Stiele entfernen. Die Früchte waschen und der Länge nach in etwa 1 cm dicke Scheiben schneiden. Auberginen mit Salz bestreuen und auf ein Sieb legen. Um die Bitterstoffe zu entziehen, etwa 1 Std. ziehen lassen. Dann das Gemüse abspülen und trockentupfen.

2 Frische Tomaten überbrühen, enthäuten, die Stielansätze und die Kerne entfernen (Tomaten aus der Dose abtropfen lassen). Fruchtfleisch in Stücke schneiden. Möhre schälen und klein würfeln. Bleichsellerie waschen, wenn nötig Fäden abziehen. Die Stange in etwa ½ cm lange Stücke schneiden. Zwiebel und Knoblauch schälen und klein hacken. In einer weiten Kasserolle 2 EL Olivenöl erhitzen, die Zwiebel darin glasig dünsten, den Knoblauch kurz mitbraten. Dann Möhre und Sellerie hinzufügen und anschmoren. Tomatenstücke hineingeben. Basilikum waschen, trockentupfen, die Hälfte davon in Streifen schneiden und dazugeben. Mit Salz, Pfeffer und 1 ganzen Chilischote würzen. Zugedeckt bei schwacher Hitze etwa 20 Min. köcheln lassen. Chilischote entfernen.

3 In zwei Pfannen reichlich Olivenöl erhitzen. Auberginenscheiben kurz in Mehl wenden und portionsweise hineingeben, 5–10 Min. auf beiden Seiten goldgelb ausbacken. Die Auberginen auf Küchenpapier abtropfen lassen.

4 Backofen auf 190° (Gas Stufe 3) vorheizen. Mozzarella abtropfen lassen und würfeln. Hartgekochte Eier schälen und in Scheiben schneiden. Gratinform mit 1 EL Olivenöl auspinseln.

5 Die Gratinform mit einer Schicht Auberginen auslegen, frisch geriebenen Parmesan darüber streuen, Mozzarellawürfel und Eierscheiben darauf verteilen und mit Tomatensauce bedecken. In dieser Reihenfolge die Gratinform weiter füllen, bis alle Zutaten aufgebraucht sind. 2 EL Parmesan zum Überbacken aufheben.

6 Auberginenauflauf im Backofen (Mitte) etwa 35 Min. gratinieren. Auberginenauflauf herausnehmen, mit 2 EL Parmesan bestreuen und wieder in den Backofen schieben. Weitere 5–10 Min. überbacken.

7 Auberginenauflauf abkühlen lassen. Die Melanzane alla parmigiana mit den übrigen Basilikumblättern garnieren. Mit einigen Tropfen Olivenöl beträufeln und kalt servieren.

Wein: Dazu paßt ein Rotwein aus der Emilia-Romagna, z. B. Lambrusco di Sorbara.

Bagna cauda

Aus dem Piemont · Gelingt leicht

Gemüsefondue mit Sardellensauce

Zutaten für 4–6 Portionen:
1 kleiner zarter Blumenkohl
200 g Broccoli
Salz
2 Fenchelknollen
1 junge Staude Bleichsellerie
3 Paprikaschoten (rot, grün und gelb)
1 Bund Möhren
2 Chicorée oder Zichorien
1 Bund Frühlingszwiebeln

Für die Dip-Sauce:
100 g Sardellenfilets in Öl
4 Knoblauchzehen
50 g Butter
200 ml Olivenöl, kaltgepreßt

Zubereitungszeit: 1 Std.

Bei 6 Portionen pro Portion:
2300 kJ/550 kcal

1 Blumenkohl putzen, Broccoli waschen, die holzigen Stielenden entfernen, und von den Stielen die dicke Haut abschälen. Das Gemüse in kochendem Salzwasser etwa 5 Min. sprudelnd kochen. Abgießen, in einem Sieb gut abtropfen lassen. Gemüse in Röschen teilen.

2 Vom Fenchel die Stiele, den Wurzelansatz, braune Stellen und die harten Rippen der Außenblätter entfernen. Die Knollen gründlich waschen und in Viertel teilen. Den Bleichsellerie in Stangen teilen, diese gründlich waschen, wenn nötig Fäden abziehen. Die Stangen gleichmäßig in etwa 5 cm lange Stücke schneiden.

3 Paprikaschoten waschen, halbieren. Stiele, Kerne und weiße Rippen entfernen. Die Schoten längs in etwa 1 cm breite Streifen schneiden. Möhren schälen und in Stifte schneiden. Chicorée putzen und in einzelne Blätter teilen. Die Blätter abbrausen und trockentupfen. Frühlingszwiebeln schälen, waschen und in längliche Stücke schneiden.

4 Sardellenfilets, wenn nötig, kurz wässern, abspülen und trockentupfen. Knoblauchzehen schälen und fein hacken. In einer schweren Pfanne oder Fonduepfanne Butter bei schwacher Hitze zerlassen. Den Knoblauch leicht andünsten. Sardellen dazugeben und mit einer Gabel zu Brei zerdrücken. Das Olivenöl nach und nach angießen. Unter häufigem Rühren etwa 5 Min. erhitzen, bis eine cremige Sauce entsteht. Weitere 5 Min. ziehen lassen.

5 Das Gemüse auf zwei Platten verteilen. Sardellensauce auf einem Rechaud am Tisch warm halten. Man nimmt sich ein Gemüsestück von der Platte, taucht es in die Sauce und ißt es von Hand. Dazu reichlich frisches Weißbrot anbieten.

Wein: Rotweine mit aristokratischem Charakter aus Piemont, wie z.B. ein Barolo, ein Bonarda oder ein Barbera, passen vorzüglich.

Variante: Pinzimonio
(Frisches Gemüse mit Kräuterdip)
10 EL Olivenöl, Salz, Pfeffer nach Belieben und 2 EL Kräuteressig oder Zitronensaft kräftig verrühren und zu dem vorbereiteten Gemüse servieren.

Tip! Man serviert die Bagna cauda traditionell in kleinen Steinguttöpfchen. Das klassische Gemüse zur Bagna cauda sind Karden (Cardi), die gebleichten Stengel einer Distelart.

FISCH UND MEERESFRÜCHTE

Die besondere Liebe zum Meer, oder überhaupt zum Wasser, erklärt sich aus der geographischen Lage der Mittelmeerländer. Das Meer ist – sieht man von den Gebieten im Landesinnern ab – beinahe allgegenwärtig und war immer günstiger Nahrungslieferant. Und bald entdeckte man die Möglichkeit, Fische durch Räuchern oder Trocknen zu konservieren, so daß auch die Regionen im Landesinnern in den Genuß von Fisch kommen konnten. Dank der modernen Kühltransporte ist heute die Versorgung mit frischem Fisch kein Problem mehr, aber Stockfisch oder Klippfisch werden trotzdem immer noch gern gegessen, ebenso wie die vielen Räucherspezialitäten. Selbstverständlich spielen auch Muscheln und andere Meeresfrüchte in den Rezepten der Mittelmeerländer eine große Rolle, wobei die Art der Fische und Meeresfrüchte je nach dem Meer, aus dem sie stammen, variiert.
Bei den Zubereitungen von Fischen steht das Grillen oder das Braten in Olivenöl an erster Stelle. Es gibt aber auch köstliche Rezepte, bei denen der Fisch im Backofen in einer würzigen Sauce geschmort oder in wenig Flüssigkeit sanft pochiert wird.
Versuchen Sie einfach, welche Zubereitungsart Sie favorisieren – es ist sicher auch Ihr Lieblingsgericht dabei.

Fisch- und Meeresfrüchte

Zarzuela
Meeresfrüchteeintopf

Aus Katalonien · Braucht etwas Zeit

Zutaten für 6 Portionen:
1 kg Fleischtomaten
2 große Zwiebeln
6 Knoblauchzehen
1 frische oder
1 getrocknete Chilischote
100 g roher Schinken ohne Schwarte
100 ml Olivenöl
100 g Mandeln, frisch gemahlen
nach Belieben 1–3 Döschen Safran, gemahlen (je 0,2 g)
4 Lorbeerblätter
1 Zweig Thymian
1 Zweig Rosmarin
½ l trockener Weißwein
Saft von ½ Zitrone
Salz
schwarzer Pfeffer, frisch gemahlen
500 g Venusmuscheln
500 g Herzmuscheln
400 g Tintenfische, küchenfertig vorbereitet
12 Jakobsmuscheln, ausgelöst
6 große frische Garnelen, ungeschält
3 Zitronen

Zubereitungszeit: 35 Min.
(+ 45 Min. Garen)

Pro Portion: 2400 kJ/570 kcal

1 Fleischtomaten überbrühen, häuten, entkernen, Stielansatz entfernen und Früchte kleinschneiden. Zwiebeln und Knoblauch schälen und fein hacken. Chilischote entkernen, waschen und in feine Ringe schneiden. Vorsicht, ist sehr scharf! Bitte darauf achten, daß Sie nicht mit Ihren Händen an die Augen kommen. (Getrocknete Chilischote zerdrücken.) Schinken in kleine Würfel schneiden.

2 In einem großen Topf Öl erhitzen. Zwiebeln, Knoblauch und Chilischote andünsten, Schinkenwürfel untermischen. Tomaten dazugeben und etwa 10 Min. köcheln lassen.

3 Mandeln, Safran, Lorbeerblätter, Thymian- und Rosmarinzweig dazugeben. Mit Weißwein und ½ l Wasser aufgießen. Zitronensaft untermischen, mit Salz und Pfeffer würzen, kurz aufkochen und dann etwa 15 Min. zugedeckt köcheln lassen.

4 Venusmuscheln und Herzmuscheln unter fließend kaltem Wasser gründlich abbürsten. Schon geöffnete Exemplare aussortieren und wegwerfen, sie sind nicht genießbar.

5 Die Muscheln in den Topf geben und zugedeckt etwa 5 Min. garen, bis alle geöffnet sind. Muscheln, die sich nicht geöffnet haben, wiederum aussortieren und wegwerfen.

6 Inzwischen die Tintenfische in schmale Ringe schneiden. Zusammen mit den Jakobsmuscheln und den Scampis (ohne Darm) in den Topf geben. Alles zusammen weitere 10 Min. zugedeckt bei schwacher Hitze garen.

7 Die Zitronen längs in Schnitze schneiden. Die Zarzuela abschmecken und falls nötig nachwürzen. Am besten im Topf auftragen. Mit Weißbrot servieren, die Zitronenschnitze dazu reichen.

Getränk: Dazu paßt ein trockener Weißwein aus dem Penédesgebiet besonders gut.

Info: Der Name kommt von der spanischen Operette, der »Zarzuela«.

Tip! Bitte für jeden Gast eine Fingerschale mit warmem Wasser und Zitronenscheiben, sowie große Servietten vorbereiten.

Gegrillter Blaufisch

Istanbul · Gelingt leicht Lüfer ızgarası

Zutaten für 4 Portionen:
1 kg küchenfertig vorbereitete Blaufische (4 oder 8 Stück, ersatzweise Makrelen)
2 mittelgroße weiße Zwiebeln (200 g)
1 Bund glatte Petersilie
Salz
schwarzer Pfeffer, frisch gemahlen
2 TL Sonnenblumenöl zum Einpinseln
2 Bund Rauke (Rucola)
2 mittelgroße rote Zwiebeln (200 g)
1 unbehandelte Zitrone

Zubereitungszeit: 30 Min.
(+ 30 Min. Marinieren)

Pro Portion: 2100 kJ/500 kcal

1 Fische unter fließendem kaltem Wasser innen und außen abspülen und abtrocknen. Weiße Zwiebeln schälen und in sehr dünne Scheiben schneiden. Petersilie waschen und trockenschütteln, die Blättchen hacken und zu den Zwiebeln geben. Mit Salz und Pfeffer bestreuen. Zwiebelmischung mit der Hand durchkneten. Jeden Fischbauch damit füllen. Fische außen salzen und etwa 30 Min. marinieren. Grill vorheizen.

2 Fische mit Küchenpapier trockentupfen. Bei größeren Fischen an den fleischigen Rücken je 3 Schnitte anbringen. Blaufische mit Öl einpinseln. Raukeblätter waschen und trockenschütteln. Rote Zwiebeln schälen und vierteln. Rauke auf 4 ovale Platten oder Teller verteilen. Zitrone heiß waschen und achteln.

3 Fische von jeder Seite, je nach Größe, auf dem Grillrost 6–8 Min. grillen (die Fische sind gar, wenn sich die Rückenflosse mühelos herausziehen läßt). Gegrillte Blaufische zu den Raukeblättern auf die Platten oder Teller legen. Zitronenachtel mit je 2 Zwiebelvierteln zu den Fischen anrichten und diese sofort servieren.

Getränke: Die Istanbuler trinken dazu Rakı. Ein trockener Weißwein, z.B. Villa Doluca, schmeckt ebenfalls gut dazu.

Info: Lüfer (Blaufisch) wird am Bosporus gefangen und schmeckt am besten zwischen Anfang Oktober und Mitte Januar.

Fisch

Die Türkei bezieht ihren Fisch aus drei Meeren: aus dem Schwarzen Meer, aus dem Ägäischen Meer und aus dem Mittelmeer. Hinzu kommen noch das an Istanbul grenzende Marmarameer und der Bosporus. Das Fischangebot ist in Istanbul besonders sortenreich. Im Fischerort Sariyer weiß man aus Erfahrung, wann welche Fischzüge zu erwarten sind. Lieblingsfisch der Istanbuler ist Lüfer (Blaufisch) und Palamut (Bonito), die gegrillt oder mit Gemüse zubereitet werden.

Vom Schwarzen Meer kommen Kalkan (Steinbutt), Zargana (Nadelhecht), dessen Fleisch beim Braten grünlich wird, und Levrek (Meerbarsch). Eine lokale Spezialität am

Fangfrische Sardinen werden am Goldenen Horn in Istanbul verkauft.

Schwarzen Meer ist Hamsi, eine Sardellenart, die im Winter in Schwärmen in Küstennähe und am Bosporus auftaucht. Das Ägäische Meer und das Mittelmeer liefern Kılıçbalığı, den beliebten Schwertfisch. Aus diesen Meeren kommen auch Mercan (Rotbrasse), Barbunya (Rotbarbe), Karagöz (Geißbrasse) und Kefal (Meeräsche). An den Gebirgsflüssen im Landesinneren züchtet man Forellen, die gegrillt oder in Butter oder Olivenöl gebraten werden. Die Seen Mittelanatoliens versorgen Nordeuropa mit Süßwasserkrebsen.

Gefüllte Muscheln

Istanbul · Etwas schwieriger **Midye dolması**

Zutaten für 4 Portionen:
20 geschlossene große Miesmuscheln
Salz
50 g Langkornreis
1 EL winzig kleine Korinthen (Kuş üzümü)
3 Schalotten (50 g)
4 EL Olivenöl
1 EL Pinienkerne
1 Msp. Zimtpulver
1 Msp. Pimentpulver
½ TL getrocknete Minze
1 Msp. Zucker
2 Dillzweige
Küchengarn
1 unbehandelte Zitrone
1 Bund glatte Petersilie

Zubereitungszeit: 40 Min.
(+ 35 Min. Garen + Abkühlen)

Pro Portion: 960 kJ/230 kcal

1 Muscheln unter fließendem kaltem Wasser entbarten und abbürsten. Bereits geöffnete Muscheln herauslesen und wegwerfen. ¼ l Salzwasser in einem großen Topf zum Kochen bringen. Muscheln hineingeben und zugedeckt bei starker Hitze 5–7 Min. dämpfen, bis sie sich geöffnet haben, den Topf zwischendurch mehrmals rütteln. Muscheln in ein Sieb geben und abkühlen lassen. Jetzt noch geschlossene Muscheln wegwerfen, sie sind ungenießbar.

2 Reis in einem Sieb abspülen und abtropfen lassen. Korinthen heiß waschen. Schalotten schälen und fein hacken. Olivenöl in einer Kasserolle erhitzen und Schalotten darin glasig dünsten. Pinienkerne und Reis bei mittlerer Hitze etwa 1 Min. mitbraten. Korinthen, Zimt, Pimentpulver, Minze, Salz und Zucker unterrühren. ⅛ l Wasser angießen. Reis bei schwacher Hitze zugedeckt etwa 20 Min. vorgaren.

3 Reis abkühlen lassen. Dill waschen und trockenschütteln, die Blättchen hacken und untermischen. Je 1 TL Reis in jede Muschel auf das Muschelfleisch geben, die Füllung andrücken.

4 Muscheln schließen, mit Küchengarn umwickeln und nebeneinander in einen Topf legen. ¼ l Wasser angießen, Muscheln bei schwacher Hitze in etwa 15 Min. garziehen und im Topf erkalten lassen.

5 Zitrone heiß waschen und achteln. Petersilie waschen und trockenschütteln, die Stengel einkürzen. Muscheln vorsichtig öffnen, dabei das Küchengarn entfernen, so daß Reis und Muschel auf einer Schale liegen bleiben. Gefüllte Muschelhälften nebeneinander auf einer Platte mit Zitronenachteln und Petersilienzweigen garniert anrichten. Als Vorspeise servieren.

Info: Fliegende Händler verkaufen in den Kneipen vom Çiçek Pasajı in Istanbul diese Muscheln von großen Tabletts. Man ißt sie besonders gerne zu Rakı.

Fisch und Meeresfrüchte

Jakobsmuscheln galizisch

Für Gäste · Geht schnell

Veiras a la gallega

Zutaten für 4 Portionen:
16 Jakobsmuscheln mit Corail
Saft von 1 Zitrone
1 Zwiebel
4 EL Olivenöl
2 Knoblauchzehen
4 cl Aguardiente de orujo
(ersatzweise Grappa)
Salz
schwarzer Pfeffer, frisch gemahlen
1 TL mildes Paprikapulver
1 Prise Cayennepfeffer
1 Prise Zimt
200 ml trockener Weißwein
1 Bund glatte Petersilie
4 EL Semmelbrösel
8 Muschelschalen

Zubereitungszeit: 35 Min.
(+ 12 Min. Überbacken)

Pro Portion: 1100 kJ/260 kcal

1 Corails von den Jakobsmuscheln entfernen. Die Jakobsmuscheln mit Zitronensaft beträufeln und kalt stellen. Den Backofen auf 200° (Gas Stufe 3) vorheizen.

2 Zwiebel schälen, fein hacken und in 1 EL heißem Olivenöl weich dünsten. Knoblauch schälen und dazupressen. Corails sehr klein schneiden und daruntermischen. Mit Aguardiente de orujo ablöschen und mit Salz, Pfeffer, Paprikapulver, Cayennepfeffer und Zimt würzen. Weißwein dazugießen und aufkochen.

3 Petersilie waschen, trockenschütteln, abzupfen, fein hacken und mit den Semmelbröseln mischen. Die Muschelschalen oder eine Auflaufform einölen und die Jakobsmuscheln hineinlegen.

4 Die Sauce auf den Jakobsmuscheln verteilen und mit der Semmelbröselmischung gleichmäßig bestreuen. Mit dem restlichen Olivenöl beträufeln und im vorgeheizten Backofen (Mitte) etwa 10–12 Min. goldgelb überbacken (Muschelschalen auf einer dicken Schicht Salz auf ein Blech setzen, damit sie nicht kippen). Als Beilage Weißbrot reichen.

Getränk: Ein trockener Weißwein, z.B. Alabrino aus Galizien, schmeckt ausgezeichnet dazu.

Tip! Muschelschalen können Sie im Fischgeschäft kaufen.

Zitronen

Der Zitronenbaum gelangte erst durch die Mauren nach Europa.

Die Zitrone ist aus der spanischen Küche nicht wegzudenken. Zu Fischgerichten ist sie ebenso unentbehrlich wie zu Fleisch, Gemüse und Salat. Aber auch in Desserts und Getränken verfeinert sie den Geschmack. In Scheiben oder Achtel geschnitten eignet sie sich hervorragend als Dekoration. Der Zitronenbaum war ursprünglich in Asien beheimatet. Erst durch die Mauren gelang er nach Europa und seither wird er im Mittelmeerraum angebaut. Obwohl die Zitrone als tropische Frucht gilt, hat sie sich dem mediterranen Klima gut angepaßt. In Spanien werden auf rund 150 000 Hektar Zitronen angebaut, hauptsächlich in den Regionen Valencia, Murcia und Andalusien. Spanische Zitronen sind in der ganzen Welt beliebt und werden das ganze Jahr über angeboten. Die Zitrone gehört zur Familie der Rautengewächse. Der Zitronenbaum wird 3 bis 6 m hoch und ist mit kräftigen Dornen bewehrt. Er hat immergrüne Blätter und stark duftende Blüten, von denen sich nur 10% zu Früchten entwickeln. Vitamin C, der Hauptbestandteil der gelben, saftigen Frucht, (60 mg pro 100 ml Saft) ist für den Stoffwechsel wichtig und verstärkt die natürlichen Abwehrkräfte.

 # Lachs asturianische Art

Geht schnell · Raffiniert

Salmón a la ribereña

Zutaten für 4 Portionen:
4 Lachsscheiben (je etwa 180 g)
Saft von ½ Zitrone
Salz
50 g Serrano-Schinken
6 EL Mehl zum Wenden
4 EL Olivenöl
weißer Pfeffer, frisch gemahlen
¼ l Sidra oder Apfelwein

Zubereitungszeit: 10 Min.
(+ 15 Min. Marinieren
+ 20 Min. Garen)

Pro Portion: 1200 kJ/290 kcal

1 Lachsscheiben kalt abspülen und trockentupfen. Dann beidseitig mit Zitronensaft beträufeln, leicht salzen und etwa 15 Min. ziehen lassen.

2 Inzwischen Serrano-Schinken in kleine Würfel schneiden.

3 Mehl auf einen Teller geben, Lachsscheiben darin wenden und überschüssiges Mehl abschütteln. Olivenöl in einer Pfanne erhitzen und den Lachs bei mittlerer Hitze etwa 8 Min. braten, dabei einmal umdrehen. Anschließend leicht mit Pfeffer würzen, aus der Pfanne nehmen und warm stellen.

4 Die Schinkenwürfel im verbliebenen Bratfett etwa 5 Min. dünsten. Mit Sidra ablöschen, bei starker Hitze um etwa ein Drittel einkochen und mit Pfeffer abschmecken.

5 Den Lachs auf vorgewärmten Tellern anrichten und mit der Sauce übergießen. Als Beilage Spinat servieren.

Getränk: Dazu paßt Apfelwein besonders gut.

Tip! Sidra ist eine asturianische Spezialität. Sie läßt sich durch Apfelwein oder Weißwein ersetzen.

 # Seebrasse aus dem Ofen

Aus Cadiz · Braucht etwas Zeit

Besugo al horno

Zutaten für 4 Portionen:
1 unbehandelte Zitrone
1 Seebrasse, küchenfertig vorbereitet (etwa 1,2 kg)
Salz
weißer Pfeffer, frisch gemahlen
600 g kleine, möglichst gleich große Kartoffeln, mehlig kochend
1 Zwiebel · 4 Knoblauchzehen
1 große Fleischtomate
2 TL frischer Thymian
Olivenöl für die Form
¼ l trockener Weißwein
100 ml Olivenöl
1 Bund glatte Petersilie
2 EL Semmelbrösel

Zubereitungszeit: 45 Min.
(+ 50 Min. Garen)

Pro Portion: 3300 kJ/790 kcal

1 Zitrone heiß abbürsten, längs halbieren und eine Hälfte auspressen, die andere Hälfte in 3 Schnitze schneiden. Den Fisch abspülen, trockentupfen und dann innen und außen mit Zitronensaft beträufeln, salzen und pfeffern. Mit einem scharfen Messer quer 3 Kerben in den Fisch schneiden und die Zitronenschnitze hineinstecken.

2 Kartoffeln schälen und in dünne Scheiben schneiden. Zwiebel schälen, halbieren und in feine Ringe schneiden, mit den Kartoffelscheiben in eine Schüssel füllen. Knoblauch schälen und zwei Zehen in die Schüssel pressen.

3 Fleischtomate überbrühen, häuten, entkernen und den Stengelansatz entfernen. Das Fruchtfleisch grob hacken und zu den Kartoffeln geben. Alles mit Salz und Pfeffer und Thymian würzen und gut mischen. Den Backofen auf 180° (Gas Stufe 2) vorheizen.

4 Eine Auflaufform einölen und die Gemüsemischung gleichmäßig auf dem Boden verteilen. Weißwein und Olivenöl darüber gießen. Den Fisch darauf legen.

5 Petersilie waschen, abzupfen, fein hacken und mit Semmelbröseln in eine Schüssel füllen. Den restlichen Knoblauch dazupressen, umrühren und mit Salz und Pfeffer würzen. Diese Mischung auf dem Fisch verteilen.

6 Die Form in den Backofen (Mitte) stellen und den Fisch etwa 50 Min. garen. Er ist fertig, wenn er sich bei Fingerdruck fest anfühlt.

Seehecht mit Kapern

Aus Katalonien · Raffiniert

Merluza en salsa de alcaparras

Zutaten für 4 Portionen:
1 Knoblauchknolle
4 Seehechtscheiben (je etwa 200 g)
Salz
schwarzer Pfeffer, frisch gemahlen
1 EL Olivenöl
200 ml trockener Weißwein
1 kleine Zwiebel
100 g Mandeln, geschält
60 g Kapern

Zubereitungszeit: 25 Min.
(+ 30 Min. Garen)

Pro Portion: 1600 kJ/380 kcal

1 Backofen auf 180° (Gas Stufe 2) vorheizen und die Knoblauchknolle darin je nach Größe 15–20 Min. rösten.

2 Fisch kalt abspülen, trockentupfen, salzen und pfeffern. Auflaufform einölen, die Fischscheiben nebeneinander hineinlegen und mit Weißwein begießen. Die Form zudecken und für etwa 20 Min. in den vorgeheizten Backofen (Mitte) stellen.

3 Inzwischen Zwiebel schälen und grob zerschneiden. Mandeln in einer trockenen Pfanne goldgelb rösten. Knoblauch schälen und mit den Mandeln, der Zwiebel und 50 g Kapern in einem Mörser oder im elektrischen Zerhacker fein zerkleinern.

4 Fisch aus dem Sud nehmen und warm stellen. Sud aufkochen, die Paste hineinrühren und erhitzen, mit Salz und Pfeffer abschmecken. Fisch auf vier Tellern anrichten und mit der Sauce überziehen. Mit den restlichen Kapern bestreuen und mit Gemüse servieren.

Getränk: Ein trockener Weißwein, aus der Gegend von Valencia, schmeckt zu diesem Gericht ausgezeichnet.

Thunfisch-Kasserolle

Aus dem Baskenland · Eher scharf **Marmitako**

Zutaten für 4 Portionen:
1 große Zwiebel
4 Knoblauchzehen
1 große rote Paprikaschote
1 große grüne Paprikaschote
500 g Fleischtomaten
2 EL Olivenöl
1 frische Chilischote · Salz
schwarzer Pfeffer, frisch gemahlen
2 TL mildes Paprikapulver
400 g Kartoffeln, mehlig kochend
250 ml trockener Weißwein aus dem Baskenland
600 g Thunfisch
Saft von 1 Zitrone

Zubereitungszeit: 35 Min.
(+ 50 Min. Garen)

Pro Portion: 2400 kJ/570 kcal

1 Zwiebel schälen und fein hacken. Knoblauch schälen. Paprikaschoten putzen, waschen und in schmale Streifen schneiden. Tomaten überbrühen, häuten und dabei den Stielansatz entfernen. Das Fruchtfleisch grob zerschneiden.

2 Olivenöl in einem großen Topf erhitzen. Zwiebel darin andünsten, Knoblauch dazupressen. Paprikastreifen untermischen und bei schwacher Hitze etwa 5 Min. dünsten.

3 Chilischote entkernen, waschen und in schmale Streifen schneiden. Vorsicht, ist sehr scharf! Bitte darauf achten, daß Sie nicht mit Ihren Händen an die Augen kommen. Mit den Tomaten in den Topf geben und mit Salz, Pfeffer und Paprikapulver würzen. Gut durchrühren und zugedeckt etwa 10 Min. bei schwacher Hitze dünsten.

4 Inzwischen Kartoffeln schälen, waschen und in Würfel von etwa 1½ cm Kantenlänge schneiden. Weißwein zu dem Gemüse gießen, Kartoffelwürfel untermischen und zugedeckt etwa 25 Min. köcheln lassen.

5 Thunfisch kalt abspülen, trockentupfen und in gleich große Würfel wie die Kartoffeln schneiden. Mit Zitronensaft beträufeln, salzen, pfeffern und in den Topf geben. Alles zusammen weitere 5 Min. garen. Falls nötig nachwürzen. Mit weißem Landbrot servieren.

Getränk: Dazu paßt ein trockener Weißwein aus dem Baskenland.

Goldbrasse in Salzkruste

Aus Almeria · Festlich Dorada al sal

Zutaten für 4 Portionen:
1 Goldbrasse, küchenfertig vorbereitet (etwa 1,2 kg)
Saft von ½ Zitrone
Salz
weißer Pfeffer, frisch gemahlen
1 Zweig Thymian
3 Knoblauchzehen
2 kg grobes Meersalz
2 unbehandelte Zitronen

*Für die Mandelsauce
(Salsa romesco):*
50 g Mandeln, ungeschält
1 große Fleischtomate
3 Knoblauchzehen
Salz
schwarzer Pfeffer, frisch gemahlen
1 Prise Cayennepfeffer
1 EL Rotweinessig
6 EL Olivenöl

Zubereitungszeit: 25 Min.
(+ 40 Min. Garen)

Pro Portion: 2400 kJ/570 kcal

1 Backofen auf 250° (Gas Stufe 5) vorheizen. Goldbrasse kalt abspülen, trockentupfen, innen und außen mit Zitronensaft beträufeln, salzen und pfeffern. Thymian abbrausen und trockenschütteln. Knoblauch schälen und längs halbieren. Beides in den Bauch des Fisches legen.

2 Die Hälfte des Meersalzes in einen ausreichend großen Bräter oder eine ofenfeste Form schütten und auf dem Boden glattstreichen. Den Fisch hineinlegen.

3 Das restliche Meersalz darauf streuen, so daß der Fisch ganz davon bedeckt ist. Den Bräter oder die Form in den Backofen (Mitte) stellen und 35–40 Min. garen.

4 Inzwischen für die Sauce Mandeln mit kochendem Wasser überbrühen, Kerne aus den Schalen drücken und in einer trockenen Pfanne rösten. Fleischtomate überbrühen, häuten und entkernen. Knoblauch schälen. Alles zusammen im Mixer pürieren.

5 Die Sauce mit Salz, Pfeffer, Cayennepfeffer und Essig kräftig würzen, Olivenöl unterrühren.

6 Bräter bzw. Form aus dem Ofen nehmen und die Salzkruste aufschlagen. Den Fisch herausheben, häuten und die Filets von den Gräten heben. Mit Zitronenschnitzen dekorativ anrichten und zusammen mit der Mandel-Sauce servieren. Als Beilage Kartoffeln reichen.

Getränk: Dazu paßt ein trockener Weißwein, z.B. Albarino aus Galizien, ausgezeichnet.

Forellen Navarra-Art

Gelingt leicht · Geht schnell

Truchas a la navarra

Zutaten für 4 Portionen:
4 Forellen, küchenfertig vorbereitet
(je etwa 350 g)
Salz
schwarzer Pfeffer, frisch gemahlen
150 g Serrano-Schinken in
4 Scheiben
Mehl zum Wenden
100 g Speck, durchwachsen,
ohne Schwarte
5 EL Olivenöl

Zubereitungszeit: 10 Min.
(+ 15 Min. Garen)

Pro Portion: 3000 kJ/710 kcal

1 Forellen kalt abspülen, trockentupfen und innen und außen leicht salzen und pfeffern. Serrano-Schinken in die Bäuche der Forellen legen.

2 Mehl auf eine Platte geben, die Forellen darin wenden und das überschüssige Mehl abschütteln.

3 Speck in kleine Würfel schneiden. Olivenöl in einer Pfanne erhitzen und die Speckwürfel bei schwacher Hitze ausbraten.

4 Die Forellen darin auf jeder Seite in etwa 10 Min. bei mittlerer Hitze goldbraun braten. Mit Kartoffeln oder Weißbrot servieren.

Getränk: Ein Rosé aus Navarra paßt besonders gut dazu.

Variante: Forellen asturianische Art
Die Forellen werden vorbereitet, in Mehl gewendet und mit ausgebratenen Würfeln von durchwachsenem Speck gebraten. Anschließend streut man die knusprigen Speckwürfel über die Forellen. Als Beilage dazu werden Salzkartoffeln oder gebratene Kartoffeln und Salat gereicht.

Stockfisch in Ölsauce

Aus dem Baskenland

Bacalao al pil-pil

Zutaten für 4 Portionen:
600 g Stockfisch
1 Knoblauchknolle
300 ml Olivenöl
1 getrocknete Chilischote
weißer Pfeffer, frisch gemahlen

Zubereitungszeit: 15 Min.
(+ 24 Std. Einweichen
+ 20 Min. Garen)

Pro Portion: 5000 kJ/1200 kcal

1 Stockfisch mindestens 24 Std. in kaltes Wasser legen und das Wasser möglichst oft wechseln.

2 Am nächsten Tag Knoblauch schälen und in dünne Scheiben schneiden. Stockfisch falls nötig entgräten, ohne die Haut zu verletzen und in Portionsstücke schneiden.

3 Olivenöl in einer Pfanne mit hohem Rand oder einer Tonform erhitzen. Chilischote etwas andrücken und mit dem Knoblauch in das Olivenöl geben. Bei schwacher Hitze braten, bis der Knoblauch goldgelb geworden ist, anschließend samt der Chilischote herausnehmen und beiseite stellen.

4 Stockfischstücke mit der Haut nach unten in das Olivenöl legen und langsam bei schwacher Hitze etwa 20 Min. schmoren. Dabei die Pfanne ständig rütteln, bis sich aus dem ausgetretenen Fischsaft und dem Olivenöl eine mayonnaiseartige Sauce gebildet hat. Fisch und Sauce leicht mit Pfeffer würzen.

5 Stockfisch und Sauce auf vier vorgewärmten Tellern oder Tonschalen anrichten, mit den Knoblauchscheiben garnieren und sofort auftragen. Mit Kartoffeln oder Weißbrot servieren.

Getränk: Ein trockener Weißwein aus dem Baskenland paßt gut dazu.

Tip! Manchmal gibt es Stockfisch auch schon gewässert zu kaufen. Das Gericht schmeckt auch kalt.

Herzmuscheln Fischer-Art

Aus Galizien · Gelingt leicht

Almejas a la marinera

Zutaten für 4–6 Portionen:
1 kleine Zwiebel
2 Knoblauchzehen
2 EL Olivenöl
600 g Fleischtomaten
¼ l trockener Weißwein
1 Lorbeerblatt · Salz
schwarzer Pfeffer, frisch gemahlen
1 kg Herzmuscheln
1 Bund glatte Petersilie

**Zubereitungszeit: 45 Min.
(+ 20 Min. Garen)**

Bei 6 Portionen pro Portion:
720 kJ/170 kcal

1 Zwiebel und Knoblauchzehen schälen und fein hacken. Olivenöl in einem Topf erhitzen, Zwiebel und Knoblauch bei schwacher Hitze andünsten.

2 Fleischtomaten überbrühen, häuten, quer halbieren, entkernen und dabei den Stielansatz entfernen. Das Fruchtfleisch fein hacken und in den Topf geben. Weißwein dazugeben, Lorbeerblatt einlegen und mit Salz und Pfeffer würzen. Im offenen Topf bei schwacher Hitze etwa 10 Min. schmoren lassen.

3 Inzwischen die Muscheln unter fließend kaltem Wasser gut abbürsten. Schon geöffnete Muscheln aussortieren, sie sind nicht genießbar. Die Muscheln in den Topf geben und bei starker Hitze zugedeckt 5–8 Min. garen, dabei immer wieder am Topf rütteln. Muscheln, die nach dem Garen noch geschlossen sind, aussortieren, sie sind ebenfalls nicht genießbar.

4 Petersilie waschen, trockenschütteln, Blättchen abzupfen, fein hacken und zum Schluß einstreuen. Mit Weißbrot servieren.

Tip! Auf die gleiche Weise können auch andere Muschelsorten zubereitet werden.

Mallorquinischer Fischtopf

Braucht etwas Zeit
Tumbet de pescado mallorquin

Zutaten für 4 Portionen:
750 g Kabeljaufilet
8 EL Olivenöl + Öl für die Formen
Salz
schwarzer Pfeffer, frisch gemahlen
Saft von 1 Zitrone
⅛ l trockener Weißwein
2 rote Paprikaschoten (etwa 300 g)
500 g Kartoffeln, mehlig kochend
2 Auberginen (etwa 400 g)
Mehl zum Wenden
750 g Fleischtomaten
1 große Zwiebel
2 Knoblauchzehen
2 Lorbeerblätter
1 Prise Zimt
1 TL Zucker

Zubereitungszeit: 30 Min.
(+ 1¼ Std. Garen)

Pro Portion: 2200 kJ/520 kcal

1 Backofen auf 180° (Gas Stufe 2) vorheizen. Eine Form mit Öl einpinseln, den Fisch hineinlegen, salzen, pfeffern, mit Zitronensaft und Weißwein beträufeln. Im Backofen etwa 10 Min. garen und herausnehmen.

2 Backofen auf 220° (Gas Stufe 4) hochschalten und Paprikaschoten etwa 20 Min. rösten, bis die Haut braun wird. Inzwischen Kartoffeln schälen, in dünne Scheiben hobeln und in 3 EL Olivenöl in einer Pfanne etwa 5 Min. braten. ¼ l Wasser dazugießen und zugedeckt bei schwacher Hitze etwa 15 Min. garen. Paprikaschoten häuten, putzen und in Streifen schneiden.

3 Auberginen waschen und in dicke Scheiben schneiden. In Mehl wenden und in 3 EL Olivenöl beidseitig bei mittlerer Hitze goldbraun braten, würzen und beiseite stellen.

4 Tomaten überbrühen, häuten, quer halbieren, entkernen und grob hacken. In einem Topf 2 EL Olivenöl erhitzen, Zwiebel und Knoblauch schälen, fein hacken und darin andünsten.

5 Tomaten, den Saft des Fisches, Lorbeerblätter, Zimt, Zucker, Salz und Pfeffer unterrühren und zugedeckt bei mittlerer Hitze etwa 15 Min. köcheln lassen. Lorbeerblätter entfernen und Topfinhalt pürieren.

6 Eine Form einölen. Die Hälfte der Kartoffeln darin verteilen, darauf jeweils die Hälfte des Fisches, der Auberginen und Paprikaschoten geben. So alle Zutaten einschichten, mit der Sauce begießen und etwa 15 Min. im vorgeheizten Backofen (Mitte) garen.

Getränk: Dazu paßt ein Muskateller Weißwein aus Mallorca.

Meerbrasse aus dem Ofen

Von Spetses · Gelingt leicht Lithríni foúrno ala spetsióta

Zutaten für 4 Portionen:
2 Meerbrassen, küchenfertig vorbereitet (je etwa 600 g)
Salz
schwarzer Pfeffer, frisch gemahlen
Saft von 1 Zitrone
2 kleine Zweige frischer Rosmarin
1 Bund Frühlingszwiebeln (ersatzweise 2 mittelgroße Zwiebeln, etwa 200 g)
2 Knoblauchzehen
200 g reife Tomaten
1 Bund Petersilie
4 EL Olivenöl
⅛ l trockener Weißwein
2 EL Paniermehl
50 g Feta-Käse (Schafkäse)

Zubereitungszeit: 20 Min. (+ 25 Min. Garen)

Pro Portion: 1500 kJ/360 kcal

1 Backofen auf 200° (Gas Stufe 3) vorheizen. Die beiden Fische innen und außen abspülen und mit Küchenpapier abtrocknen. Auf jeder Seite an den dicksten Stellen zweimal schräg einschneiden.

2 Fische innen und außen leicht mit Salz und Pfeffer bestreuen und mit Zitronensaft beträufeln. In die Bauchöffnungen je 1 Rosmarinzweig stecken. Die Fische in die Fettpfanne des Backofens legen.

3 Frühlingszwiebeln von harten Röhren und Wurzeln befreien, waschen und in etwa 5 cm lange Stücke schneiden. Knoblauch schälen. Tomaten mit heißem Wasser übergießen, häuten, Stielansätze entfernen und das Fruchtfleisch würfeln. Petersilie abspülen, trockenschütteln und hacken.

4 3 EL Olivenöl in einer Pfanne erhitzen, Zwiebeln dazugeben, Knoblauch durch die Presse dazudrücken und bei mittlerer Hitze glasig braten. Tomaten und Petersilie unterrühren und etwa 2 Min. mitschmoren.

5 Wein dazugießen und die Sauce aufkochen. Mit Salz und Pfeffer abschmecken, Gemüse auf die Fische geben, Sauce dazugießen, Paniermehl aufstreuen und mit 1 EL Öl beträufeln.

6 Fische im Backofen (Mitte) etwa 15 Min. garen, Feta-Käse würfeln und aufstreuen, weitere 10 Min. in den Ofen schieben, dann servieren.

Getränk: Der kräftige geharzte Retsina paßt gut zu dem herzhaften Gericht.

Tip! Sie können Rotbarsch oder Seelachs auf die gleiche Weise zubereiten.

Brassen

Brassen gehören im gesamten Mittelmeerraum, so auch in Griechenland, zu den begehrtesten und teuersten Fischen. Etwa 20 Arten sind im Mittelmeer zu Hause. Zu den köstlichsten zählen die Goldbrassen, die man an dem Goldband zwischen ihren Augen erkennt, oder die Zahnbrassen mit ihrer auffallend steilen Stirn. Aber auch die Rotbrassen, die im Gegensatz zu den meist silbriggrau und bläulich gefärbten Verwandten rötlich schimmern, sind hervorragend. Die seltener vorkommenden Sackbrassen fallen durch ihr steiles Stirnprofil und durch dicke Lippen auf. Brassen leben in Tiefen von 20–30 m über Felsengrund und Seewiesen. Sie ernähren sich von Krebsen und Bodentierchen. Gefangen werden sie sowohl tagsüber als auch nachts in Netzen oder durch Köder, die an langen, dünnen Schnüren hängen, die wiederum an geankerten Schwimmkörpern befestigt sind, den sogenannten »Paraketa«. Brassen lassen sich auf viele phantasievolle Arten zubereiten. Sie schmecken sowohl gegrillt als auch in der Pfanne gebraten, im Ofen gebacken oder mit anderen Zutaten wie Zwiebeln, Tomaten, Olivenöl, Wein und Kräutern geschmort.

Es gibt etwa 200 Arten von Meerbrassen, im Mittelmeer sind 20 zu Hause.

Oktopus in Wein

Oktapódi krassáto

Von den Kykladen · Gelingt leicht

Zutaten für 4 Portionen:
1 küchenfertiger Oktopus (800 g)
Salz
200 g weiße Zwiebeln
300 g reife Tomaten
1 Sträußchen Grün von Fenchelknollen (ersatzweise Dill)
1 EL Tomatenmark
4 EL Olivenöl
200 ml trockener Rotwein
Salz
schwarzer Pfeffer, frisch gemahlen

Zubereitungszeit: 30 Min.
(+ 1 Std. Garen)

Pro Portion: 1200 kJ/290 kcal

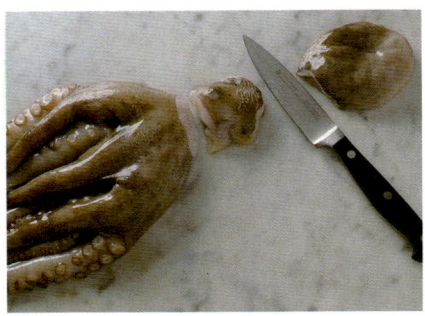

1 Oktopus kalt abspülen. Den Kopfteil zwischen dem kleinen Sack und den Teil, an dem die Arme sitzen, abschneiden und wegwerfen.

2 Die Haut vom Säckchen abziehen. Anschließend die Haut wegwerfen.

3 Den Sack umstülpen, ausspülen und die Eingeweide – falls noch vorhanden – entfernen.

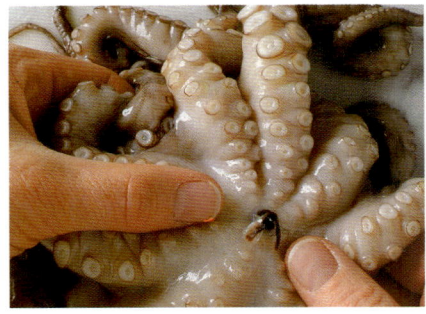

4 Das Kauwerkzeug des Oktopus herausdrücken.

5 Eine große beschichtete Pfanne trocken mittelstark erhitzen. Den Oktopus hineinlegen, leicht mit Salz bestreuen und 15 Min. im eigenen Saft schmoren. Dabei einmal wenden.

6 Oktopus lauwarm abspülen und abtropfen lassen. Zwiebeln schälen, halbieren und längs in Scheibchen bzw. Streifchen schneiden. Tomaten häuten, und das Fruchtfleisch in Scheiben schneiden. Fenchelgrün abspülen und zweimal durchschneiden. Tomatenmark in 125 ml Wasser auflösen.

7 Oktopus in mundgerechte Stücke schneiden. In einem Topf Olivenöl erhitzen. Zwiebeln bei mittlerer Hitze glasig braten. Oktopusstücke untermischen und ½ Min. unter Wenden mitbraten. Tomatenmark, Wein, etwas Salz, 1 Prise Pfeffer unterrühren und aufkochen.

8 Tomatenscheiben und Fenchelgrün auf die Zutaten im Topf legen, diesen leicht rütteln und schließen. Oktopus bei schwacher Hitze in 50–60 Min. dünsten, abschmecken und mit frischem Weißbrot heiß oder warm servieren.

Fischspieße

Von den Dodekanes-Inseln

Suwlákia psária

Zutaten für 4 Portionen:
800 g Rotbarschfilet
4 EL Olivenöl · Saft von ½ Zitrone
2 Zweige frischer Thymian
1 kleiner Zweig frischer Rosmarin
100 g Schalotten
200 g Tomaten
200 g dünne Zucchini
150 g milde Spitzpaprikaschoten
Salz
schwarzer Pfeffer, frisch gemahlen
1 Bund Petersilie · 8 Holzspieße

Zubereitungszeit: 30 Min.
(+ 30 Min. Marinieren)

Pro Portion: 1400 kJ/330 kcal

1 Rotbarsch in Würfel oder Scheibchen von etwa 3 cm Kantenlänge schneiden. Olivenöl und Zitronensaft in einem Schüsselchen verrühren. Kräuter abspülen, trockenschütteln, die Blättchen hacken und untermischen. Die Fischstücke darin wenden und etwa 30 Min. marinieren.

2 Inzwischen Schalotten schälen und halbieren. Tomaten waschen und vierteln, Zucchini abspülen, Stiel- und Blütenansätze abschneiden und in etwa 2 cm dicke Scheiben schneiden. Paprikaschoten waschen, putzen und die Schoten quer in etwa 2 cm breite Ringe schneiden.

3 Fischwürfel leicht abtropfen lassen, mit den Gemüsestücken abwechselnd auf Spieße stecken und von jeder Seite 2–3 Min. im Elektrogrill grillen. Spieße mit Salz und Pfeffer bestreuen. Petersilie abspülen, trockenschütteln, Zweige auf einer Platte auslegen, die Spieße darauf anrichten und servieren.

Getränk: Dazu paßt ein trockener Weißwein von der Insel Euböa.

Tip! Wenn Sie die Spieße in der Pfanne braten, bitte 3 EL Olivenöl erhitzen und die Spieße je Seite bei mittlerer Hitze etwa 2 Min. braten.

Schwertfisch pikant

Von Kreta · Gelingt leicht

Xsífias marinatos

Zutaten für 4 Portionen:
4 mittelgroße, 1½ cm dicke Schwert-
fischscheiben (je etwa 250 g)
Saft von 1 Zitrone
8 EL Olivenöl
1 Bund Petersilie
8 Lorbeerblätter
2 Zweige frischer Thymian
1 unbehandelte Zitrone
200 g rote Zwiebeln
400 g Tomaten
400 g kleine knackige Gärtnergurken
Salz
schwarzer Pfeffer, frisch gemahlen

Zubereitungszeit: 45 Min.
(+ 1 Std. Marinieren)

Pro Portion: 990 kJ/240 kcal

1 Fischscheiben kalt abspülen und abtrocknen. Zitronensaft und 4 EL Olivenöl in ein Schüsselchen geben. Petersilie abspülen, trockenschütteln, Blättchen fein hacken, dazugeben und alles verrühren. Schwertfischscheiben damit bestreichen. Lorbeerblätter darauf verteilen und die Scheiben aufeinander liegend etwa 1 Std. marinieren.

2 Inzwischen Thymian waschen, trockenschütteln und die Blättchen abstreifen. Zitrone waschen und vierteln. Zwiebeln schälen und längs vierteln. Tomaten waschen und in Scheiben schneiden, dabei Stielansätze entfernen. Gurken schälen und längs vierteln.

3 2 EL Olivenöl in einer großen Pfanne erhitzen, 4 Lorbeerblätter hineinlegen und darauf 2 Fischscheiben betten. Sollte die Pfanne so groß sein, daß alle Scheiben zugleich hineinpassen, das übrige Öl und die restlichen Blätter dazugeben und den Fisch bei mittlerer Hitze etwa 2 Min. auf dem Lorbeer liegend braten. Sonst portionsweise braten. Dann Thymian überstreuen.

4 Die Scheiben wenden und etwa 2 Min. von der anderen Seite braten. Lorbeerblätter entfernen. Die übrige Marinade auf den Fisch träufeln, leicht mit Salz und Pfeffer bestreuen. Den Fisch auf vorgewärmten Tellern mit je 1 Zitronenviertel zum Beträufeln und den vorbereiteten Gemüsen als Beilage anrichten. Mit Weißbrot servieren.

Fisch und Meeresfrüchte

Geschmorter Stockfisch

Vom Festland · Gelingt leicht

Bakaliarós jachní

Zutaten für 4 Portionen:
1 kg Stockfisch
2 große Zwiebeln (etwa 300 g)
3 Knoblauchzehen
500 g reife Tomaten
5 EL Olivenöl
1 TL Tomatenmark
¼ l trockener Weißwein
2 EL Korinthen
2 EL Pinienkerne, geschält
schwarzer Pfeffer, frisch gemahlen
Salz
3 Zweige frische Minze

Zubereitungszeit: 30 Min.
(+ 24 Std. Einweichen
+ 45 Min. Garen)

Pro Portion: 4400 kJ/1000 kcal

1 Stockfisch in 3–4 Teile schneiden, in eine große Schüssel mit kaltem Wasser legen und ihn mindestens 24 Std. wässern und quellen lassen. Das Wasser mehrmals erneuern.

2 Fisch abtrocknen und Haut und Gräten entfernen, dann in große Würfel schneiden. Zwiebeln und Knoblauch schälen und klein würfeln. Tomaten mit heißem Wasser übergießen, häuten, Stielansätze entfernen und das Fruchtfleisch würfeln.

3 Olivenöl erhitzen und die Zwiebeln glasig braten. Tomaten unterrühren und alles bei mittlerer Hitze etwa 1 Min. schmoren. Tomatenmark in ⅛ l Wasser verrühren und mit Wein, Korinthen, Knoblauch und Pinienkernen unterrühren und aufkochen lassen.

4 Fischstücke unterheben und das Gericht bei schwacher Hitze etwa 45 Min. garen, bis die Sauce sämig wird. Zwischendurch umrühren. Verkocht die Flüssigkeit zu stark, noch ein wenig Wasser dazugeben. Das Gericht mit Pfeffer und sehr wenig Salz abschmecken. Minze abspülen, trockenschütteln, die Blättchen hacken und vor dem Servieren unterrühren.

Getränk: Ein gut gekühlter Retsina paßt am besten dazu.

Variante: Stockfisch-Bällchen
Eingeweichte, ausgedrückte und entgrätete Stockfischstücke in einen flüssigen Teig aus 100 g Mehl, 1 Ei, 1 EL Öl, weißem Pfeffer, Salz nach Geschmack und ⅛ l Wasser tauchen, fritieren, mit Zitrone beträufeln und mit Knoblauchsauce servieren.

Info: Stockfisch ist getrockneter, gesalzener und dadurch haltbar gemachter Fisch, meist Kabeljau. Griechenland bezieht ihn heute hauptsächlich aus Norwegen und Island. Vor dem Einkauf müssen Sie einkalkulieren, daß der Fisch vor der Verwendung 1–2 Tage in reichlich kaltem Wasser eingeweicht werden muß.

Palamut mit Gemüse

Von den Ägäischen Inseln

Palámida plakí

Zutaten für 4 Portionen:
1 kg Palamut als Kotelettstücke
(Bonito, ersatzweise Thunfisch)
200 g Zwiebeln
2 Knoblauchzehen
200 g Kartoffeln, festkochend
200 g Möhren
2 Stangen Bleichsellerie
300 g Tomaten · 5 EL Olivenöl
¼ l trockener Weißwein · Salz
schwarzer Pfeffer, frisch gemahlen
1 Bund Petersilie
Saft von ½ Zitrone
1 unbehandelte Zitrone

Zubereitungszeit: 1 Std.
(+ 20 Min. Garen)

Pro Portion:
3200 kJ/760 kcal

1 Palamut-Stücke abspülen und abtrocknen. Zwiebeln und Knoblauch schälen. Zwiebeln in Ringe, Knoblauch in Scheibchen schneiden. Kartoffeln und Möhren schälen, in mittelgroße Würfel schneiden. Sellerie abspülen, Staudenansatz entfernen und Sellerie kleinschneiden.

2 Tomaten mit heißem Wasser übergießen, häuten, Stielansätze entfernen und das Fruchtfleisch würfeln. Olivenöl in einer großen Bratpfanne mit hohem Rand erhitzen, Zwiebeln und Knoblauch glasig braten. Das übrige Gemüse untermischen und etwa 10 Min. bei mittlerer Hitze unter stetigem Wenden schmoren.

3 Wein dazugießen, alles aufkochen und mit Salz und Pfeffer abschmecken. Die Fischstücke zwischen das Gemüse betten. Petersilie abspülen, trockenschütteln, Blättchen hacken und über Gemüse und Fisch streuen. Mit Zitronensaft beträufeln und zugedeckt bei schwacher Hitze etwa 20 Min. garen. Die Zitrone waschen, vierteln und zum Fisch servieren.

Getränk: Dazu paßt ein Robola, ein fruchtiger trockener Weißweiß von Kefalonia.

Variante: Palamut mit Gemüse und Oliven
Die Fischstücke mit dem vorgegarten Gemüse belegt im Backofen (Mitte) bei 180° (Gas Stufe 2) etwa 35 Min. backen. Etwa 10 Min. vor Garzeitende 100 g entsteinte schwarze Oliven darüber streuen.

Gefüllter Tintenfisch

Aus Athen · Braucht etwas Zeit

Kalamarákia jemistó

Zutaten für 4 Portionen:
4 mittelgroße Tintenfischtuben (-säckchen) mit den Tentakeln, küchenfertig vorbereitet (etwa 700 g)
200 g Zwiebeln · 6 EL Olivenöl
3 EL Pinienkerne
2 EL sehr kleine Korinthen
80 g Langkornreis · Salz
schwarzer Pfeffer, frisch gemahlen
1 TL-Spitze Zimtpulver
1 Prise Piment, gemahlen
1 Zweig frische Minze
¼ l trockener Rotwein
1 Msp. Honig
½ Bund Petersilie
1 Bund Dill
außerdem: Holzstäbchen

Zubereitungszeit: 35 Min. (+ 1 Std. Garen)

Pro Portion: 1500 kJ/360 kcal

1 Tintenfischtentakel von den Tuben abschneiden. Teile mit Augen und die feste Schuppe entfernen. Die Tuben ausspülen und die äußeren rötlichen Häutchen abziehen. Tentakel abspülen und in Stückchen schneiden. Zwiebeln schälen und sehr klein würfeln. 3 EL Olivenöl erhitzen und die Hälfte der Zwiebeln glasig braten. Die Tentakelstückchen dazugeben und kurz mitbraten. Pinienkerne, Korinthen und Reis unterrühren und etwa 1 Min. unter Wenden mitbraten.

2 Etwas Salz, Pfeffer, Zimt und Piment untermischen. Minze abspülen, trockenschütteln, Blättchen fein hacken und dazugeben. So viel Wasser dazugießen, daß alles knapp bedeckt ist. Alles zugedeckt bei schwacher Hitze etwa 15 Min. garen, dann abkühlen lassen. Die Tintenfischsäckchen mit der Reismischung füllen. Die Öffnungen vorsichtig mit Holzstäbchen zustecken.

3 3 EL Olivenöl in einem Topf erhitzen. Die zweite Hälfte der Zwiebeln glasig braten. Rotwein und ¼ l Wasser dazugießen, aufkochen und mit Salz, Honig und Pfeffer würzen. Die gefüllten Tintenfische in den Topf legen und zugedeckt bei schwacher Hitze 50–60 Min. garen, bis man leicht hineinstechen kann. Nach Bedarf noch etwas heißes Wasser unterrühren.

4 Inzwischen Petersilie und Dill abspülen, trockenschütteln und einige Blättchen beiseite legen. Die übrigen Kräuter hacken und etwa 5 Min. vor Ende der Garzeit über die Fische streuen. Die Tintenfische mit den Blättchen garnieren und mit frischem Weißbrot servieren.

Tip! Tintenfische gibt es tiefgekühlt recht preiswert, entweder im Ganzen mit den Tentakeln, oder nur die vorbereiteten Tintenfischsäckchen.

Sardinen aus dem Ofen

Von den Kykladen · Gelingt leicht

Sardélles sto foúrno

Zutaten für 4 Portionen:
*1 kg frische Sardinen, möglichst küchenfertig vorbereitet
Salz
5 Knoblauchzehen
2 Bund Petersilie
4 EL Olivenöl
Saft von 1 Zitrone
1 TL getrockneter Oregano
schwarzer Pfeffer, frisch gemahlen*

Zubereitungszeit: 20 Min.
(+ 20–30 Min. Garen)

Pro Portion: 1600 kJ/380 kcal

1 Falls die Sardinen nicht küchenfertig vorbereitet wurden: vom Schwanz bis zum Kopf mit der stumpfen Seite eines Küchenmesserchens schuppen, ohne die Haut zu verletzen.

2 Köpfe abschneiden. Sardinen am Bauch aufschneiden und die Innereien mit den schwarzen Häutchen an den Bauchlappen entfernen. Die Sardinen innen und außen kalt abspülen, mit Küchenpapier abtrocknen.

3 Backofen auf 180° (Gas Stufe 2) vorheizen. Sardinen innen leicht mit Salz bestreuen und dicht nebeneinander in eine feuerfeste Form legen. Knoblauch schälen und in Scheibchen schneiden. Petersilie abspülen, trockenschütteln und die Blättchen hacken. Die Hälfte mit dem Knoblauch in ein Schüsselchen geben.

4 Öl und Zitronensaft, etwas Salz, Oregano und 1 gute Prise Pfeffer dazugeben, alles gründlich verrühren und über die Fische träufeln. Dann einige Knoblauchscheibchen zwischen die Fische schieben.

5 Form mit den Sardinen in den Ofen (Mitte) schieben und 20–30 Min. – je nach Größe der Fische – garen, bis man mit einer Gabel leicht hineinstechen kann. Mit der restlichen Petersilie bestreuen und mit frischem Weißbrot servieren.

Getränk: Dazu paßt ein trockener Weißwein von der Vulkaninsel Santorin mit seinem charakteristischen Aroma.

Variante: Sardinen aus der Pfanne
Dazu die Sardinen wie beschrieben vorbereiten. Dann 2 Knoblauchzehen schälen und in Stücke schneiden. In einer Pfanne 4 EL Olivenöl erhitzen, den Knoblauch bei mittlerer Hitze glasig braten. Die Sardinen nebeneinander hineinlegen, mit Salz, Pfeffer und 1 Bund gehackter Petersilie bestreuen und mit 3 in Scheiben geschnittenen Tomaten belegen. ⅛ l trockenen Weißwein oder Wasser mit dem Saft von ½ Zitrone angießen. Die Fische zugedeckt bei mittlerer Hitze 10–15 Min. schmoren. Pfanne zwischendurch leicht rütteln. Das Gericht mit Brot servieren.

Cozze gratinate alla tarantina

Aus Tarent (Apulien) · Raffiniert

Gefüllte und überbackene Miesmuscheln

Zutaten für 4 Portionen:
2 kg frische Miesmuscheln
2 Bund Petersilie
4 Knoblauchzehen
6 EL Semmelbrösel
6 EL Pecorino, frisch gerieben
10 EL Olivenöl, kaltgepreßt
Salz
schwarzer Pfeffer aus der Mühle
2 Zitronen

Zubereitungszeit: 1 ½ Std.

Pro Portion: 2300 kJ/550 kcal

1 Miesmuscheln unter fließendem Wasser entbarten und abbürsten. Bereits geöffnete Muscheln herauslesen und wegwerfen. ¼ l Wasser zum Kochen bringen. Miesmuscheln zugedeckt bei starker Hitze dämpfen, bis sich die Muscheln geöffnet haben. Jetzt noch geschlossene Muscheln aussondern.

2 Petersilie waschen, trockenschütteln. Knoblauch schälen. Beides zusammen fein hacken und in eine Schüssel geben. Semmelbrösel, Käse und 7 EL Olivenöl hinzufügen und alles gut vermischen. Mit Salz und Pfeffer würzen.

3 Backofen auf 200° (Gas Stufe 3) vorheizen. Abgekühlte Muscheln in der Mitte auseinanderbrechen. Leere Schalen wegwerfen. Muschelhälften mit Füllung bestreichen und in eine flache feuerfeste Gratinform legen. Im Backofen portionsweise etwa 10 Min. backen, bis die Füllung leicht braun geworden ist.

4 Zitronen waschen und achteln. Cozze gratinate mit dem übrigen Olivenöl beträufeln und mit Zitronenspalten dekorieren. Knuspriges Weißbrot dazu servieren.

Wein: Dazu paßt ein frischer Weißwein aus Apulien, z. B. Castel del Monte.

Frische Muscheln werden auf unzähligen italienischen Märkten angeboten.

Muscheln

Die in der italienischen Küche am häufigsten verwendeten Muschelarten sind Miesmuscheln (Cozze, Mititi, Muscoli), Meerdatteln (Datteri di mare), Venusmuscheln (Vongole) und Herzmuscheln (Cuore edule). Die 5 bis 10 cm lange Auster des kleinen Mannes ist blauschwarz und besitzt löffelförmige Schalen. Heute züchtet man die Schaltierart meist in künstlichen Kulturen, den »Muschelgärten«. Die Muscheln wachsen in italienischen Kulturen an Gras- und Hanf-seilen heran. Haben die Muscheln ihre handelsübliche Größe erreicht, werden die Taue auf Boote gehievt und abgeerntet. Dabei löst man die verankerten Miesmuscheln von ihren Haftfäden, ihrem »Bart«.

Meerdatteln vom Golf von La Spezia gelten als Delikatesse. Venusmuscheln findet man in unterschiedlichen Größen und Farben. Typisch sind ihre strahlig verlaufenden, gestreiften Rillen. Es gibt viele Arten von Herzmuscheln, die auf Schlamm- und Sandböden bis zu 10 m Tiefe leben. Sie sind herzförmig und besitzen rauhe, gewölbte Schalen mit Rillen. Venus- und Herzmuscheln werden mit Spezialschiffen geerntet. Unter Hochdruck preßt man Wasser in den Meeresboden und saugt den aufgewirbelten Sand mit den Muscheln durch ein Rohr an Bord.

Fritto misto del golfo

Aus Kampanien · Für den Sommer

Gemischte fritierte Fische

Zutaten für 4 Portionen:
500 g kleine Fische (z. B. Sardellen, Rotbarben, winzige Seezungen)
300 g kleine Tintenfische (Sepie), küchenfertig vorbereitet
300 g Garnelen
Pflanzenöl zum Fritieren
Mehl zum Wenden
3 Zitronen
Salz

Zubereitungszeit: 1 Std.
(+ 15 Min. Wässern)

Pro Portion: 1000 kJ/240 kcal

1 Die Fischchen gründlich säubern. Köpfe und Flossen abschneiden, schuppen und unter fließendem Wasser abspülen. Fische etwa 15 Min. in eine Schüssel mit kaltem Salzwasser legen, dann in einem Sieb abtropfen lassen.

2 Küchenfertig vorbereitete Tintenfische gründlich waschen. Körper in Ringe, Tentakel in Stücke schneiden. Garnelen schälen, das Schwanzende daranlassen, Darmfaden entfernen.

3 Backofen auf 75° vorheizen. In einer Friteuse oder in einer Pfanne reichlich Pflanzenöl erhitzen. Fische und Meeresfrüchte trockentupfen, in Mehl wälzen, portionsweise ins heiße Öl geben und knusprig ausbacken. Dabei die Hitze etwas reduzieren, damit die Fische auch innen garen. Die Fische im Backofen warm halten. Dann die Tintenfische und am Schluß die Garnelen goldgelb fritieren.

4 Die fertigen Meeresfrüchte nach und nach mit einem Schaumlöffel herausheben, auf Küchenpapier abtropfen lassen und auf einer vorgewärmten Platte anrichten.

5 Zitronen heiß waschen, trockenreiben und in Achtel schneiden. Das Fritto misto mit Zitronenspalten garnieren, mit Salz bestreuen und sehr heiß servieren.

Wein: Dazu paßt trockener Weißwein.

Gamberoni allo spiedo

Aus Ligurien · Exklusiv

Garnelenspieße mit grüner Sauce

Zutaten für 4 Portionen:
2 Knoblauchzehen
1 Bund Petersilie
10 EL Olivenöl, kaltgepreßt
(+ Öl zum Bestreichen)
32 mittelgroße Garnelen (ca. 800 g, roh oder vorgekocht) · Salz
schwarzer Pfeffer aus der Mühle
1 EL Kapern · 1 EL Pinienkerne
2 Sardellenfilets
3 schwarze Oliven
2 Zitronen · 1 Eigelb · 8 Spieße

Zubereitungszeit: 1 Std.
(+ 1 Std. Marinieren)

Pro Portion: 2000 kJ/480 kcal

1 Knoblauch schälen. Petersilie waschen, abtropfen lassen und die Hälfte zusammen mit den Knoblauchzehen fein hacken. Kräuter in einem Teller mit 5 EL Olivenöl vermischen.

2 Garnelen waschen, abtrocknen und in der Marinade wenden, salzen und pfeffern und etwa 1 Std. durchziehen lassen.

3 Inzwischen die Sauce zubereiten: Abgetropfte Kapern mit Pinienkernen, Sardellenfilets, entkernten Oliven, übriger Petersilie und dem Saft von ½ Zitrone im Mixer pürieren. Eigelb in einer Schüssel schaumig schlagen, nach und nach 5 EL Olivenöl unterrühren. Zum Schluß die pürierte Masse dazugeben und zu einer cremigen Sauce glattrühren. Salzen und pfeffern.

4 Jeweils 4 Garnelen auf einen Spieß stecken. Unter dem vorgeheizten Grill oder über der Glut eines Holzkohlenfeuers rohe Garnelen etwa 10 Min., vorgekochte etwa 2 Min. auf jeder Seite grillen. Dabei immer wieder mit Olivenöl bestreichen.

5 Die fertigen Gamberoni auf vorgewärmten Tellern anrichten und mit Zitronenspalten garnieren. Dazu die Sauce und Weißbrot reichen.

Fisch und Meeresfrüchte

Torta di pesce
Fischtorte

Aus Kampanien · Braucht etwas Zeit

Zutaten für 4–6 Portionen, runde Gratinform 28 cm Ø:
Für den Teig:
125 g Butter
250 g Mehl
Salz
4 EL Milch

Für die Füllung:
200 g Rundkornreis
Salz
nach Belieben ½ Briefchen Safran, 62,5 mg
2 Eier
100 g Parmesan, frisch gerieben
weißer Pfeffer aus der Mühle
2 kleine Zwiebeln
1 Möhre
1 Stange Bleichsellerie
1 Bund Petersilie
200 g Champignons
4 EL Olivenöl
100 g frische enthülste Erbsen (ersatzweise tiefgekühlte)
⅛ l Weißwein
1 Knoblauchzehe
500 g Fischfilet (z. B. Kabeljau, Meeräsche oder Seebarsch)
Saft von 1 Zitrone
2 EL Rosinen
2 EL Pinienkerne
3 EL Butter
1 EL Semmelbrösel

Zubereitungszeit: 2 Std. (+ 1 Std. Ruhen, 30 Min. Marinieren)

Bei 6 Portionen pro Portion: 3200 kJ/760 kcal

1 Butter in Stücke schneiden. Mehl in eine Schüssel geben, ½ TL Salz hinzufügen und mit der Butter vermischen. Die Masse mit kalter Milch zu einem glatten Teig kneten. Teig etwa 1 Std. im Kühlschrank ruhen lassen.

2 Reis in ½ l kochendem Salzwasser gar kochen, bis die ganze Flüssigkeit verdampft ist. Nach Belieben Safran in 3 EL heißem Wasser auflösen und unter den Reis mischen. Eier verquirlen und mit 60 g geriebenem Parmesan unter den heißen Reis mischen. Mit Pfeffer würzen. Reis abkühlen lassen.

3 Zwiebeln schälen und kleinschneiden. Möhre und Sellerie putzen, Petersilie waschen, trockenschütteln. Das ganze Gemüse fein hacken. Pilze putzen, kurz überbrausen, trockentupfen und in Scheiben schneiden.

4 In einer Pfanne 2 EL Olivenöl erhitzen. Zwiebeln glasig dünsten, das gehackte Gemüse anschmoren, die Hälfte der Petersilie und dann die Pilze mitbraten. Grüne Erbsen dazugeben. Mit Weißwein ablöschen und ohne Deckel unter Rühren bei mittlerer Hitze 10–15 Min. einkochen lassen, salzen.

5 Knoblauchzehe schälen, in feine Scheiben schneiden. Das Fischfilet abbrausen, trockentupfen, mit dem Saft von 1 Zitrone beträufeln und etwa 30 Min. ziehen lassen. Dann den Fisch mit Salz bestreuen. In einer Pfanne 2 EL Olivenöl erhitzen, Knoblauch kurz darin andünsten. Das Fischfilet beidseitig anbraten und mit einer Gabel zerpflücken. Backofen auf 200° (Gas Stufe 3) vorheizen.

6 Die restliche Petersilie, die Rosinen, Pinienkerne und das gedünstete Gemüse unter den Fisch mischen.

7 Eine Gratinform mit 1 EL Butter ausstreichen und mit Semmelbröseln ausstreuen. Den Teig mit einem Nudelholz ausrollen und darauf legen, ringsherum einen Teigrand bilden. Die Hälfte vom Reis in die Form füllen, die vorbereitete Fisch-Gemüse-Mischung einschichten und mit dem übrigen Reis abdecken. 2 EL Butter in Flöckchen darauf verteilen. 40 g Parmesan darüber streuen. Im vorgeheizten Backofen etwa 30 Min. bei 180° (Gas Stufe 2) backen. Die Fischtorte lauwarm oder kalt mit gemischtem Salat servieren.

Wein: Dazu schmeckt ein aromatischer Weißwein aus Venetien, z. B. ein Bianco di Custoza.

# Orata al forno con patate

Aus Apulien · Raffiniert Überbackene Goldbrasse mit Kartoffeln

Zutaten für 4 Portionen:
1 frische Goldbrasse (etwa 800 g)
(ersatzweise andere Brassen,
küchenfertig vorbereitet)
5 mittelgroße Kartoffeln
Salz
schwarzer Pfeffer aus der Mühle
2 Knoblauchzehen
2 Rosmarinzweige
6 EL Olivenöl, kaltgepreßt
6 Salbeiblätter
4 EL trockener Weißwein
1 Zitrone

Zubereitungszeit: 1½ Std.
(+ 15 Min. Wässern)

Pro Portion:
2000 kJ/480 kcal

1 Goldbrasse schuppen, ausnehmen, gründlich innen und außen abspülen und etwa 15 Min. in kaltes Salzwasser legen, mit Küchenpapier trockentupfen. Kartoffeln waschen, schälen und in Stücke schneiden.

2 Den Fisch innen and außen mit Salz und Pfeffer würzen. Knoblauchzehen schälen und im ganzen mit einem Rosmarinzweig in den Fischbauch geben.

3 Backofen auf 200° (Gas Stufe 3) vorheizen. Eine große Gratinform mit 3 EL Olivenöl ausgießen. Kartoffelstücke auf den Boden schichten, Salbeiblätter und 1 Rosmarinzweig darauf verteilen, die Kartoffeln mit 1 EL Olivenöl beträufeln, salzen und pfeffern und etwa 15 Min. (Mitte) backen.

4 Den vorbereiteten Fisch auf die Kartoffelscheiben betten und im Backofen weitere 30–35 Min. garen. Ab und zu Weißwein angießen.

5 Zitrone vierteln. Die Goldbrasse auf einer Platte mit den Kartoffeln und den Zitronenvierteln anrichten und mit 2 EL Olivenöl beträufeln. Heißservieren und erst am Tisch zerlegen.

Trota in padella

Aus dem Piemont · Raffiniert

Forelle in der Pfanne

Zutaten für 4 Portionen:
4 frische Forellen zu je 250–300 g, küchenfertig vorbereitet
Salz
schwarzer Pfeffer aus der Mühle
1 unbehandelte Zitrone
2 EL Sultaninen
1 Zwiebel · 1 Knoblauchzehe
1 Stange Bleichsellerie
8 Salbeiblätter · 1 Rosmarinzweig
60 g Butter · 3 EL Weißweinessig
3 Lorbeerblätter
300 ml Fischfond · 1 EL Mehl

Zubereitungszeit: 55 Min.

Pro Portion:
1700 kJ/
400 kcal

1 Forellen säubern, wenn nötig ausnehmen, gründlich waschen und trockentupfen. Die Fische innen und außen salzen und pfeffern. Zitrone heiß waschen, abtrocknen und Schale abreiben. Sultaninen etwa 15 Min. in lauwarmem Wasser einweichen.

2 Zwiebel und Knoblauch schälen und kleinhacken. Bleichsellerie putzen, waschen und fein schneiden. Kräuter abbrausen und trockentupfen.

3 In einer breiten Pfanne 50 g Butter zerlassen und das Gemüse darin etwa 5 Min. andünsten. Salbeiblätter hinzufügen. Forellen in die Pfanne legen und beidseitig 2–4 Min. anbraten. Mit Essig ablöschen. Abgeriebene Zitronenschale, Sultaninen, Rosmarinzweig und Lorbeerblätter dazugeben. Fische bei schwacher Hitze offen fertiggaren (wenn sich die Rückenflosse leicht herausziehen läßt, ist der Fisch gar). Mehrmals mit der Hälfte des Fischfonds begießen. Den Backofen auf 150° (Gas Stufe 1) vorheizen.

4 Forellen aus der Pfanne nehmen und im vorgeheizten Backofen auf einer Platte warm stellen. Das Mehl in 2 El Wasser verrühren und die Sauce damit binden. Die Sauce kurz aufkochen, nach und nach den restlichen Fischfond angießen und eindicken lassen. Die restliche Butter einrühren. Lorbeerblätter und Rosmarinzweig entfernen. Sauce mit Salz und Pfeffer abschmecken und mit den Forellen anrichten.

Sarde ripiene

Aus Sardinien · Kräftig

Gefüllte Sardinen

Zutaten für 4–6 Portionen:
1 Brötchen
⅛ l Milch zum Einweichen
12 große frische Sardinen
(etwa 1 kg)
Salz
Saft von ½ Zitrone
4 Sardellenfilets
1 Knoblauchzehe · 2 Eier
1–2 EL Pecorino, frisch gerieben
schwarzer Pfeffer aus der Mühle
Mehl zum Wenden
4 EL Olivenöl, kaltgepreßt
1 Bund Petersilie
2 Zitronen

Zubereitungszeit: 1¼ Std.

Bei 6 Portionen pro Portion:
1600 kJ/380 kcal

1 Brötchen vierteln und in einer Schüssel mit Milch einweichen.

2 Sardinen ausnehmen, Köpfe abschneiden, Fische schuppen, an der Bauchseite öffnen und die Mittelgräte mitsamt dem Schwanz entfernen. Die Fische unter fließendem Wasser gründlich waschen und abtrocknen. Innen leicht salzen und mit dem Saft von ½ Zitrone beträufeln. Backofen auf 220° (Gas Stufe 4) vorheizen.

3 Brot gut ausdrücken und fein hacken. Sardellenfilets abspülen und trockentupfen. Knoblauch schälen und zusammen mit den Sardellen im Mörser zerstoßen. Brot untermischen und alles zu einer cremigen Paste verrühren. Eier verquirlen, Pecorino dazugeben und unter die Sardellenpaste ziehen. Mit Salz und Pfeffer würzen.

4 Sardinen mit der Mischung füllen und zusammenklappen. Gefüllte Fische in Mehl leicht wenden. 3 EL Olivenöl in eine Gratinform gießen. Fische einschichten und mit 1 EL Olivenöl beträufeln. Im vorgeheizten Backofen in 20–30 Min. goldgelb backen.

5 Petersilie waschen, trockenschütteln und fein hacken. 2 Zitronen in Scheiben schneiden. Sardinen auf einer vorgewärmten Platte anrichten, mit Petersilie bestreuen und mit halbierten Zitronenscheiben garnieren.

Wein: Ein junger sardischer Weißwein, z. B. Nurugus di Cagliari, paßt gut.

Tonno fresco in umido

Aus den Marken · Pikant

Frische Thunfischscheiben in Tomatensauce

Zutaten für 4 Portionen:
4 Scheiben frischer Thunfisch (600 g)
Mehl zum Wenden
5 EL Olivenöl, kaltgepreßt
1 kleine Zwiebel
1 Stange Bleichsellerie
1 Bund Petersilie
Salz
schwarzer Pfeffer aus der Mühle
2 Gewürznelken
½ l passierte Tomaten

Zubereitungszeit: 30 Min.

Pro Portion: 2100 kJ/500 kcal

1 Thunfischscheiben unter fließendem Wasser abspülen, abtrocknen und kurz in Mehl wälzen. In einer Pfanne 2 EL Olivenöl erhitzen. Thunfisch darin auf beiden Seiten ganz kurz anbraten und auf Küchenpapier abtropfen lassen.

2 Zwiebel schälen. Sellerie putzen, wenn nötig Fäden abziehen, Petersilie waschen und trockenschütteln, alles fein hacken. In einer Pfanne 3 EL Olivenöl erhitzen, Zwiebel darin glasig dünsten. Sellerie und die Hälfte der Petersilie etwa 5 Min. mitschmoren lassen. Salzen, pfeffern und mit Gewürznelken aromatisieren.

3 Das gedünstete Gemüse mit den passierten Tomaten ablöschen und etwa 10 Min. eindicken lassen. Thunfischscheiben hineinlegen und unter Wenden in etwa 10 Min. fertiggaren.

4 Thunfischtranchen auf einer vorgewärmten Platte anrichten, mit der Sauce umgießen und mit der übrigen Petersilie bestreuen. Heiß servieren.

Tip! Mit diesem Rezept kann man auch Zahnbrasse, frischen Lachs und Seebarsch zubereiten.

Baccalà alla calabrese

Deftig · Braucht etwas Zeit

Stockfisch auf kalabrische Art

Zutaten für 4 Portionen:
500 g Stockfisch
Salz
1 große Zwiebel
1 Bund glatte Petersilie
4 EL Olivenöl, kaltgepreßt
2 EL Tomatenmark
800 g Kartoffeln, festkochend
schwarzer Pfeffer, frisch gemahlen
1 Bund Basilikum
100 g schwarze Oliven

Zubereitungszeit: 30 Min.
(+ 24 Std. Einweichen
+ 1 Std. Garen)

Pro Portion:
3100 kJ/740 kcal

1 Den Stockfisch in reichlich kaltes Wasser legen und etwa 24 Std. einweichen, dabei das Wasser zwei- bis dreimal erneuern. Am nächsten Tag 1 1/2 l Wasser mit 1 TL Salz aufkochen. Den Stockfisch darin zugedeckt etwa 30 Min. bei schwacher Hitze köcheln, mit einem Schaumlöffel vorsichtig herausnehmen, abtropfen und abkühlen lassen. Den Sud aufheben und beiseite stellen. Den Fisch in etwa 4 cm große Stücke schneiden, dabei Haut und Gräten entfernen.

2 Für die Sauce die Zwiebel schälen, vierteln und in dünne Streifen schneiden. Die Petersilie waschen, trockenschütteln und die Blättchen hacken. Das Olivenöl in einem Topf erhitzen, die Zwiebel darin glasig braten, die Petersilie unterrühren. Das Tomatenmark in 1/4 l Wasser verrühren und in den Topf gießen. Die Sauce zugedeckt bei schwacher Hitze etwa 15 Min. köcheln lassen.

3 Inzwischen die Kartoffeln schälen und in nicht zu dünne Scheiben schneiden. Mit den Fischstücken in die Sauce geben. Mit Salz und Pfeffer würzen. Basilikum waschen, trockenschütteln, die Blättchen abzupfen und vorsichtig unter die Zutaten im Topf mischen. Soviel von dem beiseite gestellten Kochsud unterrühren, daß alle Zutaten bedeckt sind.

4 Das Gericht zugedeckt weitere 10 Min. köcheln lassen. Die Oliven entsteinen, vierteln, dazugeben und alles noch etwa 15 Min. köcheln lassen, bis die Kartoffeln gar sind. Den Eintopf abschmecken und servieren.

Getränk: Ein junger Rotwein, ein Etna Rosso, paßt zu diesem deftigen Gericht.

Variante: Baccalà alla Messinese (Stockfisch nach Art von Messina) Für dieses Gericht aus Sizilien 500 g Stockfisch etwa 24 Std. wässern, dabei das Wasser zwei- bis dreimal erneuern. Leicht gesalzenes Wasser mit 1 Lorbeerblatt aufkochen und den Fisch darin etwa 3 Min. sprudelnd kochen, herausheben, abtropfen lassen, in 3–4 cm große Stücke schneiden, dabei Haut und Gräten entfernen. 1 große geschälte, gewürfelte Zwiebel in 5 EL Olivenöl glasig braten. 1 kleine Dose gehäutete Tomaten (285 g Abtropfgewicht) mit Saft unterrühren, Tomaten zerdrücken und alles aufkochen. Die Fischstücke dazwischen legen und alles bei mittlerer Hitze etwa 1 Min. dünsten. 500 g geschälte, in Achtel geschnittene festkochende Kartoffeln, 50 g entsteinte, geviertelte Oliven, 1 EL Kapern, 3 zarte, in Scheibchen geschnittene Selleriestangen und einige gehackte Sellerieblättchen untermischen, mit Salz und Pfeffer würzen. Das Gericht zugedeckt bei schwacher Hitze etwa 1 Std. garen. Gelegentlich umrühren und nach Bedarf etwas vom Fischsud dazugießen. Nach Geschmack kann man noch 2 EL Rosinen und 1 EL Pinienkerne dazugeben und die letzten 30 Min. mitgaren.

Info: Baccalà oder Pescestocco, Stock- oder Klippfisch genannt, wird im Süden Italiens besonders gerne gegessen, vor allem in den Provinzen Latium, Kalabrien und auf Sizilien.

Polpi in umido

Aus Apulien · Gelingt leicht

Gedünstete Tintenfische

Zutaten für 4 Portionen:
1 kg kleine Tintenfische (Sepie),
küchenfertig vorbereitet
500 g gut reife Tomaten
4 EL Olivenöl, kaltgepreßt
¼ l trockener Weißwein
Salz
schwarzer Pfeffer, frisch gemahlen
2 Knoblauchzehen
1 Bund glatte Petersilie

Zubereitungszeit: 45 Min.

Pro Portion: 1300 kJ/310 kcal

1 Den kleinen knorpeligen Teil mit Augen und Kauwerkzeug zwischen den Tintenfischsäckchen und dem Ring mit den daran sitzenden Tentakeln herausschneiden und wegwerfen.

2 Tintenfischsäckchen und Tentakelteil gründlich waschen, das Säckchen auch innen, soweit möglich schwarze Häutchen abziehen. Tintenfischteile abtropfen lassen.

3 Backofen auf 75° vorheizen. Die Tintenfischsäckchen in Streifen schneiden. Die Tomaten mit kochendem Wasser übergießen, kurz stehenlassen, kalt abschrecken, häuten, halbieren, Stielansätze und Kerne entfernen und das Fruchtfleisch würfeln. Das Olivenöl in einem Topf erhitzen. Die Tintenfische bei starker Hitze etwa 3 Min. braten und die Flüssigkeit verdampfen lassen, dabei mehrmals umrühren. Dann auf mittlere Hitze zurückschalten.

4 Eine Schüssel in den Ofen (Umluft 50°) stellen. Die Tomatenstücke unter die Tintenfische rühren und kurz mitdünsten. Den Wein dazugießen und alles aufkochen lassen. Tintenfische mit Salz und Pfeffer abschmecken und zugedeckt 10–12 Min. bei schwacher Hitze garen, bis sie weich sind.

5 Den Knoblauch schälen, in der Knoblauchpresse zerdrücken und in ein Schüsselchen geben. Die Petersilie waschen, trockenschütteln und die Blättchen fein hacken. Mit dem Knoblauch vermischen. Die Tintenfische abschmecken, in die vorgewärmte Schüssel füllen, Petersilie und Knoblauch darüber streuen und servieren.

Getränk: Ein frischer, kühler Weißwein aus Apulien wie Castel del Monte Bianco paßt sehr gut.

Tip! Dieses Tintenfisch-Ragout eignet sich genausogut als Hauptgericht wie als Vorspeise und kann einfach mit Brot oder mit Nudeln serviert werden.

Orata col seme di finocchio

Von Sizilien · Gelingt leicht

Goldbrasse mit Fenchelsamen

Zutaten für 2 Portionen:
2 Goldbrassen (je etwa 300 g),
küchenfertig vorbereitet
2 EL Zitronensaft
3 EL Olivenöl, kaltgepreßt
1 EL Fenchelsamen
Salz
schwarzer Pfeffer, frisch gemahlen
½ Bund glatte Petersilie
50 g magerer, geräucherter Speck,
ohne Schwarte

Zubereitungszeit: 25 Min.
(+25 Min. Garen)

Pro Portion: 2600 kJ/620 kcal

1 Die vom Händler geschuppten und ausgenommenen Fische innen und außen kalt abspülen und mit Küchenpapier abtrocknen, innen und außen mit dem Zitronensaft beträufeln. Eine große Ton- oder Auflaufform mit 1 EL Olivenöl einfetten. Die Fische mit dem übrigen Olivenöl einpinseln und nebeneinander in die Form legen. Den Backofen auf 225° vorheizen.

2 Den Fenchelsamen im Mörser grob zerreiben und in ein Schüsselchen geben. Etwas Salz und Pfeffer hinzufügen. Die Petersilie waschen, trockenschütteln, die Blättchen fein hacken, mit den Gewürzen vermischen und auf den Fischen verteilen. Den Speck sehr klein würfeln und ebenfalls über die Fische streuen. Die Form mit Alufolie verschließen.

3 Die Form in den Ofen (Mitte, Umluft 200°) stellen und die Fische etwa 15 Min. backen. Dann die Folie abnehmen und die Fische offen in etwa 10 Min. fertiggaren. In der Form servieren.

Getränk: Dazu schmeckt ein trockener Weißwein wie Alcamo Bianco aus der Provinz Palermo.

Tip! Sie können die Fische auch mit der Kräuter-Gewürz-Mischung und dem Speck portionsweise in Folie einwickeln und auf dem Grill garen.

Pesce spada alla Bagnara

Aus Kalabrien · Geht schnell

Schwertfisch nach Art von Bagnara

Zutaten für 2 Portionen:
2 Scheiben Schwertfisch
(je etwa 150 g)
Salz
schwarzer Pfeffer, frisch gemahlen
3 EL Olivenöl, kaltgepreßt
1 unbehandelte Zitrone
1 Knoblauchzehe
½ Bund glatte Petersilie
1 EL Kapern
1 kleiner Zweig frischer oder
1 gute Msp. getrockneter Oregano

Zubereitungszeit: 20 Min.
(+ 20 Min. Dämpfen)

Pro Portion: 1400 kJ/330 kcal

1 Fischscheiben waschen und trockentupfen. Von beiden Seiten leicht mit Salz und Pfeffer bestreuen. Einen Siebeinsatz mit Alufolie auslegen. Mit 1 EL Öl einpinseln. Die Fischscheiben nebeneinander hineinlegen.

2 Die Zitrone waschen und halbieren. Die eine Hälfte auspressen und mit 2 EL Öl in ein Schüsselchen gießen. Knoblauch schälen, zur Öl-Zitronensaft-Marinade pressen.

3 Die Petersilienblättchen fein hacken, mit den Kapern auch zur Marinade geben, alles verrühren und auf die Fischscheiben träufeln. Von der zweiten Zitronenhälfte 2 Scheiben abschneiden und auf den Fisch legen.

4 In einen Topf etwa 3 cm hoch Wasser gießen und aufkochen. Den Siebeinsatz mit dem Fisch auf ein Drahtgestell über das siedende Wasser setzen, es darf den Fisch auf keinen Fall berühren. Den Fisch etwa 20 Min. bei mittlerer Hitze zugedeckt im Dampf garen.

5 Frischen Oregano waschen, trockenschütteln, die Blättchen abzupfen. Etwa 5 Min. vor Ende der Garzeit die Zitronenscheiben entfernen, den Fisch mit Oregano bestreuen und fertiggaren.

Tip! Wenn Sie den Fisch auf diese Weise zubereiten, bleibt er schön saftig. Auch Thunfisch kann man so garen.

Aragosta catalana
Langusten-Salat

Von Sardinien · Sommergericht

Zutaten für 4 Portionen:
2 frische Langusten-Schwänze
(je etwa 300 g), küchenfertig vorbereitet
1 Staudensellerie
7 EL Weinessig
Salz
2 mittelgroße, reife Tomaten
1 Bund Lauchzwiebeln
1 Knoblauchzehe
1 Bund glatte Petersilie
6 EL Olivenöl, kaltgepreßt
schwarzer Pfeffer, frisch gemahlen

Zubereitungszeit: 1 Std.

Pro Portion: 1100 kJ/260 kcal

1 Langusten-Schwänze waschen und beiseite legen. Vom Sellerie 3 Stengel abnehmen, waschen und in Stücke schneiden, in einen großen Topf geben. 2–3 l Wasser, 3 EL Essig und 2 EL Salz hinzufügen und aufkochen. Die Langusten-Schwänze darin bei schwacher Hitze zugedeckt 20–25 Min. garen. Den Topf vom Herd nehmen und die Langusten-Schwänze offen im Sud leicht abkühlen lassen.

2 Vom übrigen Sellerie den Strunkansatz, zähe Stiele sowie die Blättchen abschneiden. Einige Blättchen aufheben. Die knackigen Stiele waschen, in Scheibchen schneiden und in eine Schüssel geben. Tomaten waschen, halbieren, Stielansätze, Kerne und Flüssigkeit entfernen. Das Fruchtfleisch würfeln und zum Sellerie geben.

3 Von den Lauchzwiebeln Wurzelansätze und harte Röhren abschneiden. Die Zwiebeln waschen und in Ringe schneiden, ebenfalls in die Schüssel geben. Den Knoblauch schälen und durch die Knoblauchpresse dazudrücken. Die Petersilie waschen, trockenschütteln, die Blättchen mit den zurückbehaltenen Sellerieblättern fein hacken und zum übrigen Gemüse geben.

4 In einem kleinen Schüsselchen aus 4 EL Essig, dem Olivenöl, Salz und Pfeffer eine Marinade rühren und unter das Gemüse mischen. Die Langusten-Schwänze aus dem Sud nehmen, diesen beiseite stellen. Die Langusten-Schwänze auf ein Brett legen und mit einem scharfen Brotmesser der Länge nach halbieren.

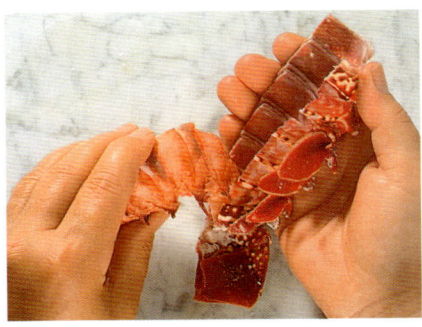

5 Das Langustenfleisch aus den Panzern lösen, mit einer Drehung aus den Schwanzenden ziehen.

6 Den schwarzen Darm, der bei jeder Languste am Rücken sichtbar wird, mit der Messerspitze vorsichtig und gründlich entfernen.

7 Das Fleisch in etwa 2 cm große Stücke schneiden, in eine Schüssel legen und mit 3–4 EL Kochsud begießen. Etwa 1 Min. durchziehen lassen, dann unter den Gemüsesalat mischen, abschmecken und gleich servieren.

Info: Statt der beiden großen Langusten-Schwänze können Sie auch die entsprechende Menge Riesengarnelen nehmen. Tiefgekühlte Langusten-Schwänze müssen über Nacht im Kühlschrank aufgetaut werden, erst dann kochen. Bereits gegarte Langusten-Schwänze gibt man etwa 1 Min. in den sprudelnd kochenden, vorbereiteten Sud.

Tonno alla Favignana

Von Sizilien · Geht schnell

Thunfisch nach Art der Insel Favignana

Zutaten für 4 Portionen:
4 Scheiben Thunfisch (je etwa 150 g)
Salz
schwarzer Pfeffer, frisch gemahlen
Olivenöl für die Form
50 g grüne Oliven, entsteint
1 EL Kapern
½ Bund glatte Petersilie
2 EL Paniermehl
3 EL Olivenöl, kaltgepreßt

Zubereitungszeit: 20 Min.
(+ 20 Min. Garen)

Pro Portion: 1900 kJ/450 kcal

1 Den Backofen auf 180° vorheizen. Die Thunfischscheiben kalt abspülen und trockentupfen. Sparsam mit Salz und Pfeffer bestreuen. Eine große flache Auflaufform mit Olivenöl einpinseln und den Fisch hineinlegen.

2 Die Oliven vierteln und mit den Kapern vermischen, über den Fischscheiben verteilen. Die Petersilie waschen, trockenschütteln, die Blättchen, bis auf ein paar wenige, fein hacken und über die Fischscheiben streuen.

3 Zuletzt alles mit dem Paniermehl bestreuen und mit Olivenöl beträufeln. Den Thunfisch in den Ofen (Mitte, Umluft 160°) schieben und etwa 20 Min. backen, mit den restlichen Petersilienblättchen garnieren und sofort servieren.

Variante: Tonno alla Siracusana
(Thunfisch nach Art von Syracus)
Eine große, dicke Scheibe Thunfisch von 600 g mit 3 in Stifte geschnittenen Knoblauchzehen und 4 Gewürznelken spicken. Aus 2 Kardamomkapseln die Samenkerne entnehmen, im Mörser grob zerstoßen, mit ein wenig Salz und Pfeffer vermischen und den Fisch von beiden Seiten damit bestreuen. 5 EL Olivenöl in einer Pfanne mittelstark erhitzen und den Thunfisch mit 1 großen in Streifen geschnittenen Zwiebel von jeder Seite etwa 2 Min. anbraten. 1 große, reife gewürfelte Tomate überstreuen. ⅛ l Weißwein mit ⅛ l Wasser und 4 EL Weinessig vermischen und über den Fisch gießen. Mit 1 TL getrocknetem Oregano bestreuen und den Fisch zugedeckt in 6–7 Minuten fertiggaren. Den Fisch warm oder kalt servieren.

# Cozze alla paesana

Aus Kampanien · Gelingt leicht

Miesmuscheln in Tomatensauce

Zutaten für 4 Portionen:
2 kg Miesmuscheln, vorgereinigt
2 Zwiebeln · 4 Knoblauchzehen
1 Stange Lauch
2 Stangen Bleichsellerie
6 EL Olivenöl, kaltgepreßt
2 kleine frische oder getrocknete Peperoncini
2 Lorbeerblätter
je 1 kleiner Zweig frischer Rosmarin und Thymian (oder je 1 gute Msp. getrocknete Kräuter)
1 große Dose geschälte Tomaten (480 g Abtropfgewicht)
½ l trockener Weißwein · Salz
schwarzer Pfeffer, frisch gemahlen

Zubereitungszeit: 50 Min.

Pro Portion: 1100 kJ/260 kcal

1 Die Muscheln in einer großen Schüssel mit kaltem Wasser bedeckt 15–20 Min. stehenlassen. Inzwischen Zwiebeln und Knoblauch schälen und in dünne Scheiben schneiden. Vom Lauch harte Blätter und Wurzelansatz abschneiden, Lauch waschen und in Streifchen schneiden. Selleriestangen waschen, in Scheibchen schneiden.

2 In einem großen Topf das Olivenöl mittelstark erhitzen. Das Gemüse unter Rühren darin andünsten. Die Peperoncini waschen und im Ganzen mit den Lorbeerblättern hinzufügen. Die Kräuter waschen, trockenschütteln und dazugeben. Die Tomaten mit Saft unter das Gemüse rühren und zerdrücken, offen bei schwacher Hitze etwa 10 Min. sanft köcheln lassen.

3 Inzwischen geöffnete Muscheln aussortieren und wegwerfen. Die übrigen in frischem Wasser waschen, bis sich kein Sand mehr am Schüsselboden absetzt. Die Muscheln abgießen und in einem Sieb abtropfen lassen.

4 Den Wein unter die Tomatensauce rühren und bei starker Hitze aufkochen. Die Sauce mit Salz und Pfeffer würzen. Die Muscheln hineingeben und zugedeckt bei starker Hitze 6–7 Min. kochen, zwischendurch den Topf mehrmals rütteln. Geschlossene Muscheln entfernen und wegwerfen. Geöffnete Muscheln und die Sauce in eine Schüssel schütten, Rosmarin- und Thymianzweig entfernen und servieren. Dazu Weißbrot reichen.

Involtini di pesce spada
Schwertfisch-Rouladen

Aus Kalabrien · Pikant

Zutaten für 4 Portionen:
4 Scheiben Schwertfisch (je 150 g),
ohne Knorpel und Haut
Salz
schwarzer Pfeffer, frisch gemahlen
125 g Mozzarella
40 g luftgetrockneter, dünn
geschnittener Schinken
2 Knoblauchzehen
1 Bund glatte Petersilie
2 EL Pecorino, frisch gerieben
1 EL Mehl · 30 g Butter
½ l trockener Weißwein
außerdem: 8 Zahnstocher

Zubereitungszeit: 55 Min.

Pro Portion: 1800 kJ/430 kcal

1 Die Fischscheiben abspülen und mit Küchenpapier abtrocknen. Mit einem scharfen Fleisch- oder Filetiermesser jede Scheibe einmal quer durchschneiden. Die 8 Fischscheiben von beiden Seiten mit Salz und Pfeffer würzen.

2 Mozzarella in 8 Scheiben schneiden, den Schinken in 8 Portionen teilen. Knoblauch schälen und und durch die Knoblauchpresse drücken. Petersilie waschen, trockenschütteln, Blättchen hacken. Knoblauch und Petersilie mit dem Pecorino vermischen.

3 Auf jede Schwertfisch-Scheibe etwas Pecorino-Mischung, je 1 Scheibe Mozzarella und etwas Schinken geben, aufrollen und mit Holzspießchen verschließen. Das Mehl auf einen Teller sieben und die Rouladen darin wenden. Überschüssiges Mehl abschütteln.

4 Die Butter in der Pfanne erhitzen, bis sie schäumt. Die Fischröllchen bei mittlerer Hitze darin rundum hellbraun anbraten. Den Wein angießen und den Fisch noch etwa 10 Min. zugedeckt bei schwacher Hitze garen. Eventuell noch 2–3 EL Wasser unterrühren, falls die Flüssigkeit zu stark verdampft. Die Sauce mit Salz und Pfeffer abschmecken und die Fischröllchen servieren. Dazu Weißbrot und Salat reichen.

Getränk: Ein frischer Weißwein wie der Etna Bianco von Sizilien paßt sehr gut dazu.

Schwertfisch

Schwertfisch, Pesce spada, wird besonders in Kalabrien und auf Sizilien als Delikatesse geschätzt. Sein Fleisch ist muskulös und dennoch zart und köstlich. In seiner Konsistenz ähnelt es weniger dem eines Fisches, so daß es – auch vom Geschmack her – oft mit Kalbfleisch verglichen wird. Schwertfisch wird hauptsächlich an der Straße von Messina zwischen März und September gefangen. In Bagnara und Scilla in Kalabrien und in den Fischerorten bei Messina liegen die Boote mit den langen, schmalen, ausklappbaren Brücken und dem Ausguck-Korb im Mast. Mit ihrer Hilfe versuchen die Fischer, sich

Nach dem schmalen Schwert am Kopf erhielt der Fisch seinen Namen.

so lautlos und so nahe wie möglich an den scheuen, schlauen Fisch heranzumachen, um ihn dann mit der Harpune zu fangen. Da er mit dem Thunfisch verwandt ist, werden Schwert- und Thunfisch auch meist ähnlich zubereitet, in der Pfanne in Olivenöl gebraten und mit Salz, Pfeffer, Petersilie und Zitronensaft gewürzt, im Ofen gebacken oder als Röllchen zubereitet.

FLEISCH UND GEFLÜGEL

Was für alle anderen Gerichte gilt, trifft für Fleisch- und Geflügelgerichte im Besonderen zu: Jedes Land (und dort wiederum jede Region) hat seine eigenen, ganz typischen Spezialitäten. Überall ist es jedoch so, daß unter der Woche Fleisch eher in der Nebenrolle zu finden ist: in kleine Stücke geschnitten im deftigen Eintopf oder gehackt in einer würzigen Füllung für Gemüse.

An Feiertagen darf es dann ein bißchen mehr sein: Jetzt werden die großen Braten aufgetischt. Das ist häufig Lamm-, Rind- oder Kalbfleisch, in Spanien und Griechenland liebt man außerdem Ziegenfleisch. Das preiswerte Schweinefleisch kommt ebenfalls ab und zu auf den Tisch, wird aber vor allem für die Herstellung der luftgetrockneten Bergschinken gebraucht. In der Türkei ist Schweinefleisch aus religiösen Gründen ganz verboten.

An Geflügel schätzt man Hähnchen, Gans oder Pute, in Frankreich das zarte Fleisch des Kapauns, den man allerdings nur zu den Festtagen am Jahresende bekommt.

Darüber hinaus versorgen die waldreichen Regionen die Mittelmeerländer mit einer Fülle an Wild und Wildgeflügel, was den Speisezettel angenehm bereichert. Schwelgen Sie also in saftigen Braten, würzigen Ragouts, Gebratenem oder Gegrilltem und vergessen Sie dabei die Kräuter des Südens nicht!

Fleisch und Geflügel 241

Broufado

Aus der Provence · Gut vorzubereiten

Rindfleisch, Rhône-Schiffer-Art

Zutaten für 4 Portionen:
4 Scheiben mageres Rindfleisch (500–700 g), z.B. Bug
1 mittelgroße Zwiebel (etwa 100 g)
3–6 Knoblauchzehen
3 EL Olivenöl, kaltgepreßt
2 EL Weinessig von altem Rotwein
2 EL Kapern · 4 Gewürznelken
gemischter Pfeffer, frisch gemahlen
2 Lorbeerblätter
3 Sardellen (etwa 50 g), in Salz eingelegt, ersatzweise Salz
außerdem: Pergamentpapier

Zubereitungszeit: 30 Min.
(+ 24 Std. Marinieren
+ 4 Std. Schmoren)
Pro Portion: 1600 kJ/380 kcal

1 Fleisch abbrausen, trockentupfen. Zwiebel schälen. Knoblauch häuten, halbieren und entkeimen. Beides fein hacken. In einer Schüssel aus 2 EL Öl, Essig, Zwiebel, Knoblauch, 1 EL Kapern, Nelken und Pfeffer eine Marinade mischen. Fleisch hineinlegen, Marinade und Lorbeerblätter unter und auf dem Fleisch verteilen. 12–24 Std. bei 10° marinieren lassen.

2 Backofen auf 150° vorheizen. Einen glasierten Ton- (oder Schmor-)topf mit restlichem Öl ausschwenken. Zuerst etwas Marinade, dann Fleisch, Lorbeer und restliche Marinade in den Topf füllen. Mit Pergamentpapier abdecken und alles zusammendrücken. Im Backofen (Mitte; Umluft 140°) zugedeckt insgesamt 3 ½–4 Std. schmoren. Deckel (wenn möglich) alle Stunde mit kaltem Wasser füllen.

3 Nach etwa 2 Std. Sardellen unter fließendem Wasser abspülen und entgräten. Sardellen und restliche Kapern auf das Fleisch legen, mit dem Papier wieder abdecken. Zugedeckt fertigschmoren. Lorbeer (und Nelken) entfernen. Broufado im Tontopf mit Reis aus der Camargue oder Bauernbrot heiß servieren.

Tips! Broufado schmeckt am nächsten Tag aufgewärmt noch besser. – Noch zarter wird es, wenn Sie das Fleisch 5–6 Std. bei 90° (Niedrigtemperatur, Umluft 75°) langsam gar ziehen lassen.

Entrecôte bordelaise

Aus dem Bordelais · Sehr schnell

Gegrilltes Zwischenrippenstück

Zutaten für 4 Portionen:
2 Entrecôtes (je etwa 450–550 g), ersatzweise 4 dünne Entrecôtes von je etwa 200 g
2 EL neutrales Pflanzenöl
gemischter Pfeffer, frisch gemahlen
Salz
4 graue Schalotten (etwa 100 g), ersatzweise andere milde Schalotten
4 dicke Scheiben Bauernbrot
außerdem: Alufolie

Zubereitungszeit: 15–20 Min.
(+ evtl. Holzkohlen-Feuerung)

Pro Portion: 2000 kJ/480 kcal

1 (Holzkohlen-)Grill vorbereiten. Fleisch einölen und mit viel Pfeffer einreiben. Auf dem heißen Holzkohlengrill (mit Rebenholzzweigen) in 15–20 cm Abstand zur Glut oder unter dem elektrischen Grill auf beiden Seiten je 2–4 Min. je nach Dicke des Fleisches grillen. (Wer das Fleisch innen nicht rosa mag, brät es länger.) Fleisch salzen, in Alufolie und ein warmes Frotteetuch packen und etwa 5 Min. ruhen lassen. (Dadurch läuft der Fleischsaft beim Anschneiden nicht aus.)

2 Schalotten schälen und fein würfeln. Fleisch mit Schalottenwürfel bestreuen und sofort mit Bauernbrot servieren.

Variante: Entrecôte à la bordelaise
(Entrecôte wie in Bordeaux)
Für 6 Portionen: Für die Sauce 5 kleingehackte Schalotten (etwa 175 g) und 40 g gewürfelten rohen Bayonne-Schinken in 20 g Butter anbraten. Mit 1 EL Mehl bestäuben, ¾ l roten Bordeaux (z.B. Côtes-de-Blaye) dazugießen. Bei starker Hitze um die Hälfte einkochen. Dann 1 Prise Thymian und 3 Stengel Petersilie dazugeben. Bei schwacher Hitze zugedeckt etwa 30 Min. köcheln lassen. 3 Entrecôtes zu je 450–500 g wie angegeben grillen. Ruhen lassen. Sauce durch ein Sieb pressen. Mit Salz und Pfeffer abschmecken. Mit 40 g Butter cremig schlagen. Sofort zum Fleisch und Baguette reichen.

Fleisch und Geflügel **243**

Poule verte

Toulousain · Gut vorzubereiten

Suppenhuhn mit Spinatfüllung

Zutaten für 8 Portionen:
1 Suppenhuhn mit Innereien
(etwa 1,8 kg), küchenfertig
vorbereitet 1,2 kg
Für die Bouillon:
300–500 g Hühnerklein
Salz
2–3 l (Mineral-)Wasser
2 Zwiebeln (etwa 150 g)
6–10 Gewürznelken
1 Stange Lauch (etwa 100 g)
1 junge Selleriestaude (etwa 100 g)
2 Möhren (etwa 100 g)
etwa 10 Pfefferkörner
Für die Füllung:
250 g Pain de mie, ersatzweise
Weißbrot ohne Rinde
1/4 l Milch
500 g Spinatblätter
je 1 Bund frischer Kerbel
und glatte Petersilie
3 Zwiebeln (etwa 300 g)
4 EL Gänseschmalz,
ersatzweise anderes Fett
400 g Kalbshackfleisch
300 g rohe Schweinebrust, durch
den Fleischwolf gedreht
1 frisches Ei
Salz
gemischter Pfeffer, frisch gemahlen
Muskatnuß, frisch gerieben
außerdem: Küchengarn

Zubereitungszeit: 2 Std.
(+ 2 Std. Köcheln)

Pro Portion: 3200 kJ/760 kcal

1 Huhn und Innereien abbrausen. Für die Bouillon Hühnerklein in einem großen Topf mit Salzwasser aufkochen. 2 Zwiebeln schälen, mit Nelken spicken. Lauch, Sellerie und Möhren abbrausen, mit den Zwiebeln und Pfefferkörnern in den Topf geben. Zugedeckt bei mittlerer Hitze während der Vorbereitungszeit für das Huhn kochen.

2 Für die Füllung Brot in Milch einweichen. Spinat, Kerbel und Petersilie abbrausen, trockenschütteln. 3 Zwiebeln schälen. Spinat, Kerbel, Petersilie, Zwiebeln, Leber, Magen und Herz des Suppenhuhns nacheinander fein hacken. In einer großen Pfanne 2 EL Schmalz erhitzen. Zwiebeln darin bei schwacher Hitze offen etwa 10 Min. dünsten. Spinat dazugeben und zugedeckt weitere 10 Min. dünsten. Mit dem Brot vermusen. Mit Innereien, Fleisch, Kräutern, und Ei vermengen. Mit Salz, Pfeffer und Muskat abschmecken. Huhn mit Farce füllen. Öffnung mit Küchengarn zunähen. Huhn kreuzweise zusammenbinden. Restliche Farce und Huhn bis zur Weiterverarbeitung beiseite stellen.

3 Bouillon durchsieben, Fett abschöpfen, Bouillon aufkochen. Huhn hineingeben und bei schwacher Hitze zugedeckt 1 1/2 – 2 Std. köcheln. Am Ende der Garzeit Backofen etwa 10 Min. auf 150° (Umluft 140°) vorheizen, ausschalten. Aus der restlichen Farce 8 Fleischbällchen formen. In einer großen Pfanne restliches Schmalz erhitzen. Fleischbällchen darin offen bei mittlerer Hitze auf beiden Seiten in je 6–8 Min. dunkelbraun braten, mit dem Huhn auf eine Servierplatte geben, im ausgeschalteten Backofen warm halten.

4 Zuerst die Bouillon servieren. Dann die Fleischbällchen aufschneiden und um das Huhn herum auf der Platte anordnen. Das Huhn wird erst bei Tisch aufgeschnitten. Dazu passen Salzkartoffeln.

Wein: Zu diesem deftigen Essen wird ein Gaillac, ein frischer Weiß- oder Roséwein von den Weinbergen nordöstlich von Toulouse, getrunken.

Variante: Poule au pot béarnaise
(Hühnchen wie im Béarn)
Suppenhuhn wie im Rezept angegeben zubereiten. Statt Spinatfüllung 300 g Pain de mie (ersatzweise Weißbrot ohne Rinde) in 3/8 l Milch einweichen. Hühnerleber, Magen, Herz, 200 g Bayonne-Schinken (ersatzweise luftgetrockneter Bauernschinken), Zehen von 1 Knoblauchknolle, 2 Eier, je 1/2 Bund glatte Petersilie und Estragon fein hacken und mit dem vermusten Brot vermengen. Mit wenig Salz und Pfeffer abschmecken. Huhn wie angegeben füllen und zunähen. Zugedeckt etwa 1 Std. bei schwacher Hitze in 3 l Salzwasser mit einer mit 3–5 Gewürznelken gespickten Zwiebel köcheln lassen. Dann 6 Möhren, 3–6 weiße Rübchen und 3 Stangen Lauch hinzufügen und etwa 1 Std. weiterköcheln lassen. Wie angegeben zuerst die Bouillon, dann das Huhn mit den Gemüsen servieren.

Tip! Sie können auch nur die Spinat-Farce zubereiten, daraus kleine Fleischbällchen formen, in 3–5 EL Schmalz wie angegeben braten und kalt zum Aperitif oder beim Picknick reichen.

Gemüsetopf mit Fleisch
Güveç

Sommergericht · Gelingt leicht

Zutaten für 4 Portionen:
600 g Lamm- oder Kalbfleisch aus der Keule oder Schulter
2 mittelgroße Zwiebeln (200 g)
50 g Butterschmalz
1 TL Tomatenmark
1 TL mildes Paprikapulver
¾ l Fleischbrühe, selbstgekocht oder instant
6 milde Spitzpaprikaschoten
3 große Tomaten (450 g)
3 kleine Auberginen (500 g)
200 g grüne Bohnen
3 mittelgroße Kartoffeln (300 g)
Salz
schwarzer Pfeffer, frisch gemahlen
1 Bund glatte Petersilie

Zubereitungszeit: 45 Min.
(+ 1 Std. Garen)

Pro Portion: 2700 kJ/640 kcal

1 Fleisch kalt abspülen, trockentupfen und in etwa 3 cm große Würfel schneiden. Zwiebeln schälen, vierteln und in Streifen schneiden.

2 In einer Kasserolle 25 g Butterschmalz erhitzen. Das Fleisch bei mittlerer Hitze rundherum hellbraun anbraten. Zwiebeln dazugeben und unter Rühren glasig dünsten. Dann Tomatenmark und Paprikapulver untermischen, mit ¾ l Fleischbrühe ablöschen, alles aufkochen und zugedeckt bei mittlerer Hitze etwa 15 Min. vorgaren.

3 Backofen auf 175° (Gas Stufe 2) vorheizen. Spitzpaprika waschen, längs halbieren, Stiele, Kerne und weiße Rippen entfernen. Schoten ausspülen und in Stücke schneiden. Tomaten waschen, von den Stielansätzen befreien und würfeln. Von den Auberginen die Stiele entfernen. Die Früchte waschen und grob würfeln. Bohnen waschen, putzen und in etwa 3 cm lange Stücke schneiden. Kartoffeln schälen, waschen, in Scheiben schneiden.

4 Fleisch mit einem Schaumlöffel aus der Sauce heben und in einen Güveçtopf oder einen Gußeisentopf geben. Gemüse abwechselnd darauf schichten, mit Kartoffeln bedecken, leicht mit Salz und Pfeffer bestreuen. Sauce dazugießen. Das übrige Butterschmalz in Flöckchen darauf setzen. Den Topf zudecken. Gericht im Backofen (Mitte) in etwa 45 Min. garen. Petersilie waschen und trockenschütteln, die Blättchen hacken und über das fertige Güveç streuen. Dieses im Topf servieren.

Variante: Hähnchentopf (Piliç Güveç)
Dafür 1 kleines Hähnchen von etwa 900 g waschen, abtrocknen, in Portionsstücke schneiden, in der Pfanne anbraten, mit dem Gemüse in den Güveçtopf schichten, Hühnerbrühe dazugießen und im Ofen in etwa 45 Min. garen.

Lamm mit Weißkohl
Etli lahana yemeği

Schwarzmeerküste · Wintergericht

Zutaten für 4 Portionen:
600 g Lammfleisch aus der Keule
2 mittelgroße Zwiebeln (200 g)
40 g Butterschmalz
1 EL Tomatenmark · Salz
schwarzer Pfeffer, frisch gemahlen
1 Spitz- oder Weißkohl (1 kg)
½ TL scharfes Paprikapulver

Zubereitungszeit: 40 Min.
(+ 50 Min. Garen)

Pro Portion: 2200 kJ/520 kcal

1 Fleisch kalt abspülen, trockentupfen und in etwa 2 cm große Würfel schneiden. Zwiebeln schälen und kleinhacken.

2 Butterschmalz in einer Kasserolle erhitzen und das Fleisch darin anbraten, bis der Saft verdampft ist und die Würfel leicht gebräunt sind. Zwiebeln hinzufügen und glasig dünsten. Tomatenmark unterrühren und ½ l Wasser angießen. Alles mit Salz und Pfeffer würzen. Das Fleisch etwa 10 Min. zugedeckt bei schwacher Hitze garen.

3 Spitz- oder Weißkohl putzen, waschen und vierteln. Den Strunk und harte Rippen entfernen. Die Viertel noch einmal halbieren und quer in Streifen schneiden. Kohlstreifen unter das Fleisch mischen, evtl. noch ⅛ l heißes Wasser dazugeben.

4 Fleisch und Kohl zugedeckt etwa 30 Min. bei schwacher Hitze garen. Mit Salz und Paprikapulver abschmecken. Dazu herzhaftes Weizenbrot reichen.

Weiße Bohnen mit Fleisch

Mittelanatolien · Braucht etwas Zeit **Etli kurufasulye**

Zutaten für 4 Portionen:
250 g getrocknete, kleine weiße Bohnen
500 g durchwachsenes Lammfleisch aus der Schulter
2 mittelgroße Zwiebeln (200 g)
2 mittelgroße Tomaten (200 g)
40 g Butterschmalz
1 EL Tomatenmark
1 TL Paprikaflocken (Pulbiber)
50 g Pastırma (Trockenfleisch)
Salz
schwarzer Pfeffer, frisch gemahlen

Zubereitungszeit: 40 Min.
(+ 12 Std. Einweichen
+ 1 Std. Garen)

Pro Portion: 2700 kJ/640 kcal

1 Weiße Bohnen in einem Sieb abbrausen und in reichlich Wasser über Nacht einweichen. Am nächsten Tag das Fleisch kalt abspülen, trockentupfen und in 2–3 cm große Würfel schneiden. Zwiebeln schälen und fein hacken. Tomaten mit kochendem Wasser übergießen, kurz stehenlassen, häuten, Stielansätze herausschneiden und das Fruchtfleisch würfeln.

2 Bohnenkerne abgießen und mit ¾ l frischem Wasser bedeckt aufkochen, Schaum abschöpfen, Bohnen bei schwacher Hitze offen etwa 15 Min. vorgaren. In einem zweiten Topf Butterschmalz stark erhitzen, Fleisch darin rundherum braun anbraten. Zwiebeln hinzufügen und bei mittlerer Hitze glasig dünsten. Tomatenwürfel dazugeben, kurz mitschmoren, dann Tomatenmark und Paprikaflocken unterrühren.

3 Bohnen mit dem Kochwasser unter das Schmorfleisch rühren. Das Gericht bei schwacher Hitze zugedeckt in 40–45 Min. garen, bis alle Zutaten weich sind. Gewürzschicht vom Pastırma abschaben, diesen in Streifen schneiden und etwa 10 Min. miterhitzen. Gericht mit Salz und Pfeffer abschmecken. Dazu Brot oder Reis reichen.

Info: Zu diesem Bohnengericht wird gerne Turşu, sauer eingelegtes Gemüse, gegessen.

Trockenfleisch

Gut abgehangenes Pastırma ist eine Spezialität aus Kayseri.

Aus der Notwendigkeit, in Perioden des Überflusses dauerhafte Vorräte anlegen zu müssen, entwickelten die Türken eine kulinarische Kunst. Ein Beispiel ist Pastırma, getrocknetes, in einer dicken Gewürzkruste verpacktes Fleisch, das sich auch im heißen anatolischen Sommer aufbewahren läßt. Für das Würzfleisch werden Lende und andere feine Teile vom Kalb oder Rind durch Steinblöcke beschwert, entwässert, gesalzen, luftgetrocknet und mit Çemen, einer Gewürzpaste aus Kreuzkümmel, Bockshornklee, Paprikapulver und Knoblauch, dick eingeschmiert, dadurch luftdicht verpackt und konserviert. Früher wurde getrocknetes Fleisch hauptsächlich vor Beginn des Frühlings gegessen, wenn die Herde nach langem hartem Winter geschont werden mußte. Zentrum der Pastırma-Herstellung ist die mittelanatolische Stadt Kayseri. Dort werden in kleinen Läden am Basar die langen Pastırma-Stücke in Mengen angeboten. Man erhält die Delikatesse inzwischen auch bei uns in türkischen Lebensmittelläden. Vor dem Verzehr wird vom Pastırma der größte Teil der zu kräftig schmeckenden Gewürzkruste entfernt. Man schneidet das Fleisch in hauchdünne Scheiben, serviert sie als Appetithappen zu Rakı oder brät sie mit Eiern in der Pfanne. Pastırma würzt auch den Bohnen- und Kichererbseneintopf. Bei gut abgehangenem Pastırma ist die Kruste trocken.

Spinat mit Hackfleisch
Kıymalı ıspanak

Küstenregionen · Gelingt leicht

Zutaten für 4 Portionen:
1 kg Spinat
2 mittelgroße Zwiebeln (200 g)
30 g Butter
250 g Rinderhackfleisch
80 g Langkornreis
½ l Fleischbrühe, selbstgekocht oder instant
schwarzer Pfeffer, frisch gemahlen
1 Msp. Pimentpulver
½ TL mildes Paprikapulver
Kaffeefiltertüte
2 Becher säuerlicher Vollmilchjoghurt (je 175 g)

Zubereitungszeit: 45 Min.
(+ 30 Min. Garen + 20 Min. Abtropfen)

Pro Portion: 1600 kJ/380 kcal

1 Spinat verlesen, die Blätter putzen, gründlich waschen, abtropfen lassen und grob hacken. Zwiebeln schälen und fein würfeln.

2 Butter in einem großen Topf erhitzen. Zwiebelwürfel darin glasig dünsten. Hackfleisch hinzufügen, mit dem Kochlöffel fein zerdrücken und unter Rühren bei starker Hitze anbraten, bis der Saft verdampft ist und sich das Fleisch leicht bräunt. Auf Mittelhitze schalten.

3 Reis in einem Sieb abspülen, abtropfen lassen und unter das Hackfleisch mischen. Den Spinat unterheben und unter Rühren zusammenfallen lassen. Die Brühe, Pfeffer, Piment- und Paprikapulver einrühren und alles kurz aufkochen. Das Gericht zugedeckt bei schwacher Hitze in etwa 30 Min. garen. Nach Bedarf noch ⅛ l Wasser hinzufügen, damit es sehr saftig bleibt.

4 Spitzsieb über eine Schüssel hängen, eine Kaffeefiltertüte hineinstecken, Joghurt einfüllen und etwa 20 Min. abtropfen lassen. Abgetropften Joghurt in ein Schüsselchen geben. Die Spinat-Hackfleisch-Mischung mit Salz und Pfeffer herzhaft abschmecken und dazu Joghurt servieren. Bei Tisch gibt sich jeder 1–2 EL Joghurt zu dem Gericht und ißt beides zusammen.

Klößchen in Zitronensauce
Terbiyeli köfte

Deftig · Gelingt leicht

Zutaten für 4 Portionen:
500 g Rinderhackfleisch
80 g Langkornreis
2 mittelgroße Zwiebeln (200 g)
1 Bund glatte Petersilie
2 Eier · Salz
schwarzer Pfeffer, frisch gemahlen
1 Msp. Pimentpulver
2 EL Mehl · 30 g Butter
Saft von 1 Zitrone
1 Msp. scharfes Paprikapulver

Zubereitungszeit: 30 Min.
(+ 30 Min. Garen)

Pro Portion: 1900 kJ/450 kcal

1 Hackfleisch in eine Schüssel geben. Reis in einem Sieb abspülen und abtropfen lassen. Zwiebeln schälen und sehr fein würfeln. Petersilie waschen und trockenschütteln, die Blättchen hacken. Den Reis, 1 Ei sowie die Hälfte der Zwiebeln und der Petersilie unter das Hackfleisch mischen. Salz, Pfeffer und Pimentpulver hinzufügen. Alles gründlich verkneten.

2 Mit angefeuchteten Händen aus je 1 TL Fleischmasse Klößchen formen. Das Mehl in eine Schüssel sieben. Die Klößchen so lange darin wälzen, bis alle mit einer dünnen Mehlschicht überzogen sind. Das überschüssige Mehl abschütteln.

3 In einem Topf 1¼ l Wasser mit den restlichen Zwiebelwürfeln, Salz und Butter aufkochen. Die Klößchen vorsichtig hineingeben und zugedeckt bei schwacher Hitze etwa 30 Min. garen.

4 Topf von der Kochstelle nehmen. Ei mit Zitronensaft in einer Schüssel verquirlen, in die Brühe im Topf einrühren, leicht erhitzen, bis die Sauce etwas eindickt (sie darf aber nicht kochen, sonst gerinnt sie).

5 Restliche Petersilie in die Sauce geben, mit Salz und Pfeffer abschmecken. Paprikapulver auf die Oberfläche streuen. Klößchen und Sauce in Suppentellern mit Brot servieren.

Fleisch und Geflügel

Gefüllte Auberginen

Mittelanatolien · Etwas schwieriger Karnıyarık

Zutaten für 4 Portionen:
4 mittelgroße Auberginen (1 kg)
5 EL Olivenöl
2 mittelgroße Zwiebeln (200 g)
5 mittelgroße Tomaten (500 g)
250 g Rinderhackfleisch
1 EL Tomatenmark
Salz
schwarzer Pfeffer, frisch gemahlen
1 Bund glatte Petersilie
2 rote milde oder scharfe Peperoni

Zubereitungszeit: 45 Min.
(+ 30 Min. Backen)

Pro Portion: 1400 kJ/330 kcal

1 Auberginen waschen. Das Grün rund um die Stielansätze dünn abschälen, dabei die Stiele nicht entfernen. Von den Auberginen im Abstand von etwa 1,5 cm längs 1 cm breite Streifen abschälen, bis die Auberginen ganz gestreift sind. Bei einem der abgeschälten Streifen jeder Aubergine jeweils einen langen, tiefen Einschnitt anbringen (er dient später als Tasche). Die Früchte abtrocknen.

2 Backofen auf 175° (Gas Stufe 2) vorheizen. 3 EL Olivenöl in einer Pfanne erhitzen. Auberginen bei starker Hitze rundherum in 5–7 Min. hellbraun anbraten und aus der Pfanne nehmen. Zwiebeln schälen und fein hacken. 4 Tomaten mit kochendem Wasser übergießen, kurz stehenlassen, häuten, die Stielansätze herausschneiden und das Fruchtfleisch würfeln. 1 Tomate waschen und in 4 Scheiben schneiden.

3 Die restlichen 2 EL Olivenöl in der Pfanne stark erhitzen, Hackfleisch unter Rühren so lange anbraten, bis der Saft verdampft ist, dabei die Fleischmasse fein zerdrücken. Zwiebeln dazugeben und glasig dünsten. Tomatenwürfel und Tomatenmark unterrühren und alles bei schwacher Hitze etwa 1 Min. schmoren.

4 Pfanne von der Kochstelle nehmen, Füllmasse mit Salz und Pfeffer abschmecken. Petersilie waschen, trockenschütteln, die Blättchen hacken und daruntermischen. Auberginen mit dem Einschnitt nach oben in eine Auflaufform setzen. Hackfleischmasse in die Taschen füllen, den Rest auf den Auberginen verteilen.

5 Peperoni waschen, längs halbieren, Kerne und nach Belieben Stiele entfernen, Schoten ausspülen und je eine Hälfte zusammen mit jeweils 1 Tomatenscheibe auf jede Aubergine legen. ¼ l Wasser angießen. Die Auberginen etwa 30 Min. im Backofen (Mitte) backen. Ganz heiß servieren.

Getränk: Ein vollmundiger Rotwein, z.B. ein Villa Neva Rot aus dem Gebiet der Ägäis, schmeckt besonders gut dazu.

Tip! Für Gäste lassen sich die Auberginen in größerer Menge in der Fettpfanne des Backofens garen.

Fleisch mit Kichererbsen

Mittelanatolien · Wintergericht

Nohut

Zutaten für 4 Portionen:
250 g getrocknete Kichererbsen
400 g durchwachsenes Lamm-
oder Kalbfleisch
2 mittelgroße Zwiebeln (200 g)
2 milde Spitzpaprikaschoten
2 mittelgroße Tomaten (200 g)
40 g Butter
1 EL Tomatenmark
schwarzer Pfeffer, frisch gemahlen
½ TL Paprikaflocken (Pulbiber)
Salz
200 g Sucuk (türkische
Knoblauchwurst)
½ Bund glatte Petersilie

Zubereitungszeit: 25 Min.
(+ 12 Std. Einweichen
+ 1 Std. 20 Min. Garen)

Pro Portion: 3600 kJ/860 kcal

1 Kichererbsen in einem Sieb abbrausen und in reichlich Wasser über Nacht einweichen. Am nächsten Tag das Fleisch kalt abspülen, trockentupfen und in etwa 2,5 cm große Würfel schneiden. Zwiebeln schälen und fein hacken. Spitzpaprika waschen, Schoten längs halbieren, Stiele, Kerne und weiße Rippen entfernen, Schoten ausspülen und in grobe Stücke schneiden. Tomaten mit kochendem Wasser übergießen, kurz stehenlassen, häuten, Stielansätze herausschneiden und das Fruchtfleisch würfeln.

2 Butter in einem Topf erhitzen und das Fleisch bei starker Hitze in 7–8 Min. rundherum anbraten, bis der Saft verdampft ist und sich die Würfel bräunen. Zwiebeln hinzufügen und bei mittlerer Hitze glasig dünsten. Tomatenwürfel dazugeben und kurz mitgaren. ½ l Wasser angießen und aufkochen lassen. Tomatenmark, Pfeffer und Paprikaflocken unterrühren. Zugedeckt bei schwacher Hitze etwa 20 Min. garen.

3 In einem anderen Topf Kichererbsen im Einweichwasser bei schwacher Hitze etwa 15 Min. offen garen, dabei den Schaum abschöpfen. Kichererbsen mit dem Schaumlöffel aus dem Kochwasser heben und zum Fleisch geben. Paprikaschoten untermischen, nach Bedarf noch ⅛ l kochendes Wasser dazugießen und alles weitere 35–40 Min. zugedeckt sanft garen, bis Fleisch und Kichererbsen weich sind. Gericht mit Salz abschmecken.

4 Die Knoblauchwurst häuten und in Scheibchen schneiden, unter den Eintopf heben und darin 5 Min. mitgaren. Petersilie waschen und trockenschütteln, die Blättchen hacken und unterrühren.

Bedecktes Lamm

Mittelanatolien · Gelingt leicht

Kuzu kapama

Zutaten für 4 Portionen:
1 kg Lammkeule mit Knochen
Salz
2 Knoblauchzehen
schwarzer Pfeffer, frisch gemahlen
1 Bund Frühlingszwiebeln
6 Blätter Römischer Salat oder
Mangold
30 g Butter

Zubereitungszeit: 30 Min.
(+ 1 Std. 20 Min. Garen)

Pro Portion: 2700 kJ/640 kcal

1 Lammkeule abspülen. Einen Topf zur Hälfte mit Wasser füllen, Salz dazugeben und zum Kochen bringen. Fleisch darin bei schwacher Hitze etwa 20 Min. vorgaren und in einen Schmortopf legen. Brühe aufheben.

2 Knoblauch schälen, mit Salz im Mörser fein zerreiben, Pfeffer unterrühren und die Fleischoberfläche damit einreiben. Frühlingszwiebeln putzen und waschen. Brühe im Topf erhitzen. Salat- oder Mangoldblätter abspülen und mit den Frühlingszwiebeln in der Brühe etwa 5 Min. sprudelnd kochen.

3 Gemüse herausnehmen und leicht abtropfen lassen. Fleisch im Schmortopf zuerst mit Zwiebeln, dann mit Salat- oder Mangoldblättern bedecken. Butter in Flöckchen daraufgeben. ¼ l Brühe angießen und das Fleisch zugedeckt etwa 1 Std. bei schwacher Hitze schmoren.

Info: Dieses Gericht wird gerne im Frühling gegessen, bedeckt mit Blättern von Marul (Römischer Salat).

Frauenschenkel-Frikadellen

Deftig · Warm und kalt Kadınbudu köfte

Zutaten für 4 Portionen:
1 große Zwiebel (150 g)
50 g Langkornreis
50 g Butter
Salz
750 g Rinderhackfleisch
3 Eier
schwarzer Pfeffer, frisch gemahlen
1 Msp. Pimentpulver
1 Bund glatte Petersilie
2 EL Mehl
8 EL Sonnenblumenöl

Zubereitungszeit: 45 Min.
(+ 20 Min. Garen
+ Abkühlen)

Pro Portion: 3400 kJ/810 kcal

1 Zwiebel schälen und fein würfeln. Reis in einem Sieb abspülen und abtropfen lassen. 25 g Butter in einem Topf erhitzen und die Zwiebelwürfel darin glasig dünsten. Reis untermischen und kurz mitbraten. 200 ml Wasser angießen und mit Salz würzen. Reis zugedeckt bei schwacher Hitze in etwa 20 Min. garen, ausquellen und abkühlen lassen.

2 Die Hälfte des Hackfleisches in 25 g Butter anbraten, dabei die Fleischmasse fein zerdrücken. Hackfleisch abkühlen lassen. Mit dem rohen Hackfleisch und 2 Eiern zum Reis geben. Salz, eine gute Prise Pfeffer und Pimentpulver dazugeben. Petersilie waschen und trockenschütteln, die Blättchen fein hacken und mit den übrigen Zutaten gründlich unter die Fleischmasse kneten.

3 Mehl auf einen Teller sieben. Das übrige Ei in einem tiefen Teller verquirlen. Öl in einer Pfanne erhitzen. Aus je 2 EL Fleischmischung ovale Frikadellen formen. Diese zuerst in Mehl, dann im verquirlten Ei wenden und bei mittlerer Hitze von jeder Seite in 2–3 Min. goldbraun braten. Die Frikadellen schmecken warm und kalt.

Info: Der Name der Frikadellen stammt von der Form, die Frauenschenkeln gleichen soll.

Tip! Die Frikadellen mit geviertelten Salatherzen und Tomatenscheiben anrichten.

Fleischspießchen vom Grill

Sommergericht · Gelingt leicht   Şiş kebap

Zutaten für 4 Portionen:
600 g Lammfleisch aus der Keule, ohne Knochen
1 große Zwiebel (150 g)
Salz
schwarzer Pfeffer, frisch gemahlen
4 EL Olivenöl, kaltgepreßt,
+ Öl für die Spießchen
2 EL Zitronensaft
6 kleinere Tomaten (300 g)
8 rote milde oder scharfe Peperoni
8 Metallspießchen
1 Bund glatte Petersilie
2 TL getrockneter Oregano

Zubereitungszeit: 1 Std.
(+ 4 Std. Marinieren)

Pro Portion: 2000 kJ/480 kcal

1 Fleisch kalt abspülen, trockentupfen und in etwa 2 cm große Würfel schneiden. Zwiebel schälen, fein reiben, den Saft in eine Schüssel drücken. Salz, Pfeffer, Olivenöl und Zitronensaft unterrühren, das Fleisch in der Marinade wenden, mindestens 4 Std. zugedeckt im Kühlschrank durchziehen lassen.

2 Tomaten waschen, vierteln, Stielansätze herausschneiden und Kerne mit einem Teelöffel ausschaben. Peperoni waschen. Stielansätze entfernen. 4 Schoten mit den Kernen quer in etwa 2 cm große Stücke schneiden.

3 Grill vorheizen. Metallspießchen einölen. Abwechselnd Fleischwürfel, Tomatenviertel und Peperonistücke aufstecken. Spießchen auf dem Rost von jeder Seite 5–6 Min. grillen. Dabei die restlichen 4 Peperoni an den Grillrand legen. Petersilie waschen und trockenschütteln, die Stengel einkürzen. Petersilie auf 4 Teller legen, je 2 Spieße mit 1 gegrillten Peperoni darauf anrichten und mit Oregano bestreuen.

Getränk: Ein trockener Villa Doluca Rosé oder Rot paßt ausgezeichnet dazu.

Variante: Lammkoteletts vom Grill (Pirzola ızgarası)
Dafür 8 Lammkoteletts, vom türkischen Metzger mit »Stielchen« zum Anfassen geschnitten, marinieren und grillen. Das Gemüse am Grillrand mitrösten. Fleisch mit Oregano bestreuen. Reichen Sie dazu Fladenbrot, das Sie leicht eingeölt und auf dem Grill aufgebacken haben. Dazu ißt man auch ganze Frühlingszwiebeln oder Salat.

Hähnchen in Auberginenpüree

Istanbul · Braucht etwas Zeit

Beğendili piliç

Zutaten für 4 Portionen:
1 kg kleine Auberginen
Saft von 1 Zitrone
80 g Butter
1 gehäufter EL Mehl
3/8 l Milch
3 EL Kaşar-Käse, frisch gerieben
Salz
1 küchenfertiges Hähnchen
(etwa 1,2 kg)
3 Schalotten
3 große Tomaten (450 g)
1/2 TL getrockneter Thymian
schwarzer Pfeffer, frisch gemahlen
1 Bund glatte Petersilie

Zubereitungszeit: 45 Min.
(+ 30 Min. Rösten
+ 30 Min. Garen)

Pro Portion: 3100 kJ/740 kcal

1 Backofen auf 250° (Gas Stufe 5) vorheizen. Auberginen waschen, abtrocknen und im Backofen (Mitte) 20–30 Min. rösten, bis die Haut braun und runzelig wird. Auberginen kurz mit kaltem Wasser abschrecken und vom Stiel aus häuten. Die Früchte halbieren und die dunklen Kerne herausschaben. Auberginenfleisch sehr fein hacken, in eine Schüssel geben, sofort mit Zitronensaft beträufeln und beiseite stellen.

2 In einer Kasserolle 30 g Butter erhitzen. Mehl bei mittlerer Hitze darin hell anschwitzen. Auberginenmus mit dem Schneebesen kräftig unterrühren. Milch nach und nach dazugießen und unter Rühren aufkochen lassen. Etwa 2 Min. bei schwacher Hitze köcheln, bis die Masse dick wird, dann beiseite stellen. Käse mit 20 g Butter untermischen. Püree mit Salz abschmecken.

3 Hähnchen waschen, abtrocknen und in 8 Portionen teilen. Schalotten schälen. Tomaten mit kochendem Wasser übergießen, kurz stehenlassen, häuten, die Stielansätze herausschneiden und das Fruchtfleisch würfeln. 30 g Butter in einer Kasserolle erhitzen, Geflügelstücke bei starker Hitze auf jeder Seite etwa 10 Min. hellbraun anbraten, dann auf einen Teller legen.

4 Schalotten im Fett der Kasserolle glasig dünsten. Tomatenwürfel bei mittlerer Hitze etwa 3 Min. schmoren. 1/4 l Wasser angießen, aufkochen, mit Thymian, Salz und Pfeffer abschmecken. Geflügelstücke hinzugeben, zugedeckt in etwa 30 Min. bei schwacher Hitze garen. Auberginenpüree erhitzen und auf Teller verteilen. Geflügelstücke mit Sauce darauf anrichten. Petersilie waschen, trockenschütteln, mit den Blättchen die Portionen garnieren.

Hühnerfleisch-Röllchen

Gaziantep · Würzig

Piliç sarması

Zutaten für 4 Portionen:
4 Stücke ausgelöste Hühnerbrust
(etwa 400 g) · Salz
schwarzer Pfeffer, frisch gemahlen
100 g geschälte Pistazien
50 g junger Kaşar-Käse
Holzspießchen
1 Eiweiß · 3 EL Sonnenblumenöl
1 TL Mehl · Saft von 2 Orangen
Cayennepfeffer
4 Orangenscheiben zum Garnieren

Zubereitungszeit: 45 Min.

Pro Portion: 1600 kJ/380 kcal

1 Hühnerbrust waschen und abtrocknen. Die Stücke flach auf ein Schneidebrett legen und mit einem scharfen Messer quer in der Mitte teilen, so daß insgesamt 8 dünne Scheiben entstehen. Diese leicht mit Salz und Pfeffer bestreuen.

2 Die Hälfte der Pistazien im Blitzhacker fein zerkleinern und auf den Scheiben verteilen. Käse in 8 kleine dünne Scheibchen schneiden und darauf legen. Geflügelscheibchen zusammenrollen, die Enden mit Holzspießchen befestigen. Eiweiß in einem tiefen Teller verquirlen.

Restliche Pistazien etwas gröber hacken und auf einem Teller verteilen. Geflügelröllchen erst in Eiweiß wenden, dann in den gehackten Pistazien wälzen. Die Nüsse andrücken.

3 Öl in einer Pfanne erhitzen. Röllchen bei mittlerer Hitze rundherum 8–10 Min. braten, dann herausnehmen und warm stellen. Mehl im Fett derselben Pfanne anschwitzen, mit Orangensaft ablöschen und kurz aufkochen. Mit wenig Salz und Cayennepfeffer abschmecken. Sauce an die Röllchen gießen und servieren. Mit halbierten Orangenscheiben garnieren.

258 Fleisch und Geflügel

Lammhaxen kastilische Art

Braucht etwas Zeit

Jarrete de cordero a la castellana

Zutaten für 4 Portionen:
4 Lammhaxen (je etwa 450 g)
½ l trockener Weißwein
3 EL Weißweinessig
3 Lorbeerblätter
1 Zweig Thymian
1 Zweig Rosmarin
6 Wacholderbeeren
1 TL schwarze Pfefferkörner
1 große Zwiebel
4 Knoblauchzehen
2 Möhren
1 große Fleischtomate
Salz

Zubereitungszeit: 15 Min.
(+ 12 Std. Marinieren
+ 1½ Std. Garen)

Pro Portion: 5000 kJ/1200 kcal

1 Lammhaxen in einen großen Bräter legen. Mit Weißwein und Weißweinessig übergießen, so daß die Lammhaxen knapp bedeckt sind. Lorbeerblätter, Thymian, Rosmarin, Wacholderbeeren und Pfefferkörner dazugeben.

2 Zwiebel und Knoblauch schälen, beides fein hacken. Möhren schälen und in kleine Würfel schneiden. Tomate überbrühen, häuten, quer halbieren, entkernen, Stielansatz entfernen und das Fruchtfleisch grob zerteilen. Das Gemüse mischen, salzen und auf den Lammhaxen verteilen.

3 Den Bräter zugedeckt über Nacht in den Kühlschrank stellen und die Lammhaxen marinieren.

4 Am nächsten Tag alles aufkochen und zugedeckt bei sehr schwacher Hitze in etwa 1½ Std. garziehen lassen. In dem Sud servieren. Als Beilage Salzkartoffeln reichen.

Getränk: Dazu paßt ein trockener Weißwein besonders gut.

Variante: Die Lammhaxen mit vorgegarten weißen Bohnen, Möhren und Gewürzen ebenso lange garen wie im obigen Rezept angegeben. Als Beilage weißes Landbrot servieren.

Kaninchen maurische Art

Aus Andalusien · Für Gäste **Conejo al estilo morisco**

Zutaten für 6 Portionen:
1 Kaninchen (etwa 2 kg),
möglichst vom Händler in
6 Portionsstücke hacken lassen
1 kg Zwiebeln · 1 Knoblauchknolle
100 ml Olivenöl · Salz
schwarzer Pfeffer, frisch gemahlen
1 Döschen Safran (0,2 g)
¼ l trockener Weißwein
50 g Rosinen

Zubereitungszeit: 45 Min.
(+ 45 Min. Garen)

Pro Portion: 3300 kJ/790 kcal

1 Das Kaninchen, wenn noch nicht geschehen, in 6 möglichst gleich große Portionsstücke zerteilen. Den Backofen auf 160° (Gas Stufe 1) vorheizen. Zwiebeln schälen und in dünne Ringe schneiden. Knoblauch schälen und in dünne Scheiben schneiden.

2 In einem Bräter das Olivenöl erhitzen. Die Kaninchenteile bei starker Hitze von allen Seiten anbraten, kräftig salzen und pfeffern, aus dem Bräter nehmen und beiseite stellen.

3 Zwiebelringe im verbliebenen Bratfett bei schwacher Hitze glasig dünsten und die Hälfte davon herausnehmen. Die Kaninchenstücke in den Bräter auf die Zwiebeln legen. Knoblauch mit den restlichen Zwiebeln mischen und darauf verteilen.

4 Den Bräter zugedeckt in den Backofen (Mitte) stellen und alles etwa 20 Min. braten. Inzwischen Safran und Weißwein mischen und über die Kaninchenstücke gießen, die Rosinen darüber streuen. Alles in weiteren 25 Min. fertiggaren lassen. Mit weißem Landbrot servieren.

Variante: Kaninchen Jäger Art
Kaninchen zerteilen und goldbraun anbraten. 1 gehackte Zwiebel und 2 Knoblauchzehen dazugeben. Mit etwas Weißwein ablöschen, 3 grobgehackte Tomaten, 2 TL Thymian und 1 Lorbeerblatt und Rosmarinzweig dazugeben, aufkochen und zugedeckt etwa 30 Min. schmoren. 250 g halbierte Champignons nach etwa 15 Min. dazugeben. Die Sauce abschmecken und gehackte Petersilie einstreuen.

Schweinelende in Schinken

Aus Extremadura · Festlich Solomillo de cerdo con jamon

Zutaten für 6 Portionen:
1 kg Schweinelende
Salz
schwarzer Pfeffer, frisch gemahlen
1 TL mildes Paprikapulver
250 g Serrano-Schinken in nicht zu dünnen Scheiben
500 g Perlzwiebeln (ersatzweise Schalotten)
2 EL Olivenöl
100 ml trockener Sherry Fino
¼ l Fleischbrühe

Zubereitungszeit: 35 Min. (+ 1 Std. Garen)

Pro Portion: 1900 kJ/450 kcal

1 Fleisch abspülen, trockentupfen und mit Salz, Pfeffer und Paprika einreiben.

2 Die Hälfte der Schinkenscheiben nebeneinander legen und die Schweinelende darauf setzen, die restlichen Schinkenscheiben darauf legen und das Fleisch darin einhüllen, mit Küchenzwirn festbinden. Perlzwiebeln schälen. Den Backofen auf 200° (Gas Stufe 3) vorheizen.

3 Olivenöl in einem Bräter erhitzen und das Fleisch darin bei starker Hitze rundum kräftig anbraten. Zwiebeln dazugeben und bräunen lassen.

4 Mit Sherry ablöschen und Fleischbrühe dazugießen. Den Backofen auf 180° (Gas Stufe 2) zurückschalten, den Braten in die Mitte stellen und etwa 1 Std. garen, dabei immer wieder mit der Sauce bepinseln.

5 Braten herausnehmen, in Scheiben schneiden, mit den Zwiebeln anrichten und warm stellen. Die Sauce aufkochen, abschmecken, dazu reichen.

Tip! Anstatt das Fleisch einzuwickeln, die Schinkenscheiben in Würfel schneiden und zusammen mit den Zwiebeln braten.

Serrano-Schinken wird 6 Monate gepökelt, dann luftgetrocknet.

Serrano-Schinken

Dieser Schinken ist wohl die beliebteste kulinarische Köstlichkeit Spaniens. Das Fleisch ist von frischer roter Farbe, mit zarten Fettadern durchzogen und hat einen aromatischen, milden Geschmack. Oft wird er einfach in Scheiben oder Stücke geschnitten und als Tapa mit Weißbrot und Sherry genossen. Aber auch vielen Gerichten im ganzen Land gibt er sein typisches Aroma, und selbst die Knochen sind noch sehr begehrt zum Mitkochen in Eintöpfen. Was aber ist das Besondere? Das kleine schwarze Cerdo iberico, eine besondere Schweinerasse läuft frei herum und ernährt sich nur von Gräsern und Kräutern. Seine Keulen werden in einer Höhe von mindestens 700 Meter über dem Meeresspiegel 6 Tage in Meersalz gepökelt. Die weitere Reifung in frischer Bergluft dauert nochmals 9 bis 16 Monate, je nach Lebendgewicht des Schweines. Diese langwierige Prozedur hat ihren Preis, den Kenner aber gerne dafür bezahlen.

Wildschweinragout

Aus Rioja · Festlich **Jabalí con higos en rioja**

Zutaten für 4 Portionen:
1 mittelgroße Zwiebel · 2 Möhren
4 Knoblauchzehen
100 g Speck, durchwachsen, in dickeren Scheiben
800 g Wildschweinfleisch aus dem Schlegel
2 EL Olivenöl · Salz
schwarzer Pfeffer, frisch gemahlen
2 Lorbeerblätter
1 Zweig frischer oder
1 TL getrockneter Thymian
1 TL Pfefferkörner
2 Nelken · 2 EL Sherryessig
¼ l Rotwein aus Rioja
¼ l Fleischbrühe
1 Bund glatte Petersilie
100 g getrocknete Feigen

Zubereitungszeit: 45 Min. (+ 1 Std. Garen)

Pro Portion: 3700 kJ/880 kcal

1 Zwiebel und Möhren schälen. Zwiebel hacken, Möhren klein würfeln. Knoblauch schälen und in Scheiben schneiden. Speck von der Schwarte befreien und klein würfeln.

2 Fleisch in Würfel von etwa 1½ cm Kantenlänge schneiden. Olivenöl in einem Topf erhitzen und die Fleischwürfel bei starker Hitze portionsweise darin anbraten, salzen, pfeffern und herausnehmen.

3 Speck im verbliebenen Bratfett anbraten. Zwiebel, Möhren und Knoblauch dazugeben.

4 Fleisch untermischen, Lorbeerblätter, Thymian, Pfefferkörner, Nelken und 1 Prise Salz untermischen. Mit Sherryessig und Rotwein ablöschen und die Fleischbrühe dazugießen, so daß das Fleisch knapp von Flüssigkeit bedeckt ist. Alles langsam aufkochen lassen und zugedeckt bei schwacher Hitze etwa 1 Std. garen.

5 Die Petersilie waschen, trockenschütteln, Blätter abzupfen und nicht zu fein hacken. Lorbeerblätter und Nelken herausnehmen. Die Feigen vierteln und mit der Petersilie etwa 10 Min. vor Garzeitende unter das Ragout mischen. Als Beilage Kartoffeln servieren.

Getränk: Dazu paßt ein Rioja, möglichst dieselbe Sorte, die zum Kochen verwendet wurde.

Lammragout Navarra
Cochifrita a la navarra

Festlich

Zutaten für 4 Portionen:
1 große Zwiebel
1 kg Lammfleisch aus der Schulter
150 g Speck, durchwachsen, ohne Schwarte, in dicken Scheiben
1 EL Olivenöl · 3 Knoblauchzehen
2 TL mildes Paprikapulver
Salz
schwarzer Pfeffer, frisch gemahlen
1 Zweig Rosmarin
300 ml Rotwein aus Navarra
1 Bund glatte Petersilie
Saft von ½ Zitrone

Zubereitungszeit: 25 Min.
(+ 50 Min. Garen)

Pro Portion: 1600 kJ/380 kcal

1 Zwiebel schälen und fein hacken. Fleisch in mundgerechte Würfel schneiden.

2 Speck klein würfeln. Olivenöl in einem Bräter erhitzen und den Speck langsam ausbraten. Fleischwürfel bei mittlerer Hitze portionsweise darin anbraten.

3 Zwiebel untermischen. Knoblauch schälen und darüber pressen, alles in etwa 5 Min. hellbraun braten. Paprikapulver unterrühren, mit Salz und Pfeffer würzen und den Rosmarinzweig dazugeben. Rotwein dazugießen und im offenen Topf bei mittlerer Hitze um die Hälfte einkochen lassen.

4 Petersilie waschen, trockenschütteln, abzupfen und fein hacken. Zitronensaft unter das Ragout mischen und zugedeckt bei schwacher Hitze 20 Min. garen. Nochmals abschmecken, nach Geschmack nachwürzen und die Petersilie untermischen. Mit grünen Bohnen und Kartoffeln servieren.

Getränk: Rotwein aus Navarra schmeckt besonders gut dazu.

Variante: Lammragout Extremadura
Lammwürfel mit 1 Zwiebel und 8 kleingehackten Knoblauchzehen kräftig anbraten. 2 Fleischtomaten, 2 gewürfelte Paprikaschoten, 1 Nelke und 1 Lorbeerblatt dazugeben. Mit Salz, Pfeffer, Kreuzkümmel und Paprika würzen. Alles knapp mit Wasser bedecken und etwa 45 Min. garen. 3 Scheiben eingeweichtes Weißbrot nach Garzeitende unterrühren und abschmecken.

Hühnerbrüstchen mit Minze

Aus Sevilla · Raffiniert

Pechuga de pollo con salsa de naranja y menta

Zutaten für 4 Portionen:
2 mittelgroße unbehandelte Orangen
2 EL Olivenöl
4 Hühnerbrüstchen, gehäutet (je etwa 200 g)
Salz
schwarzer Pfeffer, frisch gemahlen
8 cl Amontillado (Sherryvariante)
⅛ l Geflügelbrühe
½ Bund frische Minze

Zubereitungszeit: 40 Min. (+ 20 Min. Garen)

Pro Portion: 1200 kJ/290 kcal

1 Orangen heiß abbürsten. Von einer Orange die Schale dünn schälen und die Schalenstücke in ganz feine Streifen schneiden. Diese Orange und eine halbe Frucht auspressen, die restliche Fruchthälfte in Scheiben schneiden.

2 Olivenöl in einer breiten Pfanne erhitzen, Hühnerbrüstchen darin etwa 6 Min. bei starker Hitze braten, dabei einmal wenden. Herausnehmen, auf eine Platte legen, salzen, pfeffern und warm stellen.

3 Das Fett aus der Pfanne wegkippen. Amontillado hineingießen und den Bratensatz loskochen. Orangenschalenstreifen, Orangensaft und Geflügelbrühe hinzufügen und bei starker Hitze um ein Drittel einkochen.

4 Minze abbrausen, trockenschütteln, Blättchen abzupfen und etwa 10 beiseite legen. Die restlichen Blätter fein hacken und in die Sauce rühren, mit Salz und Pfeffer würzen und die Hühnerbrüstchen etwa 10 Min. zugedeckt darin gar ziehen lassen.

5 Hühnerbrüstchen auf einer Platte anrichten, mit der Sauce übergießen und mit Minzeblättchen und Orangenscheiben garnieren. Mit Safranreis servieren.

Getränk: Ein Rosé aus Katalanien paßt besonders gut dazu.

Sherry

Der berühmte Wein aus der weißen Palomino Traube verdankt seinen Namen der andalusischen Stadt Jerez de la Frontera, denn um diesen Ort herum wird er in festgelegten Zonen angebaut. Die kreidehaltige Erde und das besondere Klima der Gegend sowie die spezielle Anbauweise machen diesen Wein einmalig. Sein besonderes Aroma erhält der Vino de Jerez während der Reife, wo er durch Luftzufuhr eine Hefe, Flor genannt, entwickelt. Ausgebaut wird der Wein im Solera-System. Dabei lagern mehrere Fässer übereinander und es werden unterschiedliche Jahrgänge miteinander verschnitten. Im obersten Faß reift der jüngste, im untersten der älteste Sherry. Jedes Jahr nimmt man aus dem untersten Faß ein Drittel heraus und füllt es mit Wein aus dem darüberliegenden Faß auf. So bleibt der Typ stets der gleiche. Der Alkoholgehalt liegt je nach Variante zwischen 15 und 20%. Der bekannteste Sherry ist der trockene strohgelbe Fino. Weitere Varianten sind der Manzanilla und der meist halbtrockene Amontillado. Auch der Oloroso ist meist halbtrocken. Cream Sherry dagegen ist durch sein süßes Aroma ein typischer Dessertwein.

Sherry erhält sein besonderes Aroma durch eine Hefe, »Flor« genannt.

Sehr deftig

Hähnchen baskische Art
Pollo a la vasca

Zutaten für 4 Portionen:
300 g Schalotten
2 große rote Paprikaschoten
(etwa 350 g)
100 g Serrano-Schinken
4 mittelgroße grüne Paprikaschoten
(etwa 600 g)
4 Knoblauchzehen
1 Hähnchen, küchenfertig vorbereitet (etwa 1,2 kg)
3 EL Schweineschmalz · Salz
schwarzer Pfeffer, frisch gemahlen
4 EL Tomatenmark
¼ l trockener Weißwein

Zubereitungszeit: 30 Min.
(+ 50 Min. Garen)

Pro Portion: 2900 kJ/690 kcal

1 Backofen auf 250° (Gas Stufe 5) vorheizen. Schalotten schälen. Rote Paprikaschoten etwa 20 Min. auf den Rost im Backofen (Mitte) legen, bis die Haut Blasen wirft und braun wird. Herdtemperatur auf 150° (Gas Stufe 1) zurückschalten. Paprikaschoten häuten und Kerngehäuse entfernen. Das Fruchtfleisch in schmale Streifen schneiden.

2 Inzwischen Schinken klein würfeln. Grüne Paprikaschoten putzen, waschen und in schmale Streifen schneiden. Knoblauchzehen schälen.

3 Hähnchen in 8 Teile zerlegen, in einem Bräter in 3 EL Schweineschmalz bei mittlerer Hitze hellbraun anbraten, salzen, pfeffern und herausnehmen.

4 Zwiebeln im verbliebenen Fett hellbraun braten. Schinken und Tomatenmark unterrühren, Knoblauch dazupressen. Mit Weißwein aufgießen und Paprikastreifen dazugeben. Hähnchenteile darauf legen und zugedeckt etwa 50 Min. schmoren lassen. Mit Kartoffeln und Tomatensalat servieren.

Getränk: Ein trockener Weißwein, z.B. aus dem Riojagebiet, paßt hervorragend dazu.

Perlhuhn mit Aprikosen

Aus Katalonien · Raffiniert **Pintada al albaricoques**

Zutaten für 4 Portionen:
1 große Zwiebel · 2 Möhren
2 Perlhühner (je etwa 550 g) · Salz
schwarzer Pfeffer, frisch gemahlen
3 EL Olivenöl · 2 Knoblauchzehen
4 cl spanischer Brandy
1 Stück Zimtstange
2 Lorbeerblätter
1 Bund glatte Petersilie
1 Zweig frischer oder
1 TL getrockneter Thymian
400 ml Geflügelbrühe
300 g frische oder
200 g getrocknete Aprikosen
50 g Pinienkerne
1–2 TL Rotweinessig

Zubereitungszeit: 30 Min.
(+ 1¼ Std. Garen)

Pro Portion: 1700 kJ/400 kcal

1 Zwiebel schälen und fein hacken, Möhren in Scheiben hobeln. Perlhühner innen und außen salzen und pfeffern. Die Beine mit Küchenzwirn zusammenbinden.

2 Backofen auf 180° (Gas Stufe 2) vorheizen. Olivenöl in einem Bräter erhitzen, Perlhühner darin bei mittlerer Hitze hellbraun anbraten. Zwiebel und Möhren hinzufügen und etwa 5 Min. dünsten. Knoblauch dazupressen.

3 Mit Brandy ablöschen. Zimtstange, Lorbeerblätter, Thymian und Petersilie zu den Perlhühnern geben. Mit Geflügelbrühe aufgießen und zugedeckt im Backofen (Mitte) etwa 30 Min. garen.

4 Inzwischen Aprikosen kurz in siedendes Wasser legen, eiskalt abschrecken, häuten und die Steine entfernen. Nach etwa 30 Min. zu den Perlhühnern geben und weitere 25 Min. garen. Inzwischen Pinienkerne in einer trockenen Pfanne goldbraun rösten.

5 Perlhühner herausnehmen und warm stellen. Zimtstange, Lorbeerblätter, Thymian und Petersilie aus dem Topf nehmen und wegwerfen. Sauce pürieren und im offenen Topf dicklich einkochen. Mit Salz, Pfeffer und Rotweinessig abschmecken.

6 Perlhühner von Küchenzwirn befreien, in Portionsstücke zerteilen, auf einer Platte anrichten, mit Pinienkernen bestreuen. Die Sauce getrennt dazu reichen. Mit Reis servieren.

Betrunkene Wachteln

Aus Kastilien · Geht schnell

Codornices emborrachadas

Zutaten für 4 Portionen:
4 Wachteln, küchenfertig vorbereitet (je etwa 300 g)
1 mittelgroße Zwiebel
50 g Serrano-Schinken
4 EL Olivenöl
Salz
schwarzer Pfeffer, frisch gemahlen
4 cl Brandy de Jerez
½ l trockener Weißwein
100 ml Sahne

Zubereitungszeit: 15 Min.
(+ 30 Min. Garen)

Pro Portion: 3000 kJ/710 kcal

1 Wachteln längs halbieren. Zwiebel fein hacken. Schinken klein würfeln.

2 Olivenöl in einem breiten Topf erhitzen, Wachteln darin beidseitig bei mittlerer Hitze hellbraun anbraten, herausnehmen, salzen und pfeffern.

3 Zwiebel und Schinken im verbliebenen Bratfett bei schwacher Hitze etwa 3 Min. dünsten. Mit Brandy de Jerez ablöschen, Weißwein dazugießen und aufkochen.

4 Wachtelhälften hineinlegen und zugedeckt bei schwacher Hitze etwa 30 Min. schmoren lassen. Anschließend herausnehmen und warm stellen. Sahne in die Sauce gießen und im offenen Topf um knapp ein Drittel einkochen, mit Salz und Pfeffer abschmecken. Wachteln mit der Sauce anrichten. Mit Reis oder Kartoffeln servieren.

Variante:
Wachteln in Schokoladensauce
Wachteln goldbraun braten, würzen, und warm stellen. 1 gehackte Zwiebel und 2 Knoblauchzehen weich dünsten. Mit ¼ l Rotwein ablöschen, zugedeckt etwa 15 Min. köcheln. Danach Wachteln in den Sud legen und etwa 8 Min. ziehen lassen. Dann 3 EL Rotweinessig und 3 EL geraspelte Bitterschokolade in den Sud rühren und langsam erwärmen, bis die Schokolade geschmolzen ist und die Sauce dicklich wird. Über die Wachteln gießen, sofort servieren.

Täubchen Toledo

Festlich

Pichones a la toledana

Zutaten für 4 Portionen:
2 Zwiebeln
5 Knoblauchzehen
4 Tauben, küchenfertig vorbereitet (je etwa 300 g)
4 EL Olivenöl · Salz
schwarzer Pfeffer, frisch gemahlen
8 cl trockener Sherry Fino
1 EL Sherryessig

Zubereitungszeit: 20 Min.
(+ 40 Min. Garen)

Pro Portion: 2900 kJ/690 kcal

1 Zwiebeln schälen und fein hacken, Knoblauchzehen ungeschält etwas andrücken.

2 Tauben vierteln, in einem breiten Topf in heißem Olivenöl portionsweise bei mittlerer Hitze hellbraun anbraten, salzen und pfeffern. Zwiebeln und Knoblauchzehen dazugeben. Mit Sherry ablöschen, Sherryessig dazugießen und zugedeckt bei schwacher Hitze etwa 40 Min. garen lassen.

3 Tauben herausnehmen und warm stellen. Sauce im offenen Topf bei starker Hitze etwa 3 Min. einkochen. Sauce durch ein Sieb gießen und, falls nötig, nachwürzen. Dazu weißes Landbrot servieren.

Getränk: Dazu paßt ein trockener Sherry Fino besonders gut.

Variante: Sie können 2 gehäutete, entkernte und grobgehackte Fleischtomaten und 100 g entsteinte, grüne Oliven mitschmoren. Das macht das Gericht etwas deftiger.

Tip! Anstelle des Sherrys können Sie auch trockenen Weißwein verwenden, der dann aber auch als Getränk besser paßt.

Fleisch und Geflügel **271**

Stifádo

Aus Zentralgriechenland
Schmortopf

Zutaten für 4 Portionen:
800 g Kalbfleisch
(Schulter oder Nacken)
3/8 l Rotwein · 2 Lorbeerblätter
1 Stück Zimtstange
2 Gewürznelken
800 g Schalotten
4 Knoblauchzehen
300 g Fleischtomaten · 6 EL Olivenöl
½ TL Zucker · Salz
schwarzer Pfeffer, frisch gemahlen

Zubereitungszeit: 1 Std.
(+ 12 Std. Marinieren
+ 1 Std. Garen)

Pro Portion: 1900 kJ/450 kcal

1 Kalbfleisch in etwa 5 cm große Würfel schneiden, in einer Schüssel mit Rotwein begießen, Lorbeer, Zimt und Nelken hinzufügen. Fleisch im Kühlschrank über Nacht marinieren.

2 Am nächsten Tag Schalotten und Knoblauch schälen. Tomaten häuten, Stielansätze entfernen und das Fruchtfleisch würfeln. Fleisch abtropfen lassen, Wein und Gewürze aufheben.

3 Olivenöl erhitzen und das Fleisch bei starker Hitze portionsweise rundum anbraten, dann herausnehmen. Im Bratfett Schalotten und Knoblauch glasig dünsten. Tomaten untermischen und alles 2–3 Min. schmoren.

4 Das Fleisch mit dem ausgetretenen Saft zurück in den Topf geben, Wein und Gewürze hinzufügen, alles mit Zucker, Salz und reichlich Pfeffer würzen. Das Fleisch zugedeckt 1–1¼ Std. bei schwacher Hitze schmoren. Zwischendurch vorsichtig umrühren, damit die Schalotten ganz bleiben. Nach Bedarf etwas Wasser nachgießen. Stifádo abschmecken und servieren.

Tip! Hase oder Kaninchen eignen sich für diese Zubereitungsart ebenfalls.

Getränk: Dazu paßt ein roter Cava Armanti von Kreta.

Smyrna-Würstchen

Aus Athen · Deftig
Soutsoukákia Smyrnáika

Zutaten für 4 Portionen:
400 g reife Tomaten
5 EL Olivenöl · Salz
½ TL Zucker
schwarzer Pfeffer, frisch gemahlen
½ TL scharfes Paprikapulver
3 EL Rotwein
500 g Rinderhackfleisch
1 trockenes Brötchen
1 Zwiebel · 1 Knoblauchzehe
½ Bund glatte Petersilie
1 Ei · 1 EL Mehl
1 kleiner Zweig frischer Thymian

Zubereitungszeit: 45 Min.

Pro Portion: 1700 kJ/400 kcal

1 Für die Sauce Tomaten mit heißem Wasser übergießen, häuten, Stielansätze entfernen und Fruchtfleisch würfeln. In einer Kasserolle 2 EL Olivenöl erhitzen, Tomaten bei mittlerer Hitze anschmoren. Salz, Zucker, Pfeffer, Paprikapulver und Rotwein unterrühren und zugedeckt etwa 15 Min. bei schwacher Hitze köcheln lassen.

2 Hackfleisch in eine Schüssel geben. Brötchen in Wasser einweichen. Zwiebel und Knoblauch schälen, sehr klein würfeln und zum Fleisch geben. Petersilie abspülen, fein hacken und dazugeben. Brötchen ausdrücken, mit Ei, Salz und 1 Prise Pfeffer dazugeben. Alles gründlich verkneten.

3 Aus je 1 gehäuften EL Fleisch Bällchen formen. Mehl auf einen Teller sieben, die Bällchen darin wenden. 3 EL Olivenöl in der Pfanne erhitzen. Die Bällchen darin braun braten. Sauce nach Bedarf mit etwas Wasser verlängern, aufkochen, Thymianblättchen unterrühren. Bällchen 8–10 Min. in der Sauce ziehen lassen, mit Brot servieren.

Variante: Fleischbällchen

Für die »Keftédes« Hackfleisch zusätzlich mit 8 Blättchen frischer, gehackter oder ½ TL getrockneter Minze, 1 EL Ouzo und 1 gehäuften EL geriebenem Kefalotiri-Käse verkneten, aus je 1 TL Hackfleisch Bällchen formen, diese in Mehl wenden und in Olivenöl ausbacken.

Lamm aus dem Ofen

Vom Peloponnes · Deftig

Arni sto foúrno

Zutaten für 4–5 Portionen:
1 Lammkeule (1½–2 kg)
Saft von 1½ Zitronen
Salz
schwarzer Pfeffer, frisch gemahlen
1 kleiner Zweig frischer Rosmarin
4 Knoblauchzehen
1 kg Kartoffeln, festkochend
75 ml Olivenöl (ersatzweise
75 g flüssige Butter)
2 Zweige frischer oder
1 TL getrockneter Thymian
2 Zweige frische oder 1 knapper TL
getrocknete Minze

Zubereitungszeit: 30 Min.
(+ 2 Std. Garen)

Bei 5 Portionen pro Portion:
3100 kJ/740 kcal

1 Von der Lammkeule das Fett bis auf eine dünne Schicht abschneiden. Das Fleisch abspülen und abtrocknen. Lammkeule in die Fettpfanne legen, rundum mit etwas Zitronensaft einreiben und leicht mit Salz und Pfeffer bestreuen. Rosmarinzweig abspülen und unter die Keule schieben.

2 Den Backofen auf 180° (Gas Stufe 2) vorheizen. Knoblauchzehen schälen und in lange, dünne Stifte schneiden. Mit einem spitzen Küchenmesser das Fleisch rundum mehrmals einstechen und die Knoblauchstifte hineinstecken.

3 Kartoffeln schälen, waschen, längs halbieren und um die Lammkeule legen. Mit Salz und Pfeffer bestreuen und mit dem restlichen Zitronensaft beträufeln. Olivenöl über Keule und Kartoffeln gießen. 1 Tasse heißes Wasser in die Fettpfanne geben.

4 Die Keule mit den Kartoffeln im Ofen (Mitte) etwa 1 Std. garen. Zwischendurch öfter mit der Flüssigkeit aus der Fettpfanne begießen, nach Bedarf etwas mehr heißes Wasser dazugeben.

5 Nach etwa 1 Std. Fleisch und Kartoffeln umdrehen, in 1 weiterer Std. fertiggaren. Kräuter abspülen, trockenschütteln, die Blättchen hacken und etwa 10 Min. vor dem Ende der Garzeit über Fleisch und Kartoffeln streuen. Mit in Butter gedünsteten grünen Bohnen oder Spinat servieren.

Getränk: Dazu paßt ein roter Nemea vom Peloponnes.

Huhn mit Okraschoten

Aus Zentralgriechenland

Kotópoulo me bámies

Zutaten für 4 Portionen:
1 küchenfertiges Brathuhn
(etwa 1,2 kg)
Salz
schwarzer Pfeffer, frisch gemahlen
100 g Frühlingszwiebeln
400 g Tomaten
600 g möglichst kleine Okraschoten
(eßbarer Eibisch)
2 EL Weinessig
4 EL Olivenöl
⅛ l trockener Weißwein

Zubereitungszeit: 40 Min.
(+ 40 Min. Garen)

Pro Portion: 2300 kJ/550 kcal

1 Das Huhn außen und innen kalt abspülen, mit Küchenpapier abtrocknen und in 8 Teile schneiden. Diese leicht mit Salz und Pfeffer einreiben.

2 Zwiebeln putzen, abspülen und in kurze Stücke schneiden. Tomaten mit heißem Wasser übergießen, häuten und Fruchtfleisch würfeln. Bei den Okraschoten die Kappen spitz zuschneiden, ohne das Fruchtfleisch zu verletzen. Kaltes Wasser mit Essig in eine Schüssel geben und die Okraschoten hineinlegen.

3 In einer Pfanne mit hohem Rand und Deckel Olivenöl stark erhitzen, Huhnteile rundum goldbraun anbraten, herausnehmen. Zwiebel glasig braten, Tomaten ½ Min. mitschmoren. Wein und ¼ l Wasser unterrühren und aufkochen. Sauce mit Salz und Pfeffer abschmecken und die Hühnchenteile darin verteilen. Zugedeckt bei mittlerer Hitze etwa 20 Min. dünsten.

4 Kocht die Sauce zu stark ein, noch ⅛ l heißes Wasser unterrühren. Sauce abschmecken, Okraschoten abtropfen lassen und vorsichtig zwischen die Hühnchenteile betten, so daß sie mit Sauce bedeckt sind.

5 Die Schoten bei schwacher Hitze etwa 20 Min. mitdünsten. Gericht nicht umrühren, sonst wird die Sauce schleimig. Zwischendurch Pfanne nur leicht rütteln. Das Gericht mit frischem Weißbrot servieren.

Kalbfleisch mit Quitten

Von den Dodekanes-Inseln Moscári me kidónia

Zutaten für 4 Portionen:
800 g Kalbfleisch, leicht durchwachsen
1 mittelgroße Zwiebel
800 g reife Quitten · 6 EL Olivenöl
1 knapper EL Zucker
1 Msp. Kreuzkümmel, gemahlen
1 Stückchen Zimtstange · Salz
schwarzer Pfeffer, frisch gemahlen
100 ml Orangensaft
1 Stückchen Schale von
1 unbehandelten Orange
1 Zweig frische Minze

Zubereitungszeit: 30 Min.
(+ 30–40 Min. Garen)

Pro Portion: 1700 kJ/400 kcal

1 Fleisch abspülen, abtrocknen und in etwa 3 cm große Würfel schneiden. Zwiebel schälen und klein würfeln. Quitten schälen und das Fruchtfleisch rund um das Kerngehäuse in Stücken abschneiden.

2 In einem Bräter 3 EL Olivenöl erhitzen, Quitten hineingeben, Zucker überstreuen und bei starker Hitze unter Rühren die Quitten anschmoren und leicht karamelisieren lassen. 300 ml Wasser dazugießen, aufkochen und dann beiseite stellen.

3 In einer Pfanne 3 EL Olivenöl erhitzen, Fleisch und Zwiebeln bei starker Hitze rundum anbraten. Kreuzkümmel, Zimt, Salz und 1 gute Prise Pfeffer untermischen und kurz mitbraten.

4 Orangensaft über das Fleisch gießen, aufkochen und alles unter die Quitten mischen. Das Gericht bei schwacher Hitze zugedeckt 30–40 Min. schmoren, nach Bedarf noch ein wenig Wasser unterrühren. Fleisch und Quitten mit Salz abschmecken. Orangenschale in dünne Streifchen schneiden, Minzeblättchen abspülen das Gericht mit beiden garnieren. Mit Brot oder Reis servieren.

Getränk: Ein halbtrockener weißer Vin de Prince von Kreta paßt gut dazu.

Tip! Auch Huhn, Schweine- oder Lammfleisch schmeckt, mit Quitten gegart, köstlich.

Ragout mit Sellerie

Aus Zentralgriechenland Chirinó me sélino

Zutaten für 4 Portionen:
200 g Zwiebeln
800 g Schweinegulasch
40 g Butterschmalz
1 Bund Petersilie
¼ l trockener Weißwein · Salz
schwarzer Pfeffer, frisch gemahlen
700 g möglichst kleiner Knollensellerie
2 Eier · Saft von 1 Zitrone

Zubereitungszeit: 30 Min.
(+ 1¼ Std. Garen)

Pro Portion: 3200 kJ/760 kcal

1 Zwiebeln schälen und würfeln. Das Fleisch im heißen Schmalz bei starker Hitze rundum anbraten, den Fleischsaft verdampfen lassen. Zwiebeln hinzufügen und glasig braten.

2 Petersilie abspülen, trockenschütteln und die Blättchen hacken. Mit Wein sowie ⅜ l heißem Wasser unter das Fleisch rühren und aufkochen. Das Fleisch mit Salz und Pfeffer würzen und zugedeckt bei schwacher Hitze etwa 45 Min. köcheln.

3 Sellerie schälen und in mittelgroße Würfel schneiden. Nach den 45 Min. unter das Fleisch rühren. ⅛ l heißes Wasser hinzugeben und etwa 30 Min. weitergaren. Topf von der Kochstelle nehmen. Eier mit Zitronensaft verquirlen, 4–5 EL voll heißer Sauce hineinrühren. Die Mischung unter das Gericht rühren und erneut unter Rühren erwärmen, doch nicht mehr aufkochen. Mit Weißbrot servieren.

Getränk: Ein trockener weißer Landwein von Attika, ein Kourtaki, schmeckt sehr gut dazu.

Fleisch und Geflügel **277**

Zicklein in Orangensaft

Von Kreta · Braucht etwas Zeit

Katsitzaki che chímó portokáli

Zutaten für 4 Portionen:
1 kg Zickleinfleisch aus der Keule
⅜ l frisch gepreßter Orangensaft
3 dünne, etwa 4 cm lange
Streifen Orangenschale
Saft von ½ Zitrone · 2 Knoblauchzehen
4 Zweige frischer Thymian
200 g Schalotten · 40 g Butterschmalz
Salz · ¼ TL Zucker
schwarzer Pfeffer, frisch gemahlen
3 EL Weinbrand · 250 g Chylopittes
70 g Graviéra-Käse, gerieben

Zubereitungszeit: 30 Min.
(+ 12 Std. Marinieren
+ 45 Min. Garen)

Pro Portion: 3400 kJ/810 kcal

1 Fleisch abspülen und in etwa 3 cm große Würfel schneiden. In eine Schüssel legen, Orangensaft, -schale und Zitronensaft hinzufügen. Knoblauch schälen, halbieren und mit den Thymianzweigen zwischen das Fleisch legen, zugedeckt im Kühlschrank über Nacht marinieren.

2 Schalotten schälen und längs halbieren oder vierteln. Das Fleisch abtropfen lassen und den Saft aufheben. Orangenschale, Knoblauch und Thymian beiseite legen. Backofen auf 200° (Gas Stufe 3) vorheizen. Schmalz in einem Bräter erhitzen und das Fleisch bei starker Hitze rundum anbraten, den Fleischsaft verdampfen lassen. Knoblauch und Schalotten unterrühren und glasig braten.

3 Marinade und ½ l Wasser dazugießen und aufkochen. Orangenschale, Thymian, Salz, Zucker und Pfeffer unterrühren. Bräter zugedeckt in den Ofen (Mitte) stellen. Nach etwa 15 Min. Backofen auf 180° (Gas Stufe 2) schalten und das Fleisch weitere 15 Min. garen.

4 ½ l heißes Wasser und Weinbrand dazugießen und das Gericht mit Salz und Pfeffer abschmecken. Nudeln unterrühren und zugedeckt im Backofen weitere 15–20 Min. garen, dabei einmal umrühren. Mit Käse zum Überstreuen und Weißbrot servieren.

Noch heute wird Brot in Griechenland in Steinbacköfen gebacken.

Brot

Dorfbäckereien mit gewölbten Steinbacköfen und moderne Stadtbäckereien liefern das Brot, das zu jeder griechischen Mahlzeit gehört. Zu den gebräuchlichsten Sorten zählen Fratzóla, längliches, knuspriges Weißbrot, und Karvéli, ovales oder rundes, helles Graubrot mit krosser Kruste. Immer verfügbar ist auch Paximádia, zweimal gebackenes, trockenes Brot. Zu den Festtagen gehören die traditionellen Brote wie Christópsomo, das Weihnachtsbrot, Vasilópitta, das Neujahrsbrot und Lagána, das Fastenbrot aus ungesäuertem Teig, oval, flach, knusprig und mit Sesam bestreut. Es wird 40 Tage vor Ostern, zu Beginn der Fastenzeit gegessen. Lazárapso mit Korinthen und Sesam genießt man am Samstag vor Ostern, Tsourékia zum Osterfest. Das Hochzeitsbrot, verschwenderisch mit Blüten verziert, wird auf Kreta verschenkt und aufbewahrt.

Eine besondere Delikatesse ist Eliópsomo, ein mit Olivenstücken gebackenes graues Brot. Prósforo, Kirchenbrot, wird an religiösen Feiertagen vom Priester gesegnet und nach Hause getragen.

# Ossobuco alla milanese

Aus Mailand · Für Gäste **Geschmorte Kalbshaxe**

Zutaten für 6–8 Portionen:
4 mittelgroße Möhren
4 Stangen Bleichsellerie
3 mittelgroße Zwiebeln
3 Knoblauchzehen
4 EL Butter
6–8 Kalbshaxenscheiben (quer zum Knochen gesägt, etwa 3 kg)
Salz · schwarzer Pfeffer aus der Mühle
Mehl zum Wenden
6 EL Olivenöl, kaltgepreßt
¼ l Weißwein
1 kg reife Fleischtomaten (oder Tomaten aus der Dose)
1 Bund Petersilie
¼ l Fleischbrühe + Brühe zum Begießen
je ½ TL Thymian und Oregano
2 Lorbeerblätter

Für die Gremolata:
2 unbehandelte Zitronen
2 Bund glatte Petersilie
5 Knoblauchzehen

Zubereitungszeit: 50 Min.
(+ 2–3 Std. Schmorzeit)

Bei 8 Portionen pro Portion:
2400 kJ/570 kcal

1 Möhren, Sellerie, Zwiebeln und Knoblauchzehen klein würfeln. Im Bräter bei schwacher Hitze Butter zerlassen. Sobald sie klar ist, das Gemüse unter Rühren darin anschmoren, bis es leicht gebräunt ist.

2 Die Kalbshaxen mit Küchengarn rund binden. Salzen, pfeffern, in Mehl wenden. Überschüssiges Mehl wieder abklopfen. In Olivenöl in einer großen Pfanne portionsweise bei mäßiger Hitze hellbraun braten. Herausnehmen und auf das angeschmorte Gemüse setzen.

3 Das Öl aus der Pfanne gießen. Bratfond mit ¼ l Weißwein aufkochen, dabei rühren, bis der Satz aufgelöst und der Wein auf 4–6 EL eingekocht ist. Den Backofen auf 175° (Gas Stufe 2) vorheizen.

4 Die Tomaten mit kochendem Wasser überbrühen, häuten, halbieren und die Kerne entfernen. Tomaten aus der Dose auf einem Sieb abtropfen lassen. In Stücke schneiden. Petersilie mit Stengeln grob hacken.

5 Pfannenfond mit Fleischbrühe aufgießen, gehackte Petersilie, Thymian, Oregano, Lorbeerblätter und Tomatenstücke dazugeben. Aufkochen, salzen und pfeffern.

6 Die Sauce über die Fleischstücke gießen. Auf dem Herd aufkochen. Deckel auflegen und in den Ofen schieben. 2–3 Std. schmoren, dabei die Scheiben alle 30 Min. mit etwas Brühe übergießen.

7 Für die Gremolata: Schale von 2 Zitronen fein abreiben. Petersilie fein hacken. 5 Knoblauchzehen ganz fein würfeln. Alles vermischen. Fertig geschmortes Fleisch vom Küchengarn befreien und in eine Schüssel heben. Gemüse mit Sauce darüber schöpfen. Mit Gremolata bestreuen.

Saltimbocca alla romana

Aus Latium · Schnell

Kalbsschnitzel mit Schinken und Salbei

Zutaten für 4 Portionen:
8 dünne Kalbsschnitzel (ca. 500 g)
100 g Butter
8 frische Salbeiblätter
8 Scheiben luftgetrockneter Schinken (Parma oder San Daniele)
Salz
weißer Pfeffer aus der Mühle
4 EL Marsalawein oder Weißwein

Zubereitungszeit: 20 Min.

Pro Portion: 1600 kJ/380 kcal

1 Kalbsschnitzel vorsichtig flachklopfen. In einer großen Pfanne Butter aufschäumen lassen, Salbeiblätter etwa 1 Min. darin schwenken, herausnehmen und beiseite legen.

2 Schinkenscheiben in der Salbeibutter etwa 2 Min. leicht anbraten und ebenfalls herausnehmen. Zum Salbei geben, warm stellen.

3 Kalbsschnitzel in der gleichen Pfanne pro Seite etwa 2 Min. braten. Mit wenig Salz und Pfeffer würzen.

4 Auf einer vorgewärmten Servierplatte die Kalbsschnitzel mit je 1 Scheibe Schinken und 1 Salbeiblatt anrichten und abgedeckt warm stellen.

5 Den Bratenfond mit Marsalawein und 1 EL Wasser ablöschen, aufrühren und über die Saltimbocca gießen. Sofort servieren. Weißbrot und Salat der Saison dazu reichen.

Wein: Ein frischer, leichter Weißwein aus Latium, z. B. ein Frascati oder ein Est! Est!! Est!!! di Montefiascone, passen gut dazu.

Info: Saltimbocca heißt wortwörtlich übersetzt: »Spring in den Mund!« Wie der Name ausdrückt, ist es nur ein Häppchen.

Salbei

Hausgärtchen in Südtirol mit Salbeistrauch.

Der Name Salbei kommt vom lateinischen »salvus« und heißt gesund. Schon vor 2000 Jahren empfahl der griechische Arzt Dioskorides Salbei zum Blutstillen, gegen Fieber und Nierensteine. Heute wird Salbei eher als Küchenkraut geschätzt. Die zarten Blätter des Echten Salbei kann man während des ganzen Sommers ernten. Die beste Erntezeit ist allerdings Mai/Juni, kurz vor dem Erscheinen der violett-bläulichen oder weißlichen Blüten, denn dann enthalten die Blätter die meiste Würzkraft. Die grünlich-silbergrauen filzigen Blätter enthalten ein ätherisches Öl, das dem Salbei den Duft und ein leicht bitteres Aroma verleiht. Das traditionelle Würzmittel bereichert viele Fleisch- und Fischgerichte der italienischen Küche. Erst beim Kochen entwickelt Salbei – sparsam verwendet – seinen vollen Geschmack. Auch getrockneter Salbei, dessen Blätter sich leicht zerreiben lassen, behält seine Würzkraft. Eine pikante Beilage zu Fleischgerichten sind frische Salbeiblätter, durch den Ausbackteig gezogen und in Fett schwimmend gebacken. Vielleicht wird Salbei deshalb so häufig als Gewürz verwendet, weil der Aberglaube besagt, sein Genuß mache den Menschen unsterblich.

Tacchino al latte

Aus der Toskana · Delikat

Geschmorter Truthahn in Milch

Zutaten für 4 Portionen:
1 kg Truthahnfleisch in Stücken
(Truthahnbrust oder -keule)
1 Zwiebel · 2 Möhren
1 Stange Bleichsellerie
4 Knoblauchzehen
4–6 Salbeiblätter
4 EL Olivenöl · 60 g Butter · Salz
weißer Pfeffer aus der Mühle
4 cl Weinbrand
¼ l Milch
250 g frische Pilze (Steinpilze, Egerlinge oder Maronen)

Zubereitungszeit: 1½ Std.

Pro Portion: 2100 kJ/500 kcal

1 Truthahnstücke abspülen und mit Küchenpapier abtrocknen. Zwiebel schälen, Möhren und Sellerie putzen, waschen und alles zusammen fein hacken. Knoblauchzehen schälen. Salbeiblätter waschen und abtupfen.

2 In einer großen Kasserolle Olivenöl zusammen mit den ganzen Knoblauchzehen erhitzen. 30 g Butter im heißen Öl zerlassen und die Salbeiblätter darin schwenken. Knoblauch wieder entfernen. Das Truthahnfleisch darin rundum golden anbraten. Mit Salz und Pfeffer würzen. Gemüse dazugeben und unter Rühren mitdünsten. Weinbrand mit ⅛ l Wasser verdünnen und das Geflügel damit nach und nach ablöschen. Zugedeckt bei schwacher Hitze 45–55 Min. je nach Größe der Fleischstücke schmoren lassen, dabei immer wieder etwas Flüssigkeit angießen. Das Fleisch mit Milch auffüllen und die Sauce unter Rühren etwas eindicken lassen. Truthahnstücke im vorgeheizten Backofen warm stellen.

3 Pilze putzen und in Scheiben schneiden. 30 g Butter zerlassen, Pilze darin kurz andünsten. Mit der Sauce ablöschen und etwa 10 Min. ziehen lassen. Truthahnstücke mit der Pilzsauce überziehen.

Faraona con patate

Aus der Emilia-Romagna · Festlich

Perlhuhn mit Kartoffeln und Schalotten

Zutaten für 4 Portionen:
1 kleines Perlhuhn (etwa 1 kg)
mit der Leber
8 EL Olivenöl, kaltgepreßt
3 Salbeiblätter
Mehl zum Bestäuben · Salz
3 Scheiben geräucherter, durchwachsener Speck ohne Schwarte
2 Knoblauchzehen
1 kleine Orange oder Mandarine
schwarzer Pfeffer aus der Mühle
300 g junge kleine Kartoffeln
300 g Schalotten
1 Rosmarinzweig

Zubereitungszeit: 1¼ Std.

Pro Portion: 2600 kJ/620 kcal

1 Vom Perlhuhn die Leber herausnehmen. In einer kleinen Pfanne 1 EL Olivenöl erhitzen und mit 1 Salbeiblatt aromatisieren. Leber leicht mit Mehl bestäuben und kurz darin anbraten. Mit etwas Salz bestreuen und abkühlen lassen. Leber in kleine Stücke schneiden, 1 Scheibe Speck würfeln. Knoblauch schälen und mit den restlichen Salbeiblättern fein hacken. Orange oder Mandarine pellen, in Schnitze teilen und das Fruchtfleisch klein schneiden. Alles in einer kleinen Schüssel locker vermischen.

2 Perlhuhn sorgfältig abspülen, mit einem Küchentuch abtrocknen, innen und außen mit Salz und Pfeffer einreiben. Das Huhn mit der vorbereiteten Mischung füllen und mit Küchenzwirn zunähen. Die Brustpartie mit den übrigen Speckscheiben abdecken und festbinden. Backofen auf 220° (Gas Stufe 4) vorheizen.

3 Kartoffeln schälen, waschen, abtrocknen und in Scheiben schneiden. Schalotten schälen und halbieren. Eine Bratreine mit 3 EL Olivenöl ausgießen. Kartoffelscheiben auf dem Boden auslegen, mit 3 EL Olivenöl beträufeln, salzen und pfeffern. Die Rosmarinblätter vom Zweig zupfen und verteilen. Ringsherum die Schalotten im ganzen anordnen. Perlhuhn mit 1 EL Olivenöl bestreichen und in die Mitte setzen. Die Reine in den Backofen (Mitte) schieben und das Perlhuhn auf jeder Seite in 20–30 Min. knusprig braten, bis sich der Flügel leicht löst.

Piccioni ripieni al forno

Aus Umbrien · Exklusiv

Gefüllte Tauben aus dem Backofen

Zutaten für 4 Portionen:
4 kleine Tauben mit Innereien (evtl. vom Händler ausnehmen lassen)
Salz
schwarzer Pfeffer aus der Mühle
Küchengarn
4 Scheiben Pancetta (luftgetrockneter Bauchspeck ohne Schwarte)
6 EL Olivenöl

Für die Füllung:
20 g Butter
⅛ l trockener Weißwein
1 Bund Petersilie
4 Knoblauchzehen
1 dicke Scheibe Schinken (etwa 40 g)
2 Brötchen ohne Rinde
⅛ l Milch zum Einweichen
1 Ei
Muskatnuß, frisch gerieben

Zubereitungszeit: 1½ Std.

Pro Portion: 3300 kJ/790 kcal

1 Wenn nötig, die Tauben ausnehmen. Leber und Herzen putzen, waschen und trockentupfen. Die Tauben unter fließendem Wasser waschen und abtrocknen. Eventuell noch vorhandene Federkiele aus der Haut zupfen. Innen und außen salzen und pfeffern.

2 Für die Füllung in einer Pfanne Butter zerlassen, Taubenleber und -nieren darin kurz anbraten. Die Hälfte des Weißweins angießen und die Innereien etwa 10 Min. zugedeckt schmoren lassen. Mit Salz und Pfeffer würzen.

3 Petersilie waschen und trockenschütteln. Knoblauch schälen und beides hacken. Den Schinken würfeln. Backofen auf 200° (Gas Stufe 3) vorheizen.

4 Brötchen in Milch einweichen. Ei verquirlen. Leber und Nieren zerkleinern und mit Petersilie, Knoblauch und Schinkenwürfeln zum Ei geben. Mit Salz, Pfeffer und Muskat würzen. Brötchen ausdrücken, fein hacken, hinzufügen und alles zu einem Teig kneten.

5 Tauben mit der Masse füllen, mit Küchengarn zunähen oder mit Zahnstocher zustecken, in Schinkenscheiben wickeln und in die Bratreine mit Olivenöl legen. Die Tauben je nach Größe 60–70 Min. im vorgeheizten Backofen (Mitte) goldbraun braten. Ab und zu mit dem übrigen Weißwein begießen.

6 Die Tauben aus dem Ofen nehmen, Küchengarn entfernen und die Tauben mit einer Geflügelschere halbieren. Gebratene Kartoffeln dazu reichen.

Wein: Ein trockener Rotwein aus der Toskana, z. B. ein Chianti Classico, schmeckt vorzüglich dazu.

Quaglie al tegame

Aus Venetien · Gelingt leicht

Geschmorte Wachteln mit Rosinen und Blattspinat

Zutaten für 4 Portionen:
8 fleischige Wachteln
(küchenfertig vorbereitet)
Salz
schwarzer Pfeffer aus der Mühle
8 Salbeiblätter
8 Knoblauchzehen
8 EL Rosinen
8 Zahnstocher
4 EL Olivenöl, kaltgepreßt
⅛ l trockener Weißwein
500 g Spinat

Zubereitungszeit: 50 Min.

Pro Portion: 2500 kJ/600 kcal

1 Wachteln putzen, Innereien herausnehmen, eventuell vorhandene Federkiele entfernen. Dann kurz abspülen und mit Küchenpapier abtrocknen. Die Vögel innen und außen mit wenig Salz und Pfeffer würzen.

2 Salbeiblätter waschen und trockentupfen. Knoblauchzehen schälen. Die Wachteln mit je 1 Salbeiblatt, 1 Knoblauchzehe und 1 EL Rosinen füllen. Die Bauchhöhlungen mit Zahnstochern verschließen.

3 Olivenöl in einer großen Kasserolle erhitzen und die Wachteln darin von allen Seiten in etwa 5 Min. goldbraun anbraten.

4 Wachteln mit der Hälfte des Weines ablöschen und zugedeckt bei schwacher Hitze 20–30 Min. schmoren. Ab und zu mit dem übrigen Weißwein begießen. Den Bratensaft ohne Deckel etwa 5 Min. etwas eindicken lassen.

5 Spinat putzen und gründlich waschen. Naß in eine Kasserolle geben und zugedeckt bei schwacher Hitze etwa 1 Min. dämpfen, bis die Blätter zusammenfallen. Spinat abgießen, gut ausdrücken und fein hacken, dann in der Kasserolle (Wachteln vorher herausnehmen) mit dem heißen Wachtelfond schwenken. Mit Salz und Pfeffer abschmecken.

6 Wachteln mit dem Bratensaft anrichten und zusammen mit dem Blattspinat servieren.

Wein: Ein trockener granatroter Wein aus der Basilicata, z. B. ein leicht moussierender Aglianico del Vulture, schmeckt zu diesem Gericht vorzüglich.

KUCHEN UND DESSERTS

Bei den Desserts für jeden Tag zerbrechen sich die Bewohner der Mittelmeerländer selten den Kopf. Sie stellen einfach eine Schale mit frischen Früchten auf den Tisch, die es das ganze Jahr über im Überfluß gibt. Verführerisch schmecken die Früchte auch in Wein gekocht oder mit Eis serviert. Übrige Früchte werden getrocknet oder kandiert und können dann für Kuchen oder Gebäck Verwendung finden. An Sonn- und Feiertagen dagegen, oder wenn Gäste bewirtet werden, kennt die mediterrane Küche tausend feine Kleinigkeiten, bei deren Genuß man sich wie im Schlaraffenland fühlt.

In der Türkei und in Griechenland haben die Hausfrauen auch für überraschende Gäste zur Begrüßung immer etwas Süßes, Kekse oder ein Stück Kuchen bereit. In Griechenland reicht man zur Begrüßung köstliche Löffelsüßigkeiten, wie Sauerkirschen in Sirup, die man in einem eiförmigen Gefäß reicht, an dem viele kleine Löffelchen hängen. Süßes zum Dessert kennt man eigentlich erst, seit der Tourismus so große Bedeutung für das Land bekommen hat. Dagegen gibt es immer ein kleine Nascherei für zwischendurch oder für die kleine Gier am späten Abend. Die Vorliebe für mit Zucker- oder Honigsirup getränktes Gebäck teilen die Griechen mit ihren Nachbarn im östlichen Mittelmeerraum, wo Europa aufhört und der Orient beginnt.

Kuchen und Desserts

Pêche Melba

Pfirsich Melba

Sommerdessert · Gut vorzubereiten

Zutaten für 4 Portionen:
Für etwa 400 g Vanilleeis:
200 ml Milch
50 g frische Sahne
¼ Vanilleschote
2 zimmerwarme Eigelb
60 g Zucker
Für die Garnierung:
500 g Würfelzucker
½ Vanilleschote
2–4 reife weiße Pfirsiche
200 g frische Himbeeren
1 EL feinkörniger Zucker
nach Belieben: 4–8 frische Mandeln, aus der grünen Schale gelöst, gehäutet, in Stifte geschnitten

Zubereitungszeit: 45 Min.
(+ 30 Min. in die Eismaschine geben)

Pro Portion: 1800 kJ/430 kcal

1 Für das Vanilleeis Milch, Sahne und Vanilleschote aufkochen. In einer Schüssel Eigelbe mit Zucker im heißen Wasserbad schaumig schlagen. Heiße Milch durchsieben und unter Rühren mit der Eigelbmasse cremig schlagen. Creme erkalten lassen. Masse in einer Eismaschine 20–30 Min. gefrieren lassen.

2 Für den Sirup ¼ l Wasser mit Würfelzucker 3–5 Min. bei starker Hitze aufkochen, bis Blasen aufsteigen und der Sirup am Holzlöffel haftet. Vanilleschote dazugeben. Abkühlen lassen. Pfirsiche blanchieren, d.h. je 1 Min. in kochendheißes, anschließend in Eiswasser legen. Haut abziehen, Pfirsiche halbieren, in den Sirup legen. Himbeeren abbrausen. Mit feinkörnigem Zucker vermusen.

3 Eis in 4 vorgekühlte Eisbecher verteilen. Pfirsichhälften (ohne Sirup) daraufgeben. Himbeer-Püree darüber geben, mit Mandeln bestreuen.

Info: 1894 schenkte die australische Sängerin Nellie Melba dem französischen Küchenchef Auguste Escoffier zwei Karten für die Oper Lohengrin. »Ihr« Koch, der aus Villeneuve-Loubet (bei Nizza) stammte, bedankte sich dafür mit diesem Dessert. Aus einem Eisblock schnitzte er einen Schwan und stellte einen Silberbecher mit dem »Pêche au cygne« zwischen die Flügel. Doch erst zur Eröffnung des Carlton-Hotels in London (1899) erlangte diese der Sängerin Melba gewidmete Eisspeise Weltruhm.

Crème d'Homère

Languedoc · Gut vorzubereiten

Parfümierte Karamelcreme

*Zutaten für 4 Portionen,
für 4 Gratinförmchen von 8 cm Ø:
1/8 l frische Vollmilch · 125 g Sahne
2 EL cremiger Honig
Schale und Saft von
1/2 unbehandelten Zitrone
1 Msp. Zimt, gemahlen
1 Gewürznelke
1 Msp. Muskatnuß, frisch gerieben
75 g Zucker · 2 ganz frische Eier
1 ganz frisches Eigelb · 1 Prise Salz
5 cl süßer Muskatellerwein
(z.B. Muscat-de-Frontignan)
zum Garnieren: einige
Pistazienkerne und Minzeblättchen*

*Zubereitungszeit: 30 Min.
(+ 45 Min. Stocken lassen
+ 6 Std. Kühlen)
Pro Portion: 1200 kJ/290 kcal*

1 In einem hohen Topf Milch, Sahne, Honig, Zitronenschale, Zimt, Nelke und Muskat einmal aufkochen, Topf vom Herd nehmen. Zugedeckt 15–20 Min. ziehen lassen. Backofen auf 175° vorheizen. In einem breiten Topf unter Rühren Zucker mit 1 TL Wasser bei mittlerer Hitze so lange kochen, bis der Zucker goldbraun karamelisiert. Sofort (!) vom Herd nehmen, mit 1 EL Zitronensaft ablöschen und dann in die Förmchen verteilen.

2 In einer Schüssel 2 Eier, Eigelb, Salz und Wein verquirlen. Heiße Milch durchsieben, unter Rühren auf die Eier gießen. Eiercreme auf die Förmchen verteilen. Fettpfanne des Backofens mit Küchenpapier auslegen, etwa 2 cm hoch mit heißem Wasser füllen. Förmchen hineinstellen und Creme im Backofen (Mitte; Umluft 160°) in 30–45 Min. stocken lassen, bis die Masse fest ist. Abgekühlte Creme für 5–6 Std. in den Kühlschrank geben.

3 Mit einem Messer Creme ringsum vom Förmchenrand lösen und auf 4 Dessertteller stürzen. Nach Belieben mit Pistazien bestreuen und mit Minzeblättchen garnieren, zimmerwarm servieren.

Variante: Crème catalane
(Creme, katalanische Art)
Für 4 Förmchen von 15 cm Durchmesser: Creme aus 1/8 l Milch und 125 g Sahne, 60 g Zucker, 1/2 Vanilleschote und 1 TL zerstoßenen Fenchelsamen sowie 2 frischen Eiern wie angegeben zubereiten. Kalt mit 4 EL Rohrzucker bestreuen. Unter dem Grill goldbraun gratinieren. Sofort servieren.

Compote de figues

Aus der Provence · Gut vorzubereiten

Feigenkompott

Zutaten für 4 Portionen:
je 1 unbehandelte Zitrone
und Orange
1 l aromatischer Rotwein
(z.B. Côtes-de-Provence)
4–6 EL (Lavendelblüten-)Honig,
2 Prisen Thymianblättchen,
getrocknet
750 g vollreife blaue Feigen, ersatz-
weise 500 g getrocknete Feigen

Zubereitungszeit: 30 Min.
(+ mind. 3 Std. Abkühlen)

Pro Portion: 1600 kJ/380 kcal

1 Zitrone und Orange abbrausen. Mittelstück in je 4 etwa 1/2 cm dicke Scheiben schneiden, Kerne entfernen. In einem breiten Topf Wein mit Zitrone, Orange, Honig und Thymian zugedeckt bei starker Hitze etwa 5 Min. kochen. Feigen abbrausen, trockentupfen.

2 Zitronen- und Orangenscheiben entfernen, beiseite stellen. Feigen mit dem Stielende nach oben nacheinander in den kochenden Wein geben. Vollreife Feigen nur einmal aufkochen. (Frische Feigen 5–10 Min., getrocknete Feigen 1 1/2–2 Std. zugedeckt bei schwacher Hitze ziehen lassen.) Vom Herd nehmen. Zitronen- und Orangenscheiben wieder in den Topf geben. Feigen im Topf mind. 3 Std. abkühlen lassen.

3 Feigen, Zitronen- und Orangenscheiben mit einem Holzlöffel nacheinander in einen gläsernen Dessertpokal füllen. Weinsud durchsieben. Bei starker Hitze offen sirupartig auf die Hälfte einkochen. Über die Feigen gießen. Heiß, lauwarm oder kalt servieren.

Variante: Pêches à la lavande
(Pfirsiche mit Lavendelduft)
Für 6 Portionen: 4 EL frische Lavendelblüten mit 3/4 l Rotwein (z.B. Côtes-de-Provence) und 150 g Zucker aufkochen. 6 möglichst weiße, sehr reife Pfirsiche abbrausen, dann etwa 5 Min. zugedeckt bei mittlerer Hitze kochen. Dann 1–3 Tage in einem (Einmach-)Glas im Kühlen ruhen lassen. Wein durchsieben und mit den Pfirsichen servieren.

Fiadoni

Aus Bonifacio · Gelingt leicht

Schafkäsekuchen, korsische Art

Zutaten für 4–6 Portionen, für 1 Springform von 24 cm Ø:
500 g Brocciu (frischer Schafkäse), ersatzweise 350–400 g Ricotta
25 g kalte Butter · 125 g Mehl
160 g Zucker · 1 Prise Salz
1 kleines frisches Eigelb
etwa 2 EL Crème fraîche
etwas Butter für die Form
2 ganz frische kleine Eier (von je 50 g)
abgeriebene Schale von 1 unbehandelten Zitrone

Zubereitungszeit: 30 Min.
(+ 4 Std. Abtropfen
+ 30 Min. Ruhen
+ 1 Std. Backen)

Bei 6 Portionen
pro Portion: 2000 kJ/480 kcal

1 Käse etwa 4 Std. im Sieb abtropfen lassen (oder in Küchenpapier einschlagen), bis er trocken ist und etwa 250 g wiegt.

2 Für den Mürbeteig die kalte Butter mit Mehl, 60 g Zucker, Salz und Eigelb verkrümeln. Nur so viel Crème fraîche darunter kneten, bis der Teig glatt ist. Die Backform ausbuttern. Den Teig in die Form kneten und einen 2 cm hohen Rand formen. Teig 30 Min. lang im Kühlen ruhen lassen.

3 Nach 15 Min. Backofen auf 200° vorheizen. Teig im Backofen (Mitte; Umluft 180°) etwa 10–15 Min. vorbacken. Inzwischen Brocciu mit einer Gabel auflockern. Eier, restlichen Zucker und Zitronenschale darunterschlagen. Die Käsemasse auf dem Teig glattstreichen und den Kuchen im Backofen bei 175° (Umluft 160°) 35–45 Min. backen, bis der Kuchenbelag goldgelb aufgegangen und trocken ist. Im offenen, ausgeschalteten Backofen auskühlen lassen. Dann lauwarm servieren.

Variante: Papacciolu
(Schafkäseküchlein)

400 g Brocciu (ersatzweise 300 g Ricotta) wie angegeben trocknen, mit 2 Eigelben, 3 EL Zucker, feingeriebener Schale von ½ Zitrone und 2 cl Eau-de-vie vermischen, 1 steif geschlagenes Eiweiß vorsichtig unterheben. Je 1 EL auf 1 Kastanienblatt (oder Backpapier) geben. Im vorgeheizten Backofen bei 200° (Mitte; Umluft 180°) etwa 20 Min. backen, bis die Küchlein goldgelb und trocken sind.

Gâteau de châtaignes

Aus der Provence · Gut vorzubereiten

Kastanienküchlein

*Zutaten für 4 Portionen,
für 4 Gratinförmchen von 8 cm Ø:
500 g frische Eßkastanien,
ersatzweise etwa 175 g feines
Kastanienmehl
½ TL Salz
etwas Butter für die Förmchen
½ Vanilleschote
1 zimmerwarmes frisches Ei
(etwa 75 g)
100 g Sahne
100 g Zucker*

*Zubereitungszeit: 35 Min.
(+ 1 ¼ Std. Kastanien-Putzen/
Kochen + 40 Min. Backen
+ 20 Min. Abkühlen)*

Pro Portion: 1900 kJ/450 kcal

1 In einem mittelgroßen Topf 1 l Wasser erhitzen. Kastanien abbrausen und an der Spitze kreuzweise einschneiden. Kastanien im Topf offen bei starker Hitze etwa 10 Min. kochen. Wasser abgießen, Kastanien mit kaltem Wasser bedecken. Kastanienschalen und zartbraune Häutchen mit einem spitzen Messerchen abziehen. Kastanien in ½ l Salzwasser zugedeckt bei schwacher Hitze 20–30 Min. köcheln, bis sie ganz weich sind. (Garprobe: Probieren!) Wasser vollständig einkochen. Kastanien (bis auf 4 Stück zum Garnieren) durch ein stabiles Metallsieb streichen. 200 g Kastanien-»Mehl« bis zur Weiterverarbeitung beiseite stellen.

2 Backofen auf 200° vorheizen. Förmchen ausbuttern. Vanilleschote aufschneiden, Mark herausschaben. Eiweiß vom Eigelb trennen. Eigelb, Sahne, Zucker und Vanillemark mit selbstgemachten (oder feinem) Kastanienmehl gut vermischen. Eiweiß in einem fettfreien Gefäß mit etwas Salz etwa 5 Min. steif schlagen, bis eine Schnittlinie mit dem Messer sichtbar bleibt. Eiweiß mit einem Spatel vorsichtig unter die Kastanienmasse heben, dann in die Förmchen füllen. Im Backofen (Mitte; Umluft 180°) 30–40 Min. backen, bis die Küchlein dunkelbraun aufgehen. Bei offenem ausgeschaltetem Backofen etwa 20 Min. auskühlen lassen, aus den Förmchen nehmen, lauwarm servieren.

Tip! Zum Gâteau de châtaignes de Collobrières schmeckt eine Schokoladensauce wunderbar: 50 g zartbittere Schokolade im Wasserbad schmelzen lassen, herausnehmen, mit 25 g zimmerwarmer Butter und 2 EL Sahne verrühren.

# Tourta dé bléa

Rezept aus Nizza · Gut vorzubereiten

Mangoldkuchen

*Zutaten für 10–12 Portionen,
für 1 Backblech von 25 x 30 cm oder
2 Formen von 20 cm Ø:
etwas Butter für das Blech
Für den Teig: 125 g Butter
etwa 300 g Mehl · 125 g Zucker
1 Prise Salz · 1 frisches Ei (etwa 80 g)
Mehl für die Arbeitsfläche
Für den Belag:
Salz · 500 g Mangoldblätter,
ersatzweise 500 g Spinat
1/2 l Milch
4 frische Eier (etwa 300 g)
100–150 g Zucker
50 g Mehl · Mark von 1 Vanilleschote
abgeriebene Schale von
1 unbehandelten Zitrone
100 g Pinienkerne
200 g kandierte rote Kirschen*

*Zubereitungszeit: 1 1/4 Std.
(+ mind. 1 Std. Ruhen,
+ 50 Min. Backen + 1 Std. Abkühlen)
Bei 12 Portionen
pro Portion: 1800 kJ/430 kcal*

1 Backblech einfetten. Aus Butter, Mehl, Zucker, Salz und Ei einen Teig kneten. Nur so viel Mehl verwenden, bis er nicht mehr an den Händen klebt. Zwei Drittel des Teiges auf dem Blech ausrollen, einen etwa 3 cm hohen Rand formen, Teigrest in Alufolie packen. Teig mind. 1 Std. kühlen.

2 In einem großen Topf Salzwasser erhitzen. Mangold abbrausen. Für 3–5 Min. (Spinat 1–2 Min.) ins heiße Wasser geben. Sofort herausnehmen und im Eiswürfel-Wasserbad abschrecken, dann gut auspressen und so fein wie möglich hacken.

3 Backofen auf 200° vorheizen. Milch in einem hohen Topf erhitzen. Eier, Zucker, Mehl und Vanillemark zu einem glatten Teig rühren. Heiße Milch unter Rühren dazugeben. Im Topf bei mittlerer Hitze eine dicke Creme rühren. Diese Creme mit Mangold, Zitronenschale und Pinienkernen mischen, abkühlen lassen. Kuchenteig im Backofen (Mitte; Umluft 180°) etwa 10 Min. vorbacken. Restlichen Teig aus der Folie nehmen, auf einer bemehlten Arbeitsfläche ausrollen, in Streifen von etwa 1/2 cm Breite schneiden. Abgekühlte Mangoldcreme auf dem Teig glattstreichen. Die Teigstreifen schräg als rautenförmiges Gitter auf den Kuchen legen. In jede Raute 1 Kirsche legen. Kuchen im Backofen 40–50 Min. bakken. Dann bei offenem ausgeschalteten Backofen abkühlen lassen. Zimmerwarm servieren.

Baklava
Blätterteigschnitten

Gut vorzubereiten · Etwas schwieriger

Zutaten für 8–10 Portionen, für eine runde Kuchenform von 30–32 cm Ø:
Für den Teig:
1 kg Mehl · 4 Eier
40 ml Sonnenblumenöl · Salz
200 g Speisestärke
Für die Füllung:
200 g grobgemahlene Haselnüsse
3 EL Puderzucker · Backpapier
150 ml Sonnenblumenöl
+ Öl für die Form
Für den Sirup:
300 g Zucker
Saft von 1 Zitrone
Zum Bestreuen:
50 g grobgemahlene Haselnüsse

Zubereitungszeit: 3 Std.
(+ 2½ Std. Ruhen
+ 30 Min. Backen)

Bei 10 Portionen pro Portion:
3900 kJ/930 kcal

1 Mehl auf die Arbeitsfläche sieben und in der Mitte eine tiefe Mulde bilden. Eier aufschlagen und mit Öl hineingeben. 225 ml kaltes Wasser abmessen, ⅓ davon zu den Eiern gießen. 1 gestrichenen EL Salz auf den Mehlrand streuen. Mit einem Teigspatel Zutaten in der Mulde vermischen, dabei Mehl vom Rand unterrühren. Nach und nach Wasser dazugeben und immer mehr Mehl untermengen, dann alle Zutaten gründlich verkneten, bis ein elastischer Teig entstanden ist.

2 Teig mit den Handflächen und -ballen nach vorne und nach hinten reißend etwa 10 Min. kneten, dabei zu einer etwa 60 cm langen Rolle formen. Je ⅓ der Seiten über Kreuz legen, die Enden unter den Mittelteil stecken (als ob man seine Arme vor der Brust kreuzen und die Hände unter die Achselhöhlen stecken würde). Teig mit einem feuchten Tuch bedeckt etwa 20 Min. ruhen lassen.

3 Danach Teig der Länge nach strecken, mit den Handballen kräftig durchkneten, wieder zu einer Rolle formen und unter dem feuchten Tuch erneut etwa 20 Min. ruhen lassen. Diesen Vorgang noch zweimal wiederholen. Teig zu einer gleichmäßigen, etwa 2,5 cm dünnen Rolle formen, diese in 22 gleich große Stücke schneiden.

4 An den Rand der Arbeitsfläche etwas Speisestärke häufen. Schnittstellen von 2 Teigstücken leicht hineinstupsen, diese aufstellen und mit den Handflächen zart, in leicht drehenden Bewegungen zu Fladen von 8–9 cm Durchmesser flachdrücken. Sie müssen in der Mitte dick und zu den Rändern hin dünner sein. Fladen leicht mit Speisestärke bestäuben, aufeinanderlegen, zusammen noch einmal leicht flachdrücken. Das untere Stück auf das obere legen, das Ganze wiederholen, dann beiseite legen. Alle Teigstücke so formen und unter einem feuchten Tuch etwa 20 Min. ruhen lassen.

5 Jeden Fladen zu runden Teigplatten von etwa 20 cm Durchmesser so ausrollen, daß die Mitte dicker bleibt. Dazu immer von der Mitte aus zu den Rändern rollen. Speisestärke in ein kleines Sieb geben und die Platten von beiden Seiten gut bestreuen. Jeweils 1/3 der Platten aufeinandergelegt mit einem feuchten Tuch bedecken. Alle Platten etwa 45 Min. ruhen lassen. Für die Füllung Nüsse mit Puderzucker und 75 ml Wasser verrühren.

6 Zum fertigen Ausrollen der hauchdünnen Teigblätter (Yufka) sind ein orientalisches Rollholz (Oklava) und eine große Arbeitsfläche (am besten aus Marmor) erforderlich. Von der ersten Teigplatte mit einem breiten Pinsel feuchte Stärke entfernen, mit trockener Stärke besieben. Teig von der Mitte aus zuerst mit einer Backrolle, dann mit dem Rollholz auf einen Durchmesser von mindestens 50–60 cm ausrollen. Dazu Rand über das Holz legen und die Platte aufrollen, Holz an den Enden festdrückend 4–5mal nach vorne und hinten bewegen, Platte ganz aufrollen und an einem anderen Randteil ansetzend das Ganze wiederholen, bis die gewünschte Größe erreicht ist. Fertige Teigblätter aufeinanderlegen. Hierbei ist es wichtig, daß man die Reihenfolge der Blätter ändert, indem man den Stapel immer wieder umdreht. Jeweils 1/3 der fertigen Blätter zu Vierteln zusammenfalten und flachliegend in einer Kunststofftüte aufheben, bis alle fertig sind.

7 Backofen auf 200° (Gas Stufe 3) vorheizen. Form mit Backpapier auslegen, mit Öl einfetten. Nacheinander von 3 Yufkablättern Stärke abpinseln, dann jedes Blatt mit Öl beträufeln, Blätter in die Form legen und Ränder überhängen lassen. 9 Blätter auf Formgröße schneiden, Stärke abpinseln, Blätter einölen und aufeinander in die Form schichten. Füllung darauf verteilen. Ränder nach innen klappen. 2 Blätter auf Formgröße schneiden, Stärke abpinseln und ohne Einölen auf die Füllung legen. Darauf 6 Blätter in Formgröße, Stärke entfernt und Blätter mit Öl beträufelt, aufeinanderschichten. Die 2 letzten Blätter abpinseln, einölen, auflegen und die Ränder mit einem Messerrücken am Formrand vorsichtig unterschieben. Baklava in etwa 4 cm breite Streifen, dann in Rauten schneiden, mit dem restlichen Öl beträufelt im Backofen auf der zweituntersten Schiene etwa 30 Min. backen.

8 Zucker mit 200 ml Wasser bei starker Hitze etwa 2 Min. offen kochen, Zitronensaft unterrühren. Baklava sofort nach dem Backen mit dem heißen, dünnflüssigen Zuckersirup gleichmäßig begießen. In der Form abkühlen lassen. Vor dem Servieren jedes Stück mit Nüssen bestreuen.

Variante: Statt mit Haselnüssen kann man Baklava auch mit grobgemahlenen Pistazien oder Walnüssen füllen.

Engelshaar-Dessert
Künefe

Südostanatolien · Gelingt leicht

Zutaten für 4 Portionen:
125 g Zucker
1 EL Zitronensaft
250 g Tel kadayıfı
(frische Engelshaar-Teigfäden)
60 g Butter + Butter für
die Förmchen
100 g Dil peyniri
(ersatzweise Mozzarella)
2 EL gehackte Pistazien

**Zubereitungszeit: 45 Min.
(+ 20 Min. Backen)**

Pro Portion: 2300 kJ/550 kcal

1 Zuerst einen dünnflüssigen Sirup herstellen. Dazu Zucker mit ⅛ l Wasser in einem Topf zum Kochen bringen, Zitronensaft dazugießen und bei mittlerer Hitze etwa 10 Min. ohne Deckel kochen. Sirup abkühlen lassen.

2 Engelshaar-Teigfäden etwa 15 Min. zwischen zwei feuchte Küchentücher legen, damit sie geschmeidiger werden.

3 Backofen auf 200° (Gas Stufe 3) vorheizen. 4 Portionsförmchen von etwa 12 cm Durchmesser oder 4 ofenfeste Dessertteller mit Butter ausstreichen. Fadenteig in 8 gleich große Häufchen teilen. Jeweils 1 Portion in die Förmchen legen. Butter zerlassen und die Hälfte mit einem großen Pinsel auf die 4 Teigportionen tupfen. Käse würfeln und auf dem Teig verteilen. Mit dem übrigen Teig den Käse bedecken, andrücken und mit der restlichen Butter bepinseln.

4 Dessert im vorgeheizten Backofen (Mitte) etwa 20 Min. backen, bis der Teig sich bräunt. Das heiße Dessert mit dem kalten Sirup begießen, ½ Min. einziehen lassen, mit Pistazien bestreuen und heiß servieren.

Tip! Engelshaar-Teig gibt es frisch – dann ist er am besten – in Folie eingeschweißt, aber auch vorgebacken im Karton. Diesen vor Verwendung leicht mit Wasser einsprühen, mit einem feuchten Tuch bedecken und dann verarbeiten.

Hochzeitsreis
Zerde

Mittelanatolien · Braucht etwas Zeit

Zutaten für 4–6 Portionen:
125 g Milchreis
1 Tütchen Safranfäden oder gemahlener Safran (100 mg)
200 g Zucker
1 EL Speisestärke
50 g Pinienkerne
1 reifer roter Granatapfel
50 g weiche Rosinen
2 EL Rosenwasser

Zubereitungszeit: 1 Std.
(+ 30 Min. Garen)

Bei 6 Portionen pro Portion:
1300 kJ/310 kcal

1 Reis in einem Sieb abspülen und abtropfen lassen. Safran in 3 EL heißem Wasser etwa 5 Min. einweichen. Reis mit 1¼ l Wasser und Zucker zum Kochen bringen. Nach dem Aufschäumen Reis zugedeckt bei schwacher Hitze etwa 25 Min. garen.

2 Safran mit dem Einweichwasser unterrühren. Speisestärke mit wenig kaltem Wasser glattrühren und nach der Garzeit mit dem Schneebesen unter den Reis mischen, aufkochen, bis eine dickliche Masse entstanden ist. Wird sie zu fest, nach Bedarf noch ⅛ l Wasser unterrühren und kurz aufkochen.

3 Reis in Desserschälchen füllen. Pinienkerne in der trockenen Pfanne etwa 3 Min. bei schwacher Hitze leicht anrösten und abkühlen lassen. Granatapfel rund um den Blütenansatz im Abstand von 3 cm mit einem scharfen Messer einritzen und die Schale wie einen Deckel abnehmen. Von oben nach unten rundherum vier Linien einritzen und die Frucht aufbrechen. Die süßen Kerne aus den bitteren Fruchtkammern lösen. Rosinen heiß waschen und trockentupfen. Jede Portion streifen- oder sternförmig mit Rosinen, Pinien- und Granatapfelkernen garnieren und mit etwas Rosenwasser beträufelt kalt servieren.

Info: Wie der Name schon sagt, reicht man diese Süßspeise traditionell an Hochzeiten.

Grieß-Halwa
Irmik helvası

Ganze Türkei · Etwas schwieriger

Zutaten für 6 Portionen:
175 g Butter
225 g Hartweizengrieß
100 g Mandelstifte
1 l Milch
300 g Zucker
1 TL Zimtpulver
3 EL geschälte Pistazien
3 EL Pinienkerne

Zubereitungszeit: 1 Std.
(+ Abkühlen)

Pro Portion: 3400 kJ/810 kcal

1 Butter in einem Topf mit breitem Boden erhitzen, Grieß und Mandeln hineingeben und bei mittlerer Hitze unter ständigem Rühren 15–20 Min. rösten, bis sich die Masse goldgelb färbt. Topf von der Kochstelle nehmen.

2 Milch mit Zucker in einem zweiten Topf unter Rühren erhitzen und über die heiße Grieß-Mandel-Mischung gießen. Vorsicht, es spritzt! Topf erneut auf die Kochstelle setzen und den Grieß unter Rühren bei mittlerer Hitze 10–15 Min. köcheln lassen, bis er dick und fest ist.

3 Eine kleine Kastenform mit kaltem Wasser ausspülen und den Grießbrei hineingeben. Oberfläche mit einem in Wasser getauchten Löffel glattstreichen. Halwa etwa 1 Std. kalt stellen.

4 Grießspeise vorsichtig auf eine Platte stürzen. Mit Zimt dekorative Streifen oder ein anderes Muster aufstreuen. Pistazien grob hacken. Halwa mit Pistazien und Pinienkernen hübsch garnieren.

Info: Halwa gehört mit zu den ältesten Süßspeisen der Türkei, die in Scheiben aufgeschnitten serviert wird. Man bereitet die Süßspeise zu, wenn Besuch kommt oder auch an religiösen Feiertagen, wie z.B. zum Zucker- oder Beschneidungsfest.

Spritzkuchen
Tulumba tatlısı

Braucht etwas Zeit · Gelingt leicht

Zutaten für etwa 30 Stück:
Für den Sirup:
350 g Zucker
Saft von ½ Zitrone
Für den Teig:
70 g Hartweizengrieß
180 g Mehl
Salz · 1 EL Zucker
20 g Butter · 4 Eier
25 g Speisestärke
1 l Sonnenblumenöl zum Ausbacken
Zum Bestreuen:
2 EL feingehackte Pistazien

Zubereitungszeit: 1 ½ Std.

Pro Stück: 880 kJ/210 kcal

1 Zuerst einen dünnflüssigen Sirup herstellen. Dazu Zucker mit ½ l Wasser in einem Topf zum Kochen bringen, Zitronensaft dazugießen und bei mittlerer Hitze ohne Deckel etwa 10 Min. kochen. Sirup abkühlen lassen.

2 Inzwischen Grieß mit Mehl vermischen. ¼ l Wasser mit 1 Prise Salz, Zucker und Butter bei starker Hitze aufkochen. Hitze reduzieren. Grieß und Mehl auf einmal hineinschütten, dabei etwa 10 Min. ständig rühren, bis sich der Teig als dicker Kloß vom Topfboden löst.

3 Kloß in eine Schüssel geben. Eier und Speisestärke untermischen, bis ein glatter zäher Teig entstanden ist. Öl in der Friteuse oder in einem hohen Topf erhitzen, bis an einem hineingetauchten Holzstäbchen kleine Bläschen aufsteigen.

4 Einen Spritzbeutel mit großer gezackter Tülle mit Teig füllen. Über dem Fritiertopf jeweils Teigstreifen von 4–5 cm Länge aus dem Beutel herausdrücken, mit einer Küchenschere abschneiden und in das Öl fallen lassen. Vorsicht, es kann spritzen! Streifen portionsweise hellbraun ausbacken.

5 Spritzkuchen mit einem Schaumlöffel herausheben, kurz auf Küchenpapier entfetten und etwa 5 Min. in den Sirup tauchen, damit sie sich vollsaugen können. Tulumba mit Pistazien bestreut servieren. Frisch sind sie am besten.

Noahs Pudding
Aşure

Herbstgericht · Braucht etwas Zeit

Zutaten für 4–6 Portionen:
125 g Weizenkörner
100 g getrocknete weiße Bohnen
100 g getrocknete Kichererbsen
6 getrocknete Feigen
100 g getrocknete Aprikosen
100 g Korinthen · 100 g Rosinen
3 Orangen · 300 g Zucker
1 EL Speisestärke · 2 EL Rosenwasser
2 TL Zimtpulver · 1 Granatapfel
150 g grobgehackte Walnüsse

Zubereitungszeit: 2 Std.
(+ 12 Std. Einweichen
+ 5 Std. Garen)

Bei 6 Portionen pro Portion:
3200 kJ/760 kcal

1 Weizenkörner, weiße Bohnen und Kichererbsen in einem Sieb getrennt abbrausen und jeweils in reichlich kaltem Wasser über Nacht einweichen. Feigen und Aprikosen 4–5 Std. einweichen. Am nächsten Tag Weizen mit frischem Wasser bedeckt bei schwacher Hitze in 3–4 Std. weich kochen. Hülsenfrüchte in separaten Töpfen in etwa 40–50 Min. garen und abgießen. Feigen und Aprikosen abgießen und klein würfeln. Korinthen und Rosinen getrennt waschen und abtropfen lassen. Orangen schälen und in Stückchen schneiden.

2 Weizen, Hülsenfrüchte, Feigen, Aprikosen, Korinthen und Orangen mit 1 l Wasser und Zucker bei schwacher Hitze etwa 20 Min. kochen. Speisestärke mit etwas Wasser glattrühren, unter den Pudding mischen und erneut aufkochen.

3 Die Süßspeise mit Rosenwasser und Zimt abschmecken, dann in Dessertschalen füllen. Vom Granatapfel Blütenansatz entfernen. Schale einritzen und in Hälften brechen. Kerne aus dem Fruchtkammern lösen. Abgekühlte Portionen mit Rosinen, Walnüssen und Granatapfelkernen garniert servieren.

Info: Noah soll diese Speise nach der Landung auf dem Berg Ararat in Ostanatolien erfunden haben. Als die Flut sank, holte er alle Vorratsreste und kochte diesen Pudding daraus.

Quitten in Sirup
Ayva tatlısı

Gut vorzubereiten · Gelingt leicht

Zutaten für 4 Portionen:
4 große reife Quitten
(sie müssen duften)
250 g Zucker
Saft von 1 Zitrone
4 Gewürznelken
1 Stückchen Zimtstange (5 cm)
100 g Kaymak oder Crème double
1 TL Zimtpulver zum Bestäuben

Zubereitungszeit: 30 Min.
(+ 1 Std. Backen)

Pro Portion: 1800 kJ/430 kcal

1 Quitten schälen, halbieren und die Kerngehäuse mit einem scharfkantigen Löffel herauslösen. Backofen auf 200° (Gas Stufe 3) vorheizen. ½ l Wasser mit Zucker in einem Topf verrühren und zum Kochen bringen. Zitronensaft, Gewürznelken und Zimtstange hineingeben, aufkochen lassen und die Quittenhälften dann bei mittlerer Hitze zugedeckt etwa 10 Min. vorgaren.

2 Quitten nebeneinander in eine runde Auflaufform mit hohem Rand legen, die Hälfte des Sirups darüber gießen und die Quitten im Backofen (Mitte) etwa 1 Std. garen, bis sie weich und rötlich sind. Zwischendurch die Quitten mit dem restlichen Sirup beträufeln. Form zudecken und kalt stellen.

3 Vor dem Servieren die Quittenhälften aus dem Saft nehmen, kurz abtropfen lassen und mit der offenen Seite nach oben auf Dessertteller legen. In die Rundung des Kerngehäuses 1 TL Kaymak oder Crème double füllen. 2–3 EL Quittensirup angießen. Quitten mit Zimtpulver bestäuben.

Variante: Kürbis in Sirup (Balkabağı tatlısı)

Dafür 1,5 kg orangefarbenen Kürbis schälen, Kerne und Innenteile entfernen. Fleisch in Stücke schneiden, mit 500 g Zucker vermischt über Nacht Saft ziehen lassen und darin bei schwacher Hitze zugedeckt etwa 40 Min. köcheln lassen. Abgekühlte Stücke mit Saft beträufeln und mit gehackten Walnüssen bestreuen.

Mandeltorte

Aus Andalusien · Für Gäste

Torta de almendras

*Zutaten für 8–12 Stücke,
für 1 Springform von 26 cm Ø:
Für den Teig:
200 g Mehl
50 g Zucker
100 g Butter
1 Ei · 1 EL Milch*

*Für die Füllung:
150 g Mandeln, ungeschält
4 Eier
50 g Zucker
4 EL Cream Sherry
abgeriebene Schale von
1 unbehandelten Zitrone
1 Prise Salz*

*Zubereitungszeit: 25 Min.
(+ 30 Min. Ruhen + 30 Min. Backen)*

*Bei 12 Stücken pro Stück:
1300 kJ/310 kcal*

1 Aus Mehl, Zucker, Butter, Ei und Milch einen Mürbeteig kneten. Den Teig zur Kugel formen und etwa 30 Min. im Kühlschrank ruhen lassen.

2 Mandeln mit kochendem Wasser überbrühen, in ein Sieb schütten und mit eiskaltem Wasser abschrecken. Die Mandeln durch Fingerdruck aus den braunen Schalen drücken, trockentupfen und fein mahlen. Eier trennen. Eigelb und Zucker schaumig schlagen. Gemahlene Mandeln, Cream Sherry und abgeriebene Zitronenschale untermischen.

3 Eiweiß mit Salz zu sehr steifem Schnee schlagen. Den Eischnee gleichmäßig unter die Masse heben. Dann den Backofen auf 220° (Gas Stufe 4) vorheizen.

4 Form einfetten, den Teig auf einer bemehlten Arbeitsfläche ausrollen. Die Form sorgfältig damit auskleiden und einen etwa 3 cm hohen Rand formen. Mandelmasse gleichmäßig auf dem Teig verteilen und glattstreichen. Kuchen im vorgeheizten Backofen (Mitte) etwa 30 Min. backen. Falls die Oberfläche zu dunkel wird, mit Alufolie abdecken. Die Mandeltorte auf einem Küchengitter abkühlen lassen.

Tip! Die Mandeltorte schmeckt ganz frisch und mit Sahne besonders köstlich.

Mandeln werden vom Baum geschlagen und in Netzen aufgefangen.

Mandeln

Mandeln waren ursprünglich in Asien beheimatet. Sie sind die Samen der pfirsichartigen Früchte des Mandelbaumes. Nach Spanien wurden sie von den Mauren gebracht und sind seither aus der spanischen Küche nicht mehr wegzudenken. Für zahlreiche süße wie salzige Gerichte sind sie eine unverzichtbare Zutat. Es gibt grundsätzlich zwei Arten von Mandeln, die süßen Mandeln und die Bittermandeln. Süße werden ungeschält, geschält, gestiftelt, gemahlen sowie gehackt und gehobelt verkauft. Saucen bekommen beispielsweise ein unverwechselbares Aroma und gelingen besonders gut, wenn man sie mit feingemahlenen Mandeln bindet. Es ist aber empfehlenswert, ungeschälte Mandeln zu kaufen. Sie sind durch ihre dünne braune Haut geschützt und haben so Frische und Aroma besser behalten als die aus der Tüte. Bittermandeln werden nur in ganz kleinen Dosen als Geschmackszutat verwendet.

Kuchen mit Schafkäse

Aus Ibiza · Gut vorzubereiten

Flao

*Für 8–12 Stücke,
für 1 Springform von 26 cm Ø:
300 g Mehl · 1 Prise Salz
4 EL Anisschnaps
4 EL Olivenöl
4 Eier · 175 g Zucker
400 g frischer, weicher Schafkäse
(ersatzweise Magerquark)
1 Bund frische Minze
Fett für die Form
Puderzucker zum Bestäuben*

*Zubereitungszeit: 30 Min.
(+ 40 Min. Backen)*

*Bei 12 Stücken pro Stück:
1300 kJ/310 kcal*

1 Mehl in eine Schüssel sieben. Salz, Anisschnaps, Olivenöl und 4 EL Wasser hinzufügen. Alles zu einem geschmeidigen Teig verarbeiten, zu einer Kugel formen und etwa 30 Min. zugedeckt ruhen lassen.

2 Inzwischen Eier mit Zucker in einer Schüssel schaumig schlagen. Schafkäse mit einer Gabel gut zerdrücken und die geschlagenen Eier mit dem Schneebesen unterrühren.

3 Den Backofen auf 220° (Gas Stufe 4) vorheizen.

4 Minze waschen, trockenschütteln, Blätter abzupfen und grob hacken und unter die Quarkmasse mischen.

5 Eine Form einfetten, den Teig dünn ausrollen und hineinlegen, dabei einen Rand von etwa 4 cm formen. Die Füllung gleichmäßig darauf verteilen und glattstreichen.

6 Den Kuchen im vorgeheizten Backofen (Mitte) 30–40 Min. backen. Den fertigen Flao auf einem Gitter auskühlen lassen und mit etwas Puderzucker bestäuben.

Mandelnougat

Aus Alicante · Gut vorzubereiten

Turron de Jijona

*Für 20–25 Stücke:
620 g Mandeln, ungeschält
400 g Puderzucker
100 g flüssiger Honig
2 Eiweiß
Öl zum Einfetten*

*Zubereitungszeit: 20 Min.
(+ 1 Woche Trocknen)*

*Bei 25 Stücken pro Stück:
960 kJ/230 kcal*

1 Mandeln überbrühen und aus den Häutchen drücken. Geschälte Mandeln abtrocknen und in einer trockenen Pfanne unter Rühren goldgelb rösten. Etwa 70 g ganz lassen, den Rest fein mahlen.

2 Den Puderzucker mit den Mandeln in eine Schüssel geben (20 Mandeln für die Dekoration beiseite legen). Honig hineingießen und das Eiweiß dazugießen. Alles gründlich verrühren.

3 Die Masse zu einem Barren von etwa 6 cm Breite und 20 cm Länge formen. Die 20 Mandeln oben eindrücken. Den Barren auf ein Stück geöltes Pergamentpapier setzen und an einem kühlen Platz etwa 1 Woche trocknen lassen.

4 Zum Servieren in 20–25 Scheiben schneiden.

Info: Turron war ursprünglich ein typisches Weihnachtskonfekt. Heute gibt es ihn auf unterschiedlichste Art das ganze Jahr über. Als Konfekt schmeckt er zum Kaffee, oder einfach zum Naschen. Auch schön als Mitbringsel.

Wichtiger Hinweis: Bitte verwenden Sie nur ganz frische Eier von freilaufenden Hühnern, um das Salmonellenrisiko zu verringern.

Gebratene Puddingschnitten

Ganz Spanien · Braucht etwas Zeit

Leche frita

Zutaten für 4 Portionen, 18–36 Stück:
140 g Butter · 250 g Mehl
120 g Zucker · ¼ l Milch
1 Prise Salz
1 Stück Zimtstange
je 1 Stück Schale von
1 unbehandelten Zitrone und
1 Orange
4 Eier · Öl für die Form
100 g feine Semmelbrösel
8 EL Olivenöl zum Ausbacken
Puderzucker und Zimt zum
Bestäuben

*Zubereitungszeit: 50 Min.
(+ 3–12 Std. Kühlen)*

*Pro Dreieck: 480 kJ/120 kcal
Pro Viereck: 950 kJ/240 kcal*

1 Butter in einem Topf langsam schmelzen. 200 g des Mehls unterrühren, aufwallen lassen und den Zucker untermischen.

2 Milch mit Salz, Zimtstange, Zitronen- und Orangenschale zum Kochen bringen. Heiß unter die Mehlmischung rühren.

3 Eier trennen, Eiweiß kalt stellen. Den Topf vom Herd nehmen, Zimtstange und Schalen entfernen und wegwerfen. Eigelb mit dem Handrührer nacheinander unter die Masse arbeiten. Eine rechteckige Form, etwa 28 x 15 cm, mit Öl auspinseln, die Masse etwa 2 cm hoch einfüllen und mindestens 3 Std., am besten aber über Nacht, im Kühlschrank fest werden lassen.

4 Die Masse in Dreiecke oder Vierecke von etwa 5 cm Kantenlänge schneiden. Das Eiweiß verquirlen, die Cremestücke erst im restlichen Mehl wenden, dann durch das Eiweiß ziehen und mit den Semmelbröseln panieren.

5 Olivenöl in einer Pfanne erhitzen und die panierten Teilchen darin beidseitig goldgelb ausbacken. Auf einem Teller anrichten und mit Puderzucker und Zimt bestäuben. Warm oder kalt servieren.

Tip! Püree oder Kompott aus Beeren oder Früchten paßt sehr gut dazu.

Churros

Ganz Spanien · Etwas schwieriger

Fritiertes Spritzgebäck

Zutaten für 25–30 Stücke:
1 Prise Salz
300 g Mehl
Olivenöl zum Fritieren
Puderzucker zum Bestäuben

Zubereitungszeit: 45 Min.
(+ 10 Min. Ruhen + 10 Min. Fritieren)

Bei 30 Stücken pro Stück:
1200 kJ/290 kcal

1 In einem Topf ½ l Wasser mit Salz aufkochen.

2 Den Topf vom Herd nehmen und das Mehl hineinsieben. Mit den Knethaken des Handrührgeräts so lange durcharbeiten, bis ein dicker Teig entstanden ist. Der Teig ist fertig, wenn er sich leicht vom Topfboden löst. Den Teig zugedeckt etwa 10 Min. ruhen lassen.

3 Olivenöl in einem Topf erhitzen. Den Teig in einen Spritzbeutel füllen und portionsweise kringelartig in das heiße Olivenöl spritzen. Goldgelb darin ausbacken, mit einem Schaumlöffel herausheben und auf Küchenpapier abtropfen lassen. So fortfahren, bis der Teig aufgebraucht ist.

4 Die fertigen Churros nach Belieben mit Puderzucker bestreuen. Ganz frisch essen.

Info: Es gibt in Spanien spezielle Churrerias, die ausschließlich Churros, immer wieder frisch, ausbacken und portionsweise verkaufen. Ganz frisch sind sie am besten.

Tip! Churros ißt man nach durchtanzten Festen mit einer dicken, heißen Schokolade. Es gibt auf den Ferias spezielle Stände dafür. Ansonsten ißt man sie zum Frühstück mit Kaffee.

Katalanische Creme

Crema catalana

Etwas schwieriger

Zutaten für 4 Portionen:
½ l Milch
1 Vanilleschote
1 Stück Zimtstange
2 Eier
4 Eigelb
80 g Zucker

Für die Karamelschicht:
100 g Zucker

**Zubereitungszeit: 45 Min.
(+ 1½ Std. Kühlen)**

Pro Portion: 1500 kJ/360 kcal

1 Milch in einen Topf gießen. Vanilleschote aufschlitzen, Vanillemark herauskratzen und mit der Schote in die Milch geben. Zimtstange hinzufügen und alles langsam aufkochen. Topf vom Herd nehmen.

2 Eier mit Eigelb und Zucker in eine Schüssel geben und mit dem Schneebesen in 10–15 Min. zu einer hellgelben, cremigen Masse schlagen.

3 Vanilleschote und Zimtstange aus der Milch nehmen. Die Milch in dünnem Strahl in die Eiercreme rühren.

4 Die Schüssel in ein leicht siedendes Wasserbad stellen und etwa 15 Min. mit dem Schneebesen schlagen, bis die Creme richtig dickflüssig geworden ist.

5 Vanillecreme in vier Portionsschälchen füllen, abkühlen lassen und für etwa 30 Min. kalt stellen.

6 Den restlichen Zucker mit knapp ⅛ l Wasser bei geringer Hitze köcheln, bis eine braune Karamelsauce entsteht. Diese heiß über die Creme gießen, damit der Zucker fest wird und wie eine Schicht auf der Creme liegt. Nochmals kalt stellen, gut gekühlt servieren.

Variante: Sie können auch die Zuckerschicht weglassen, und dafür gedünstete Birnen zu der Creme servieren. Pro Person eine Birne schälen, halbieren und entkernen. Die Früchte mit dem Saft von 1 mittelgroßen Orange, 200 ml Malaga oder trockenem Oloroso sowie 50 g Rosinen, 50 g gehackten Mandeln und 2 Nelken in eine Auflaufform geben. Im auf 200° (Gas Stufe 3) vorgeheizten Backofen (Mitte) etwa 30 Min. garen. Warm oder abgekühlt mit der Creme servieren.

Käseplätzchen
Kalizúnia

Von Kreta · Braucht etwas Zeit

*Zutaten für 40 Stück
für 2 große Bleche:
3 Eier · 80 ml Olivenöl
125 g Zucker · 100 g Joghurt
500 g Mehl und Mehl zum Ausrollen
Salz · 1 Päckchen Backpulver
1 Eigelb zum Einpinseln
100 g Sesamsamen zum Bestreuen
Für die Füllung:
700 g Frischkäse, ungesalzen
(45% Fett i.Tr., z.B. Ricotta)
150 g Zucker · 2 EL Honig
1 knapper EL Zimtpulver
Butter für das Blech*

*Zubereitungszeit: 1 Std.
(+ 1 Std. Ruhen
+ 1 Std. Backen)*

Pro Stück: 530 kJ/130 kcal

1 Eier, Olivenöl, Zucker und Joghurt mit dem elektrischen Handrührer gründlich verquirlen. Mehl mit Salz und Backpulver vermischen, einen Teil unterrühren, den Rest unterkneten. Den Teig in Frischhaltefolie verpackt etwa 1 Std. ruhen lassen.

2 Inzwischen für die Füllung Frischkäse durch ein Sieb drücken und geschmeidig rühren. Zucker, Honig und Zimt gründlich untermischen. Backofen auf 180° (Gas Stufe 2) vorheizen. Den Teig in 4–5 Teile schneiden. Während ein Teil dünn ausgerollt wird, den anderen Teig wieder einpacken, damit er nicht austrocknet.

3 Mit einem Glas von etwa 10 cm Durchmesser Kreise ausstechen. In die Mitte 1 TL Füllung geben, leicht verstreichen. Zwei Seiten je 2 cm über die Füllung klappen, so daß in der Mitte 2 cm frei bleiben. Die beiden anderen Seiten genauso nach innen klappen, so daß Quadrate entstehen. Auf diese Weise alle Plätzchen formen.

4 Ein großes Backblech einfetten und den ersten Teil der Plätzchen im Abstand von etwa 2 cm darauf legen. Eigelb mit 2 EL Wasser verquirlen, die übergeklappten Teigränder einpinseln und mit Sesam bestreuen. Die in der Mitte sichtbare Käsefüllung bleibt frei. Die Plätzchen im Ofen (Mitte) etwa 30 Min. backen, bis sie sich goldgelb zu färben beginnen. Dann die restlichen Plätzchen genauso backen.

Mandelgebäck
Kourabiédes

Aus Nordgriechenland · Festlich

*Zutaten für 8 Portionen,
für 40 Stück:
200 g weiche Butter und Butter
für das Blech · 150 g Zucker
1 Päckchen Vanillezucker
1 EL Oúzo · 2 Eier
Salz · 375 g Mehl
125 g Mandeln, gemahlen
40 Gewürznelken
4 EL Rosen- oder Orangenblütenwasser
250 g Puderzucker*

Zubereitungszeit: 2 Std.

*Bei 40 Stücken pro Stück:
450 kJ/110 kcal*

1 Butter schmelzen, mit dem Zucker in eine Schüssel geben und schaumig rühren. Vanillezucker, Oúzo, Eier und Salz hinzufügen und gründlich verrühren. Mehl darauf sieben, Mandeln dazugeben und unterrühren, zuletzt unterkneten, bis ein geschmeidiger Teig entstanden ist. Zugedeckt etwa 20 Min. in den Kühlschrank stellen. Den Backofen auf 180° (Gas Stufe 2) vorheizen.

2 Das Backblech mit Butter einfetten. Den Teig zu einer Rolle formen und pflaumengroße Stücke abnehmen. Diese zu ovalen Plätzchen formen und auf das Backblech setzen. Die Oberflächen mit einem Messerrücken leicht abflachen, in jede Mitte eine Gewürznelke stecken. Plätzchen im Ofen (Mitte) etwa 20 Min. backen, bis sie leicht Farbe annehmen.

3 Die noch warmen Plätzchen mit Rosen- oder Orangenblütenwasser leicht einpinseln. Reichlich Puderzukker auf einen tiefen Teller geben, die Plätzchen darin wenden, so daß sie damit dick bedeckt sind. Zucker leicht andrücken und die Plätzchen auf eine Platte legen.

Info: Rosen- und Orangenblütenwasser können Sie in griechischen Spezialitätengeschäften kaufen.

Sauerkirschen in Sirup

Vom Festland · Gelingt leicht Vissinó glykó

Zutaten für 4 Gläser:
1 kg Schattenmorellen
1 kg Zucker
Saft von 1 Zitrone

Zubereitungszeit: 30 Min.
(+ 12 Std. Ziehenlassen)

Pro Glas: 4700 kJ/1100 kcal

1 Kirschen abbrausen, abtropfen lassen, entsteinen, den Saft dabei auffangen. Kirschen abwechselnd mit dem Zucker in eine Schüssel schichten, den Saft dazugießen. Zugedeckt über Nacht im Kühlschrank richtig Saft ziehen lassen und durchrühren.

2 Kirschen mit Saft und 50 ml Wasser in einem Topf bei starker Hitze aufkochen. Zitronensaft durch ein Sieb dazugießen. Bei starker Hitze offen weiterkochen, bis der Saft dicklich wird. Zur Probe einen Tropfen Saft auf eine Untertasse träufeln. Wölbt er sich, so ist der Sirup fertig.

3 Kirschen mit Sirup in gut gereinigte Gläser mit Twist off-Deckel von je 500 g Füllmenge füllen. Ränder gewissenhaft säubern, Deckel fest aufsetzen, Kirschen kühl aufbewahren.

Milchpastete

Aus Nordgriechenland Galaktoboúriko

Zutaten für 30 Stück:
3 Eier
300 g Zucker
90 g Hartweizengrieß
1 Vanillestange (oder 2 Päckchen Vanillezucker)
1 unbehandelte Zitrone
1 l Milch
Salz
150 g Butter und Butter für das Backblech
1 Paket Fillo-Teigblätter
1 Zimtstange

Zubereitungszeit: 1 Std.
(+ 40 Min. Backen)

Pro Stück: 680 kJ/160 kcal

1 Eier in eine Schüssel aufschlagen und mit 200 g Zucker schaumig rühren. Grieß unter Rühren einrieseln lassen. Aus der Vanillestange das Mark auskratzen. Zitrone waschen, abtrocknen, die Schale fein abreiben, mit dem Vanillemark, 1 l Milch und 1 Msp. Salz unterrühren.

2 Alles in einen Topf gießen, die Vanillestange hinzufügen und bei mittlerer Hitze unter Rühren aufkochen. Wenn die Masse dicklich ist, Topf beiseite ziehen, die Vanillestange entfernen und den Brei abkühlen lassen. Gelegentlich rühren.

3 Ein großes Backblech mit Butter einfetten. Backofen auf 180° (Gas Stufe 2) vorheizen. Butter leicht erwärmen.

4 Die Fillo-Blätter aus der Folie nehmen, auseinanderfalten und mit Wasser fein besprühen. Mit einem feuchten Tuch bedeckt kurz ruhen lassen. Die Hälfte der Fillo-Teigblätter auf das Blech legen, dabei jedes mit Butter einpinseln, Ränder überhängen lassen. Den Brei gleichmäßig darauf verstreichen.

5 Ränder nach innen klappen und einpinseln. Pastete mit den übrigen Teigblättern, jeweils eingepinselt, bedecken. Ränder abschneiden oder nach unten einklappen. Mit einem scharfen Messer die Pastete in Rechtecke von 6 x 8 cm schneiden, jedes noch diagonal einschneiden.

6 Pastete im Ofen (Mitte) 35–40 Min. hellbraun backen. ⅛ l Wasser mit 100 g Zucker, dem ausgepreßten, durchgesiebten Saft der Zitrone, der Zimtstange etwa 2 Min. kräftig aufkochen, abkühlen lassen. Die heiße Pastete damit beträufeln, abkühlen lassen, in Dreiecke geteilt servieren.

Sesamkringel
Koulóuria

Aus Athen · Gut vorzubereiten

Zutaten für 8 Kringel:
500 g Mehl und Mehl zum Arbeiten
1 TL Salz
3 EL Olivenöl und Öl für das Blech
30 g frische Hefe (¾ Würfel)
250 g Sesamsamen

Zubereitungszeit: 45 Min.
(+ 40–50 Min. Gehenlassen
+ 35 Min. Backen)

Pro Stück: 1800 kJ/430 kcal

1 Mehl in eine Schüssel sieben. In der Mitte eine Mulde bilden. Salz auf den Rand streuen und das Öl in die Mulde gießen. Hefe in 300 ml warmem Wasser auflösen, auf das Öl gießen. Alles zu einem Teig verrühren, dann am besten mit der Hand durcharbeiten – er bleibt recht weich. Teig in der Schüssel mit einem Tuch bedeckt an einem warmen Platz 30–40 Min. gehen lassen. Backofen auf 225° (Gas Stufe 4) vorheizen. Ein großes Backblech einfetten.

2 Den Teig wieder gut durcharbeiten, zu einer Rolle formen und in 8 gleich große Stücke schneiden. Jede Portion zu einem Strang von etwa 2 cm Durchmesser und 35 cm Länge formen und zum Kreis legen. Die Enden gut zusammendrücken.

3 Warmes Wasser in eine Schüssel füllen. Sesam auf einen Teller gießen. Die Kringel vorsichtig hochnehmen, kurz in Wasser tauchen, von beiden Seiten in den Sesam legen, damit dieser reichlich daran kleben bleibt.

4 Die Kringel auf das Blech legen und noch etwa 10 Min. zugedeckt gehen lassen. Etwa 25 Min. im Backofen (Mitte) backen. Nach etwa 10 Min. einen Guß kaltes Wasser auf den Backofenboden sprühen, Ofentür sofort schließen und die Kringel backen, bis sie schön braun sind.

Athener Walnußkuchen
Karidópitta Athináiki

Gelingt leicht

Zutaten für 1 Springform
von 28 cm Ø, für 16 Stücke:
400 g Walnußkerne
8 Eier · 125 g weiche Butter
1 Vanilleschote
180 g Zucker · 250 g Mehl
½ Päckchen Backpulver
Schale von 1 unbehandelten Zitrone
Salz
Butter und Paniermehl für die Form
Für den Sirup:
250 g Zucker · Saft von ½ Zitrone
1 Zimtstange
2 cl griechischer Weinbrand

Zubereitungszeit: 45 Min.
(+ 1 Std. Backen)

Pro Stück: 2400 kJ/570 kcal

1 300 g Walnußkerne in der Küchenmaschine fein zerkleinern, den Rest grob hacken. Eier in Eiweiß und -gelb trennen. Butter in eine Schüssel geben. Vanilleschote ausschaben. Das Mark mit dem Zucker zur Butter geben, alles schaumig rühren. Nach und nach das Eigelb unterrühren. Mehl und Backpulver mischen und auf die Eimasse sieben. Zitrone waschen, die Schale fein abreiben und mit 1 Prise Salz hinzufügen. Alles gründlich verrühren.

2 Backofen auf 180° (Gas Stufe 2) vorheizen. Eiweiß zu steifem Schnee schlagen und mit den feingemahlenen Nüssen vorsichtig unter den Teig heben. Die Form einfetten und mit Paniermehl ausstreuen. Den Teig einfüllen und den Kuchen im Backofen (Mitte) in 50–60 Min. backen.

3 Für den Sirup Zucker und ½ l Wasser in einen Topf geben, Zitronensaft dazugießen, Zimtstange hinzufügen und alles bei mittlerer Hitze knapp 10 Min. kochen – der Sirup soll dünnflüssig bleiben. Sirup abkühlen lassen, Zimtstange entfernen und den Weinbrand untermischen.

4 Den heißen Kuchen in der Form mit dem abgekühlten Sirup begießen, bis er ihn völlig aufgenommen hat. Kurz durchziehen und abkühlen lassen, auf eine Kuchenplatte legen, in quadratische Stücke schneiden. Vor dem Servieren mit den grob gehackten Nüssen bestreuen.

Kuchen und Desserts

Osterbrot

Ganz Griechenland Tsourékia

Zutaten für 1 Osterbrot, für etwa 20 Stücke:
8 Eier
rote Ostereierfarbe
½ TL Öl
500 g Mehl und Mehl zum Arbeiten
1 Päckchen Hefe (1 Würfel)
100 g Zucker
100 g Butter und Butter für das Backblech
½ TL Salz
1 unbehandelte Orange
1 TL Anispulver
1 Eigelb
50 g Sesamsamen

Zubereitungszeit: 1 Std.
(+ 1¾ Std. Gehenlassen
+ 40 Min. Backen)

Pro Stück: 860 kJ/200 kcal

1 5 Eier etwa 5 Min. vorkochen, mit der Ostereierfarbe rot färben und mit Öl einreiben, damit sie schön glänzen.

2 Mehl in eine Schüssel sieben und eine Mulde eindrücken. Hefe mit 6 EL warmem Wasser und 1 TL Zucker glattrühren, in die Mulde gießen und mit etwas Mehl verrühren. Die Schüssel mit einem Tuch bedeckt etwa 30 Min. an einen warmen Platz stellen.

3 Butter erwärmen und mit Zucker, 3 Eiern und Salz zum Vorteig geben. Die Orange waschen, Orangenschale fein abreiben und mit Anispulver ebenfalls hinzufügen. Alles zu einem Teig verrühren und verkneten, zugedeckt etwa 1 Std. warm stellen und gehen lassen, bis das Volumen deutlich zugenommen hat.

4 Backofen auf 180° (Gas Stufe 2) vorheizen. Ein großes Backblech einfetten. Den Teig zusammenkneten. Etwa ein Drittel abschneiden und zur Seite legen. Aus dem großen Teil einen länglichen Laib von etwa 30 cm formen, auf das Blech legen.

5 Restlichen Teig in 4 Teile teilen. Stränge in der Länge des Laibes formen. Je 2 davon umeinander winden.

6 Den Laib an den Seiten etwas zusammendrücken, die Stränge herumlegen und andrücken.

7 Eigelb mit 1 EL Wasser verquirlen, das Brot damit einpinseln, dick mit Sesam bestreuen, noch etwa 15 Min. gehen lassen.

8 In der Mitte in einer Reihe 5 Vertiefungen eindrücken. Die gefärbten Eier hineinsetzen. Das Brot im Backofen (Mitte) 30–40 Min. backen.

Variante: Neujahrsbrot
Teig wie oben beschrieben zubereiten, in eine ausgefettete Springform von 28 cm Ø legen und eine in Alufolie gewickelte Münze darin verstecken. Teig mit Eigelb einpinseln, mit halbierten Mandeln ein Kreuz legen und alles mit Sesam bestreuen. Brot im Ofen (Mitte) bei 180° (Gas: Stufe 2) in 30–40 Min. backen. Es wird in der Neujahrsnacht aufgeteilt. Wer die Münze findet, hat im neuen Jahr viel Glück.

Pesche ripiene

Aus Sizilien · Sommerdessert

Gefüllte Pfirsiche

Zutaten für 4 Portionen:
4 feste, reife Pfirsiche
50 g süße Mandeln
60 g Amaretti
(kleine Mandelmakronen) oder
Löffelbiskuits
1 TL Puderzucker
+ Puderzucker zum Bestäuben
2 kandierte Orangenscheiben
100 ml Prosecco · 2 EL Butter

Zubereitungszeit: 40 Min.

Pro Portion:
840 kJ/200 kcal

1 Pfirsiche überbrühen und die Haut abziehen. Die Früchte halbieren und entsteinen. Aus jeder Pfirsichhälfte etwas Fruchtfleisch herauslöffeln, so daß eine Mulde für die Füllung entsteht. Das herausgelöste Fruchtfleisch in eine Schüssel geben und mit einer Gabel zerdrücken.

2 Aus 3 aufgebrochenen Pfirsichsteinen die Kerne entnehmen. Mandeln kurz in kochendes Wasser tauchen und schälen. 8 ganze Mandeln zum Dekorieren beiseite legen. Die restlichen mit den 3 Pfirsichkernen in einem Mörser zerstoßen.

3 Amaretti (oder Löffelbiskuits) zerbröseln und zum Fruchtfleisch geben und die zerkleinerten Mandeln mit Puderzucker darunter mischen. Kandierte Orangenscheiben in Würfel schneiden und in die Masse geben. Mit Prosecco tränken und das Ganze kräftig verrühren.

4 Backofen auf 180° (Gas Stufe 2) vorheizen.

5 Die halbierten Pfirsiche mit der Masse füllen. Eine Gratinform mit Butter ausstreichen. Pfirsichhälften hineinsetzen, mit jeweils einem Mandelkern dekorieren und die Früchte mit eventuell restlichem Prosecco angießen.

6 Pfirsiche im Backofen 15–20 Min. überbacken. Mit Puderzucker bestäuben und heiß oder kalt servieren.

Pere ripiene con Gorgonzola

Aus der Lombardei · Raffiniert

Birnen mit Gorgonzolafüllung

Zutaten für 4 Portionen:
4 feste, große Birnen
Saft von 1 Zitrone
50 g milder Gorgonzola
3 EL Sahne, geschlagen
50 g gemahlene Walnüsse

Zubereitungszeit: 30 Min.

Pro Portion: 1100 kJ/260 kcal

1 Birnen sorgfältig schälen und der Länge nach halbieren. Den Stiel an einer Hälfte lassen. Kerngehäuse entfernen. Mit einem Teelöffel etwas Fruchtfleisch herauslösen und in eine Schüssel geben. Birnenhälften auf eine Platte legen, innen und außen mit Zitronensaft beträufeln.

2 Gorgonzola und geschlagene Sahne mit dem ausgehöhlten Fruchtfleisch cremig rühren.

3 Je 1 TL der Masse in den Höhlungen der Birnen verteilen. Die beiden Hälften vorsichtig zusammendrücken und auf Tellern anrichten. Mit den gemahlenen Walnüssen bestreuen.

Variante: Pere cotte
(Birnen in Sirup)
1 kg kleine feste Birnen schälen. In einem flachen Topf 6 cl Wasser mit 4 EL Zitronensaft, 4 EL Zucker, 1 Vanilleschote zum Kochen bringen, bis der Zucker aufgelöst ist. Birnen nebeneinander hineinsetzen, 10–20 Min. zugedeckt ziehen lassen. Früchte mit dem Sud kalt servieren.

Frittelle di riso
Reiskroketten

Aus der Toskana · Braucht etwas Zeit

Zutaten für 4 Portionen:
½ unbehandelte Zitrone
½ unbehandelte Orange
½ l Milch
100 g Milchreis
50 g Butter
1 Prise Salz
2 Eigelb
2–3 EL Mehl
1 TL Trockenhefe
2 cl trockener Vin Santo oder Rum
2 EL Zucker
3 EL Rosinen
1 EL Pinienkerne
1 Eiweiß
Pflanzenöl zum Ausbacken
Puderzucker zum Bestäuben

Zubereitungszeit: 1 ¼ Std.
(+ 30 Min. Ruhen)

Pro Portion: 1600 kJ/380 kcal

1 Zitrone und Orange heiß waschen, trockenreiben. Von der Zitrone einige Streifen schälen, die Orangenschale fein abreiben.

2 Die Milch zum Kochen bringen. Den Reis dazugeben und unter Rühren etwa 1 Min. kochen lassen. Butter, 1 Prise Salz und die Zitronenstreifen dazugeben. Ohne Deckel bei schwacher Hitze 15–20 Min. köcheln lassen, bis der Reis weich ist. Dabei ab und zu umrühren. Reis vom Herd nehmen und etwas abkühlen lassen. Zitronenstreifen entfernen.

3 Den Reis mit Eigelb binden. Mehl, Hefe und Vin Santo bzw. Rum unter den Reis rühren. Die abgeriebene Orangenschale, Zucker und die Rosinen untermischen. Die Masse etwa 30 Min. ruhen lassen.

4 Pinienkerne dazugeben. Eiweiß zu Schnee schlagen und vorsichtig unter die Reismasse ziehen.

5 In einer Pfanne reichlich Pflanzenöl erhitzen. Reismasse löffelweise in das heiße Fett geben und auf beiden Seiten goldbraun ausbacken. Reiskroketten auf Küchenpapier abtropfen lassen und warm stellen.

6 Frittelle auf einer Platte anrichten, mit Puderzucker bestäuben und heiß servieren.

Wein: Dazu den übrigen Vin Santo oder einen Piccolit aus Friaul reichen.

Variante: Dolcini di riso
(Reisküchlein)
Die Reismasse nach dem angegebenen Rezept vorbereiten, dabei nur die Hefe und das Mehl weglassen. 30 g kandierte Früchte fein hacken und untermischen. Kleine Auflaufförmchen mit Butter ausstreichen, mit Semmelbröseln ausstreuen und mit der Reismasse füllen. Im Backofen bei 180° (Gas Stufe 2) etwa 15 Min. garen und warm servieren.

Info: Traditionell ißt man Frittelle di riso zum Vatertag.

Kuchen und Desserts

Latteruolo
Milchkuchen

Aus der Emilia-Romagna · Delikat

Zutaten für 4 Portionen:
1 Vanilleschote
1 l Milch
100 g Zucker
8 Eigelb
2 Eiweiß
1 Prise Salz
50 g Butter
50 g Zucker
Saft von ½ Zitrone
5 cl Marsala

Zubereitungszeit: 2 Std.

Pro Portion: 2100 kJ/500 kcal

1 Vanilleschote längs aufschlitzen, Mark herausschaben. Milch mit Zucker und Vanillemark zum Kochen bringen und etwa 1 Std. bei schwacher Hitze köcheln, bis die Mischung sich zur Hälfte reduziert hat. Ab und zu umrühren. Milch durch ein feines Sieb in einen Topf geben und abkühlen lassen.

2 8 Eigelb schaumig rühren und in die Milch vorsichtig unterrühren. 2 Eiweiß mit einer Prise Salz zu Schnee schlagen und vorsichtig unter die Masse heben. Backofen auf 180° (Gas Stufe 2) vorheizen.

3 4 beschichtete Portionsförmchen mit Butter ausstreichen. Die Masse in die Formen gießen und mit Alufolie abdecken. Puddinge im warmen Wasserbad in den Backofen stellen und etwa 40 Min. eindicken lassen. Ist der Milchkuchen fertig, dann bleibt beim Hineinstecken ein Zahnstocher sauber.

4 Milchkuchen abkühlen lassen, aus den Formen stürzen. Zucker unter ständigem Rühren anbräunen lassen. Den Saft von ½ Zitrone und Marsala angießen. Latteruolo mit dem flüssigen Karamelzucker begießen und servieren.

Bignè di albicocche
Aprikosenkrapfen

Aus Ligurien · Delikat

Zutaten für 4 Portionen:
8 große, feste Aprikosen
4 cl Marsala
1½ EL Zucker
3 Löffelbiskuits
1 kandierte Orangenscheibe

Ausbackteig:
4 EL Mehl · 1 Prise Salz
1 TL Zucker
2 Eigelb
2–3 EL Milch
1 Eiweiß
geklärte Butter oder Pflanzenöl
zum Ausbacken
15 g Puderzucker

Zubereitungszeit: 45 Min.
(+ 1 Std. Marinieren, + 1 Std. Ruhen)

Pro Portion: 710 kJ/170 kcal

1 Aprikosen in kochendes Wasser tauchen und kalt abschrecken, damit sich die Haut leicht abziehen läßt. Die Früchte enthäuten, mit einem scharfen Messer an der Fruchtnaht einschneiden und Steine vorsichtig herauslösen.

2 In einem tiefen Teller Marsala mit 1½ EL Zucker vermischen. Die Früchte darin aromatisieren und etwa 1 Std. ziehen lassen. Dabei die Aprikosen öfters wenden.

3 Mehl mit Salz in eine Rührschüssel sieben, 1 TL Zucker hinzufügen. 2 Eigelb untermischen und mit der Milch verrühren, bis ein glatter dickflüssiger Teig entsteht. Den Ausbackteig etwa 1 Std. ruhen lassen. Vor dem Ausbacken das Eiweiß zu Schnee schlagen und unter den Teig heben.

4 Aprikosensteine aufbrechen, Kerne entnehmen, kurz in kochendes Wasser tauchen und schälen. Kerne kleinhakken. Löffelbiskuits in einem tiefen Teller zerbröseln. Kandierte Orangenscheibe würfeln und mit den zerkleinerten Aprikosenmandeln unter die Biskuitbrösel mischen. Mit der Marsala-Marinade verrühren. Die Aprikosen löffelweise mit der Masse füllen und die Öffnung so zusammendrücken, daß die Füllung eingeschlossen ist.

5 In einer Pfanne reichlich Pflanzenöl oder Butter erhitzen. Die Früchte in den Teig tauchen, dann in die Pfanne geben und ringsum goldgelb ausbacken. Zum Abtropfen auf Küchenpapier legen. Die Aprikosen auf einer Platte verteilen und unmittelbar vor dem Servieren dünn mit Puderzucker bestäuben.

Zuppa inglese della mamma

Aus der Toskana · Für Gäste

Biskuits mit Schokolade- und Eiercreme

Zutaten für 6–8 Portionen:
4 Eigelb · 100 g Zucker
2 gehäufte EL Mehl
1½ l Milch
Schale von ½ unbehandelten Zitrone
100 g Kakaopulver
6 cl Alchermes (Florentiner Gewürzlikör)
200 g Löffelbiskuits

Zubereitungszeit: 1 Std.
(+ 2 Std. Abkühlen)

Bei 8 Portionen pro Portion:
1500 kJ/360 kcal

1 Eigelb mit 70 g Zucker schaumig schlagen, Mehl dazugeben, nach und nach 1 l kalte Milch einrühren. Fein geriebene Zitronenschale beimengen. Die Mischung in einen schweren Topf füllen und unter ständigem Rühren erhitzen. 5–6 Min. bei schwacher Hitze köcheln, bis eine Creme entsteht. Vom Feuer nehmen und beiseite stellen.

2 Kakaopulver mit 30 g Zucker mischen und ½ l Milch einrühren. Kakaomischung bei mittlerer Hitze unter Rühren zum Kochen bringen, weitere 5 Min. eindicken lassen.

3 Alchermeslikör in einen tiefen Teller gießen. Eine Glasschüssel bereitstellen. Löffelbiskuits nacheinander mit dem Likör kurz tränken und auf dem Schüsselboden auslegen. Abwechselnd ⅓ l Eiercreme, ⅓ l der flüssigen Schokolade und Löffelbiskuits einschichten. Mit Eiercreme und Schokolade abschließen.

4 Die Zuppa inglese mindestens 2 Std. im Kühlschrank kalt stellen. Noch besser schmeckt sie am nächsten Tag, weil sich dann alles gut miteinander verbunden hat.

Tiramisù

Aus Turin · Gelingt leicht **Mascarponecreme**

Zutaten für 4–6 Portionen:
3 Eier
4 EL Zucker
250 g Mascarpone
¼ l kalter Espresso
6 cl Vermouth (bianco) oder Marsala
200 g Löffelbiskuits
ungesüßtes Kakaopulver oder geraffelte Schokolade zum Verzieren

Zubereitungszeit: 30 Min.
(+ 2 Std. Kühlen)

Bei 6 Portionen pro Portion:
1100 kJ/260 kcal

1 Eier trennen. Eigelb und Zucker in Rührschüssel schaumig rühren, bis die Masse ganz hellgelb und dick wird. Das Eiweiß zu Schnee schlagen.

2 Mascarpone löffelweise in die Eigelbmasse geben und zu einer homogenen Creme verrühren. Zum Schluß das Eiweiß unterziehen.

3 Espresso mit dem Vermouth oder Marsala mischen. Die Flüssigkeit in einen tiefen Teller gießen. Die Hälfte der Löffelbiskuits kurz hineintauchen, wenden und den Boden einer flachen Glasform damit auslegen.

4 Die Hälfte der Mascarponecreme über die getränkten Biskuits füllen.

5 Restliche Löffelbiskuits in die Flüssigkeit tauchen und einschichten. Die übrige Creme darübergeben, Oberfläche glattstreichen.

6 Tiramisù zugedeckt etwa 2 Std. im Kühlschrank kalt stellen. Das Dessert vor dem Servieren dick mit Kakaopulver bestäuben. Das gelingt leicht mit Hilfe eines kleinen Siebes.

Torta di zucca gialla

Aus der Basilicata · Für den Winter **Gelbe Kürbistorte**

Zutaten für 10–12 Portionen, für eine Springform von 28 cm Ø:
1 kg gelber Kürbis
½ l Milch
100 g geschälte Mandeln
100 g Zucker · 3 Eier
1 Prise Salz
1 Päckchen Vanillezucker
abgeriebene Schale von
1 unbehandelten Zitrone
30 g Butter
3 EL Semmelbrösel
evtl. Puderzucker zum Bestäuben

Zubereitungszeit: 1¼ Std.
(+ 40 Min. Backen)

Bei 12 Portionen pro Portion:
1000 kJ/240 kcal

1 Kürbis halbieren, mit einem Löffel Kerne und bittere Fasern entfernen. Die Kürbishälften in Spalten schneiden. Das Fruchtfleisch von der Schale lösen und grob raspeln. In ein Tuch einschlagen und möglichst viel Flüssigkeit herauspressen. Die Kürbismasse soll nur noch 300 g wiegen.

2 Kürbisraspeln mit kalter Milch in einen Topf geben und etwa 60 Min. bei schwacher Hitze köcheln lassen, bis eine cremige Masse entstanden ist. Mandeln mahlen, mit dem Zucker mischen und mit dem gekochten Kürbis verrühren. Abkühlen lassen.

3 Backofen auf 180° (Gas Stufe 2) vorheizen. Eier mit einer Prise Salz in einer Schüssel schaumig schlagen, Vanillezucker und Zitronenschale dazugeben. Die geschlagenen Eier gut mit der Kürbismasse vermischen.

4 Eine Springform mit Butter ausstreichen und mit Semmelbröseln bestreuen. Kürbismasse in die Form einfüllen, 2 cm hoch glattstreichen und im Backofen etwa 40 Min. goldgelb backen. Kuchen abkühlen lassen, in kleine Stücke schneiden und servieren. Nach Wunsch mit Puderzucker bestäuben.

Info: Kürbisse gibt es in vielen Farben, Formen und Größen. Man unterscheidet dabei Sommerkürbisse mit weichen Schalen, zu denen die Zucchini zählen, und Wintersorten mit harten Schalen. Der runde gelbe Gartenkürbis, der auch bei uns heimisch ist, hat einen sehr milden Geschmack. Das feste, leicht faserige Fruchtfleisch kann gebacken, in Dampf gegart oder püriert werden.

Castagne nello sciroppo

Aus Südtirol · Braucht etwas Zeit

Eßkastanien in Sirup

Zutaten für 4–6 Gläser:
2 kg mittelgroße Maroni (Eßkastanien)
Für den Sirup:
1 unbehandelte Orange
1 unbehandelte Zitrone
750 g Zucker · 1 l Wasser
200 ml Weingeist, 70 %
(in Apotheken erhältlich)
200 ml Weinbrand
2 Päckchen Vanillezucker
2 Zimtstangen · 10 Gewürznelken

Zubereitungszeit: 3 Std.
(+ 4 Std. Ruhen)

Bei 6 Gläsern pro Glas:
5100 kJ/1200 kcal

1 Backofen auf 250° (Gas Stufe 5) vorheizen. Maronen mit einem scharfen Messer längs auf einer Breitseite leicht einschneiden. Auf dem Backblech im Backofen (oben) etwa 30 Min. rösten.

2 Orange und Zitrone heiß waschen, trockenreiben. Die Zitrusfrüchte schälen und die Schale zerkleinern. Zucker mit dem Wasser in einem Topf mischen, feingehackte Schalen hinzufügen und etwa 20 Min. bei schwacher Hitze köcheln. Den Sirup abkühlen lassen.

3 Weingeist und Weinbrand in den Sirup gießen. Vanillezucker, Zimt und Gewürznelken hinzufügen. Alles gut mischen und gut zugedeckt mindestens 4 Std. ruhen lassen.

4 Maronen, wenn möglich, im ganzen aus der Schale lösen und in Gläser mit Schraubverschluß oder in Einmachgläser einschichten. Gläser oft schütteln, damit möglichst viel Kastanien hineinpassen. Mit Sirup auffüllen und die Gläser schließen. An einem kühlen Ort aufheben. Am besten schmecken die Maronen nach 2–3 Monaten. Die Maronen als Dessert oder nachmittags zum Kaffee servieren.

Info: Bei den Eßkastanien unterscheidet man die herzförmigen Maronen aus den Wäldern des Apennin von den rundlichen Eßkastanien aus Südtirol. Im September und Oktober fallen die Früchte ab. Frisch und geröstet gibt es dann »heiße Maroni«. Während der Saison trifft man sich in Italien zum Rendezvous abends nach dem Essen auf eine Portion heiße Maroni.

Cassata siciliana

Braucht etwas Zeit

Cassata

Zutaten für 8 Stücke, für eine Springform von 26–28 cm Ø:
Für den Teig:
4 Eier · 100 g Puderzucker
2 EL Zitronensaft · 100 g Mehl
Butter und Mehl für die Form
Für die Füllung:
500 g ungesalzener, weicher Ricotta
50 g Zucker · 1 Vanilleschote
2 EL Orangenlikör oder Marsala
50 g Zartbitter-Schokolade
150 g gemischte kandierte gewürfelte Früchte (Zitronat, Orangeat, Kirschen)
Zum Garnieren:
400 g Sahne
150 g gemischte, kandierte Früchte

Zubereitungszeit: 1 ½ Std.
(+ 25 Min. Backen
+ 1 Std. Abkühlen
+ 4 Std. Kühlen)

Pro Stück: 2200 kJ/520 kcal

1 Den Backofen auf 180° vorheizen. Die Eier trennen. Eigelbe mit Puderzucker und Zitronensaft mit dem elektrischen Handrührer zu einer dicklich-weißen Creme aufschlagen. Das Mehl darüber sieben. Die Eiweiße steif schlagen, ein Drittel davon auf das Mehl geben und alles unterrühren. Den restlichen Eischnee vorsichtig unterheben.

2 Die Form dünn einfetten, mit etwas Mehl ausstreuen, den Teig einfüllen und glattstreichen. Den Boden im Ofen (Mitte, Umluft 160°) etwa 25 Min. backen. Boden leicht abkühlen lassen, aus der Form nehmen. Noch etwa 1 Std. abkühlen lassen. Nach dem Erkalten quer halbieren, so daß 2 Scheiben entstehen.

3 Eine halbkugelige Schüssel mit rundem Boden von etwa 23–24 cm Durchmesser mit Klarsichtfolie auslegen. Eine Biskuitscheibe so zurechtschneiden, daß damit der Schüsselboden ausgelegt werden kann.

4 Für die Füllung den Ricotta durch ein Sieb in eine Rührschüssel passieren. Den Zucker mit 3 EL Wasser in einem Topf etwa 2 Min. kochen, etwas abkühlen lassen und unter den Ricotta rühren. Die Vanilleschote aufschlitzen, das Mark auskratzen und hinzufügen, ebenso den Likör. Alles zu einer geschmeidigen Creme rühren. Die Schokolade klein würfeln, mit den kandierten Früchten unter den Ricotta mischen.

5 Den Ricotta in die mit Biskuit ausgelegte Schüssel füllen und glattstreichen. Mit der zweiten Biskuitscheibe und Folie bedecken. Die Cassata 3–4 Std. in den Kühlschrank stellen. Vor dem Servieren die Abdeckfolie entfernen, die Casssata auf eine Kuchenplatte stürzen, die zweite Folie abnehmen. Zum Garnieren die Sahne steif schlagen. Mit einem Teil davon die Cassata einstreichen, den Rest in einen Spritzbeutel füllen. Die Cassata mit Sahne und den kandierten Früchten dekorieren.

Granita di caffè

Geeister Kaffee

Aus Kampanien · Erfrischend

Zutaten für 4 Personen:
¾ l starker Kaffee
4 gehäufte TL Zucker
(nach Geschmack auch mehr)
100 g Sahne

Zubereitungszeit: 20 Min.
(+ 1 Std Abkühlen
+ 3 Std. Gefrieren)

Pro Portion: 430 kJ/100 kcal

1 Den Kaffee zubereiten, den Zucker unterrühren. Den Kaffee etwa 1 Std. abkühlen lassen.

2 Den Kaffee in eine Schüssel geben und etwa 3 Std. ins Tiefkühlfach stellen, bis er nahezu fest gefroren ist. Man kann den Kaffee aber auch richtig zu Eis werden lassen, friert ihn jedoch dann besser in einem Eiswürfelbehälter ein.

3 Vor dem Servieren die Sahne steif schlagen. Den geeisten Kaffee in einen Alleszerkleinerer oder Mixaufsatz geben und in viele kleine Eisstückchen zerkleinern, etwas gröber als Schnee.

4 Die Granita in Glasbecher füllen, mit einer Sahnehaube krönen und mit Strohhalm und Löffel servieren.

Variante: Sorbetto al limone
(Zitronensorbet)

Für dieses Sorbet aus Sizilien für 4 Portionen ¼ l Wasser mit 125 g Zucker etwa 5 Min. kochen. ½ l frisch gepreßten Zitronensaft unterrühren, dann alles abkühlen lassen. Den Saft in einen Eiswürfelbehälter füllen und im Tiefkühlfach fest werden lassen. Vor dem Servieren die Zitroneneiswürfel mit 1 ganz frischen Eiweiß in den Alleszerkleinerer oder Mixaufsatz füllen und zerkleinern und durchmixen, bis eine luftige, schneeähnliche Masse entstanden ist. Das Sorbet in hohe Gläser füllen, mit einer Haube aus geschlagener Sahne servieren.

Wichtiger Hinweis: Bitte verwenden Sie nur ganz frische Eier von freilaufenden Hühnern, um das Salmonellenrisiko zu verringern.

Fichi secchi mandorlati

Aus Apulien · Gelingt leicht

Getrocknete Feigen mit Mandeln

Zutaten für 4 Portionen:
12 getrocknete Feigen letzter Ernte, lose abgepackt (aus dem Reformhaus)
1 gute Msp. Fenchelsamen
20 g Zartbitter-Schokolade
40 g geschälte, gehackte Mandeln
1 EL Honig
1 TL Olivenöl für die Form
6–8 Lorbeerblätter

Zubereitungszeit: 30 Min.
(+ 2 Std. Einweichen
+ 20 Min. Backen)

Pro Portion: 1000 kJ/240 kcal

1 Die Feigen in ein Schüsselchen legen, mit warmem Wasser bedeckt etwa 2 Std. einweichen. Den Backofen auf 150° vorheizen. Die Feigen abgießen, abtropfen lassen, mit Küchenpapier abtrocknen. Die Stiele abschneiden und die Feigen an den Stielansätzen über Kreuz ½ cm tief einschneiden.

2 Den Fenchel im Mörser grob zerstoßen. Die Schokolade hacken. Schokolade, Mandeln, Honig und Fenchelsamen verrühren und in die Feigen füllen. Diese oben zusammendrücken.

3 Eine Auflaufform einölen, die Feigen nebeneinander hineinsetzen. Die Lorbeerblätter zwischen die Feigen stecken. Diese etwa 20 Min. im Ofen (Mitte, Umluft 120°) backen und heiß in der Form servieren.

Variante: Fichi mandorlati
(Gefüllte frische Feigen)
Dafür 12 frische, große Feigen waschen und trockentupfen. Den Stiel abschneiden und die Feigen ½ cm tief über Kreuz einschneiden. 2 EL Honig mit ½ TL Zimtpulver verrühren. 12 frische Weinblätter in kochendem Wasser etwa 1 Min. sprudelnd kochen, kalt abschrecken, auf einem Küchentuch auslegen und trockentupfen. In jede Feige 1 ganze, geschälte Mandel und 1 Gewürznelke stecken. Die Öffnung zusammendrücken. Jede Feige auf 1 Weinblatt setzen, mit Honig einpinseln, in das Weinblatt wickeln, mit Garn oder Zahnstochern befestigen. Die Päckchen in eine leicht eingeölte Form setzen und im vorgeheizten Ofen bei 180° (Mitte, Umluft 150°) etwa 30 Min. backen. Die Päckchen abkühlen lassen und servieren.

Gelu di melone

Aus Palermo · Gut vorzubereiten

Melonengelee

Zutaten für 6 Personen:
**2 kg Wassermelone,
die gut reif sein muß**
2 EL Zitronensaft
120 g Zucker
100 g Speisestärke
50 g Zartbitter-Schokolade
50 g gewürfeltes Zitronat
30 g gehackte Pistazien
½ TL Zimt, gemahlen

**Zubereitungszeit: 45 Min.
(+ 1 Std. Abkühlen
+ 5 Std. Kühlen)**

Pro Portion: 1500 kJ/360 kcal

1 Das Melonenfleisch aus der Schale schneiden, würfeln und durch ein Sieb passieren. 1 l von diesem saftigen Püree abmessen und mit dem Zitronensaft in einen Topf geben (restliches Melonenpüree anderweitig verwenden). Zucker und Stärke mischen und mit dem Schneebesen unter das Püree rühren. Unter ständigem Rühren bei schwacher Hitze 4–5 Min. köcheln, dann etwa 1 Std. abkühlen lassen.

2 Die Schokolade klein würfeln, das Zitronat fein hacken. Beide Zutaten mit den Pistazien unter das kalte Melonengelee mischen. Den Zimt darüber sieben und ebenfalls unterrühren.

3 Kleine Portionsförmchen oder Becher mit kaltem Wasser ausspülen und mit dem Melonengelee füllen. Die Förmchen 4–5 Std. in den Kühlschrank stellen. Das Gelee entweder stürzen oder in den Förmchen servieren.

Tip! Vor dem Servieren das Gelee mit einigen Sahnetupfen und gehackten Pistazien garnieren.

Info: Auf Sizilien wird diese Süßspeise auch gerne auf frischen Weinblättern angerichtet (siehe Foto).

Crostata di ricotta

Aus Kampanien · Braucht etwas Zeit

Ricottatorte

Zutaten für 8 Stücke, für eine Springform von 26–28 cm Ø:
Für den Teig:
300 g Mehl
3 Eigelb
50 g Zucker
Salz
100 g Butter
Für die Creme:
3 Eigelb
100 g Zucker
2 EL Speisestärke
¼ l Milch
100 g Zartbitter-Schokolade
3 EL Amaretto di Saronno
300 g ungesalzener, weicher Ricotta
1 Msp. Zimt, gemahlen
1 unbehandelte Zitrone
Butter für die Form
Mehl für die Form und Arbeitsfläche
1 Eiweiß

Zubereitungszeit: 1 Std. (+ 40 Min. Backen)

Pro Stück: 2200 kJ/500 kcal

1 Das Mehl in eine Schüssel sieben, eine Vertiefung eindrücken. 3 Eigelbe mit 3 EL Wasser verrühren, in die Mulde gießen. 50 g Zucker und 1 Prise Salz darüber streuen. Butter würfeln, daraufgeben. Alles zu einem festen, elastischen Teig verkneten. Teig zu einer Kugel formen und in Folie eingewickelt 1 Std. kühl stellen.

2 Nach etwa 30 Min. für die Creme 3 Eigelbe und 100 g Zucker in einer Metallschüssel schaumig rühren. Stärke und Milch unterrühren. In einem großen Topf Wasser aufkochen, die Schüssel darauf setzen und die Masse über dem siedenden Wasser schlagen, bis sie dicklich wird, dann beiseite stellen.

3 In einem Topf Schokolade mit Amaretto schmelzen und unter die Eiercreme rühren, abkühlen lassen. Den Ricotta durch ein Sieb in eine Schüssel passieren. Den Zimt darüber streuen. Die Zitrone waschen, abtrocknen, die Schale fein abreiben und hinzufügen, ebenso die Eiercreme. Alles gut verrühren.

4 Den Backofen auf 180° vorheizen. Die Form mit Butter einpinseln, mit etwas Mehl ausstreuen. Zwei Drittel vom Teig zu einer runden Platte ausrollen, etwa 8 cm größer als die Form, diese samt Rand damit auskleiden. Creme einfüllen und glattstreichen.

5 Den restlichen Teig auf der bemehlten Arbeitsfläche in Formgröße ausrollen, die Torte damit bedecken. Das Eiweiß verquirlen, die Oberfläche damit einpinseln, den Teigrand leicht am Formrand festdrücken. Kuchen im Ofen (Mitte; Umluft 160°) etwa 40 Min. backen. Nach dem Abkühlen aus der Form nehmen und servieren.

Variante: In Kalabrien backen die Frauen eine ganz ähnliche Ricottatorte mit dem gleichen Teig und auf die gleiche Weise, doch fällt die Füllung etwas anders aus. Statt Schokolade und Amaretto di Saronno rühren sie unter die Ricotta-Mischung je 2 EL kleingewürfeltes Zitronat und Orangeat sowie das Mark von 1 Vanilleschote (oder 1 Tütchen Vanillezucker).

Tip! Aus den Teigresten kleine Blättchen, Sterne oder Halbmonde ausstechen und den Kuchen vor dem Backen damit hübsch garnieren (siehe Foto).

Typische Speisenkombinationen

Die nachfolgende Menüauswahl gibt Ihnen einen kleinen Überblick über die Eßgewohnheiten in den Mittelmeerländern. Alle Rezepte sind so berechnet, daß »gute« Esser von etwa drei Gängen satt werden.

Frankreich

In vielen Familien werden auch während der Woche die Mittagsmahlzeiten am Familientisch eingenommen. Dabei gehören zu jedem Hauptgericht Beilagen oder ein Salat. Vor dem Dessert gibt es ein Stückchen Käse, nach der Nachspeise ein Täßchen Kaffee.

Menüs für 4 Personen

Salade de tomates à l'orange 18
Broufado 243
Crème d'Homère 291

Anchoïade 34
Omelette provençale 135
Compote de figues 292

Menüs für 4 Personen

Anchoïade 34
Poule verte 244
Pêche Melba 290
Banon (Ziegenkäse, in Eau-de-vie gereift) *

Salade de tomates à l'orange 18
Entrecôte bordelaise 243
Rocamadour (Kleine Ziegenkäse mit Walnüssen und Honig bedeckt) *
Gâteau de châtaignes 294

Menüs für Gäste

Salade de tomates à l'orange 18
Pintade tiède en salade 18
Omelette aux truffes 135
Entrecôte bordelaise 243
Tourta dé bléa 295

Huîtres d'Arcachon et Foie gras (Austern und Leberpastete) *
Poule au pot bérnaise 244
Ossau-Iraty (Schafkäse) *
Gâteau de châtaignes 294

Picknick oder Büffet für 12–15 Personen

Anchoïade 34
Gâteau de foies de volaille 33
Salade de tomates à l'orange 18
Terraïeto 33
Omelette aux blettes 134
Omelette aux oignons blancs 134
Poule verte 244
Bethmale (Kuhmilchkäse) *
Banon (Ziegenkäse) *
Tourta dé bléa 295
Fiadoni 293

Griechenland

Ob im Alltag oder zu besonderen Feiertagen, Freude am Essen, am Genuß bestimmen rund um das Jahr das Angebot der Mahlzeiten. Das Menü eröffnen die Vorspeisen, ersatzweise einige aufgeschnittene Tomaten, Gurken und Frühlingszwiebeln. Dann folgt ein Hauptgericht mit Fleisch, Fisch oder nur mit Gemüse. Als Dessert kommen immer Früchte auf den Tisch, entweder frisch oder als Kompott. Den Abschluß bildet ein Täßchen starker griechischer Mokka.

Menüs für jeden Tag

Bauernsuppe 61
Gefüllte Schühchen 174
Mandelgebäck 312

Linsensuppe 76
Gefülltes Gemüse 169
Sauerkirschen in Sirup 314
Sardinen aus dem Ofen 216
Wildgemüsesalat 14
Smyrna-Würstchen 272

Schnelle Menüs

Spitzkohlsalat mit Möhren 16
Nudelplättchen Metsovo (mit fertigen Nudeln) 106
Sauerkirschen in Sirup 314

Spitzkohlsalat mit Möhren 16
Gebackene Paprikaschoten 48
Eier auf Auberginen 144

Zucchini-Pastete 31
Tzatzíki 49
Palamut mit Gemüse 214

Gut vorzubereiten

Salat aus Augenbohnen 16
Gefüllte Weinblätter 52
Käseplätzchen 312

Kichererbsensuppe 60
Nudelauflauf mit Lauch 104
Oktopus in Wein 208

Hühnersuppe mit Ei und Zitrone 76
Nudelauflauf 103
Sesamkringel 317

Vegetarische Menüs

Tzatzíki 49
Spinatpastete 28
Nudelauflauf mit Lauch 104
Athener Walnußkuchen 317

Linsensuppe 76
Artischocken mit Bohnen 170
Gemüseauflauf 168

Menüs mit Fleisch

Tzatzíki 49
Gefüllte Weinblätter 52
Zicklein in Orangensaft 278
Milchpastete 314

Hühnersuppe mit Ei und Zitrone 76
Gebackene Paprikaschoten 48
Gefüllte Schühchen 174

Menüs mit Fisch

Fischrogenpaste 51
Geschmorter Stockfisch 212
Sesamkringel 317

Gefüllte Weinblätter 52
Gefüllter Tintenfisch 215
Palamut mit Gemüse 214

Gebackene Paprikaschoten 48
Schwertfisch paniert 211
Sauerkirschen in Sirup 312

Menüs für 4 Personen
Kichererbsensuppe 60
Omelett mit Wildgemüse 140
Käseplätzchen 312

Bauernsuppe 61
Wildgemüsesalat 14
Huhn mit Okraschoten 275

Sardinen aus dem Ofen 216
Musaká 172
Mandelgebäck 312

Tzatzíki 49
Gefüllte Weinblätter 52
Fischspieße 211

Zucchini-Pastete 31
Muschelreis 103
Artischocken-Spinat-Auflauf 170

Wildgemüsesalat 14
Eier auf Auberginen 144
Palamut mit Gemüse 214

Gebackene Paprikaschoten 48
Gefüllter Tintenfisch 215
Nudelauflauf mit Lauch 104

Kichererbsensuppe 60
Spinatpastete 28
Artischocken mit Bohnen 170

Linsensuppe 76
Ausgebackene Muscheln 51
Stifádo 272

Spitzkohlsalat mit Möhren 16
Kalbfleisch mit Quitten 277
Milchpastete 314

Salat aus Augenbohnen 16
Ragout mit Sellerie 277
Athener Walnußkuchen 317

Menüs für Gäste
Fischrogenpaste 51
Gebackene Paprikaschoten 48
Tzatzíki 49
Ausgebackene Muscheln 51

Salat aus Augenbohnen 16
Musaká 172
Engelshaar-Dessert 298

Gefüllte Weinblätter 52
Tzatzíki 49
Smyrna-Würstchen 272
Meerbrasse aus dem Ofen 206 oder
Schwertfisch pikant 211
Athener Walnußkuchen 317
Früchte *

Menüs für große Feste
Ostermenü
Wildgemüsesalat 14
Gefüllte Weinblätter 52
Lamm aus dem Ofen 274 oder
Zicklein in Orangensaft 278
Osterbrot 318

Weihnachtsmenü
Hühnersuppe mit Ei und Zitrone 76
Spitzkohlsalat mit Möhren 16
Nudelauflauf 103
Kalbfleisch mit Quitten 277
Mandelgebäck 312

Silvestermenü
Fischrogenpaste 51
Stifádo 272 oder
Ragout mit Sellerie 277
Mandelgebäck 312

Italien
Die Kochkunst der Italiener zeigt sich im weiten Spektrum der möglichen Kombinationen ihrer Gerichte. Dabei legen sie Wert auf die Zusammenstellung von Speisen ähnlicher Geschmacksrichtungen, z. B. Meeresfrüchte als Antipasto oder Primo piatto und ein Fischgericht als Secondo piatto. Im Kreis der Familie ist es üblich, an Festtagen mehrere Gerichte zur Auswahl aufzutischen.

Schnelle Menüs
Farfalle al Gorgonzola 129
Tonno fresco in umido 227
Insalata verde (Grüner Salat) *
Frutta di stagione (Frisches Obst nach Jahreszeit) *

Spaghetti alla carbonara 130
Saltimbocca alla romana 282
Insalata di radicchio (Radicchiosalat) *
Fragole al limone (in Zitronensaft marinierte Erdbeeren) *

Rigatoni al sugo di noci 129
Trota in padella 225
Prugne in composta
(Pflaumenkompott) *

Frittata con le cipolle 142
Polpi in umido 230
Frutta di stagione (Obst nach Jahreszeit) *

Zuppa di finocchi 85
Mandoriata di peperoni (158)
Saltimbocca alla romana 282
Frutta di stagione (Obst nach Jahreszeit) *

Gut vorzubereiten
Maccheroni alla chitarra 122
Melanzane alla finitese 143
Orata al forno con patate 224
Gelu di melone 333

Fazzoletti verdi 124
Fagioli alla menta 159
Baccalà alla calabrese 228
Crostata di ricotta 334

Menüs für 4 Personen
Crostini di fegato di pollo 54
Orata al forno con patate 224
Insalata verde (Grüner Salat) *
Pesche ripiene 320

Mocetta (Luftgetrocknetes Gems- oder Rindfleisch) *
Zuppa alla Valdostana 80
Ossobuco alla milanese 280
Castagne nello sciroppo 329

Peperonata 176
Pizzette di patate 56

Insalata verdé (Grüner Salat) *
Frutta di stagione (Frisches Obst nach Jahreszeit)

Risotto alla milanese 112
Ossobuco alla milanese 280
Pere ripiene con Gorgonzola 321

Menüs mit Fleisch
Polenta con tartufi 120
Quaglie al tegame 287
Frittelle di riso 323

Lasagne verdi al forno 117
Tacchino al latte 284
Latteruolo 324

Menüs mit Fisch
Cozze gratinate alla tarantina 218
Cacciucco alla viareggina 83
Bignè di albicocche 324

Cozze gratinate alla tarantina 218
Mandoriata di peperoni 158
Involtini di pesce spada 238
Frische Erdbeeren *

Riso con le cozze 126
Baccalà alla calabrese 228
Gelu di melone 333

Vegetarische Menüs
Minestra di patate e carote 80
Crespelle magre di spinaci 137
Torta di zucca gialla 328

Trenette al pesto genovese 118
Frittata di patate e zucchini 137
Tiramisù 327

Caponata siciliana 179
Polenta con tartufi 120
Gelu di melone 333

Minestrone di verdure 78
Rigatoni al sugo di noci 129
Granita di caffè 331
Fettuccine alla burina 123

Menüs für Gäste
Insalata di funghi 26
Rigatoni al sugo di noci 129
Faraona con patate 284
Melanzane alla parmigiana 182
Pesche ripiene 320

Gnocchi di patate 110
Carciofi fritti 180
Tacchino al latte 284
Pecorino *
Cassata siciliana 330

Risotto alla sarda 126
Aragosta catalana 234
Cassata siciliana 330

Cozze alla paesana 237
Macceroni alla chitarra 122
Crostata di ricotta 334

Caponata siciliana 179
Carciofi alla romana 156
Spaghetti alla carbonara 130
Cassata siciliana 330

Menüs für Feste
Carpaccio del Cipriani 26
Tagliatelle al ragù 117
Faraona con patate 284
Formaggi misti (Gemischter Käse) *
Latteruola 324
Antipasti misti (Schinken, Coppa und Salami)
Minestrone di verdure 78
Ravioli al burro 115
Piccioni ripieni al forno 286
Pecorino *
Zuppa inglese della mamma 326

Spanien
In Spanien fällt entweder das Mittagessen oder das Abendessen üppiger aus. Hat man die Zeit, besteht das Mittagsmenü zu Hause in der Regel aus drei Gängen. Erst gibt es eine leichte Vorspeise, dann einen Hauptgang, das Dessert bildet den Abschluß. Alle Gänge werden von Weißbrot begleitet, außerdem ist eine Karaffe mit Wasser obligatorisch. Zum Essen trinkt man gerne einen leichten Tischwein und im Sommer Tinto con casera, das ist eine Mischung aus Rotwein und Zitronenlimonade. Nach dem Essen gibt es Kaffee und – bei besonderen Gelegenheiten – Brandy. Das Abendessen fällt nach einem ausgedehnten Mittagessen natürlich etwas kleiner aus.

Menüs für jeden Tag
Sommersalat 24
Piperrada 138
Mandeltorte 304

Safran-Mandel-Suppe 64
Forellen Navarra-Art 203
Spinat Sacromonte 150
Fruchtsalat *

Schnelle Menüs
Knoblauchsuppe 67
Hühnerbrüstchen mit Minze 266
Verschiedene Früchte *

Kalte Trauben-Mandel-Suppe 72
Eier mit Gemüse 139
Eiscreme *

Knoblauchgarnelen 44
Seehecht mit Kapern 198
Grüner Salat *
Gedünstete Birnen in Weißwein *

Hühnerbrüstchen in Sherry 46
Goldbrasse in Salzkruste 200
Gebratene Banane *

Piperrada 138
Jakobsmuscheln galizisch 194
Eis mit Früchten *

Tomatensalat
Thunfisch-Kasserolle 199
Frische Erdbeeren mit Zucker *

Menüs für heiße Tage
Fischsuppe 69
Jakobsmuscheln galizisch 194
Fruchtsorbet *

Kalte Trauben-Mandel-Suppe 72
Hühnerbrüstchen mit Minze 266
Fruchteis *

Gazpacho 72
Perlhuhn mit Aprikosen 269
Honigmelone mit Cream Sherry *

Menüs für die kalte Jahreszeit
Überbackene Zucchini 164
Linseneintopf 67
Katalanische Creme 310

Gefüllte Champignons 47
Kichererbseneintopf 74
Mandelnougat 307

Tip! Die deftigen Eintöpfe wie Linseneintopf 67, Kichererbseneintopf 74 und Asturianischer Bohnentopf 75 eignen sich auch gut als Mitternachtssuppen.

Gut vorzubereiten
Perlzwiebeln in Sherryessig 43
Maurische Fleischspieße 25
Linseneintopf 67

Überbackene Zucchini 164
Tortilla de patatas 166
Seebrasse aus dem Ofen 196
Katalanische Creme 310

Safran-Mandel-Suppe 64
Gefüllte Champignons 47
Kaninchen maurische Art 261
Kuchen mit Schafkäse 307

Vegetarische Menüs
Kichererbseneintopf 74
Auberginen Alpujarra 162
Kuchen mit Schafkäse 307

Sommersalat 24
Tortilla de patatas 166
Gemüseplatte 160
Gebratene Puddingschnitten 308

Perlzwiebeln in Sherryessig 43
Gazpacho 72
Tortilla de patatas 166
Mandelnougat 307

Menüs mit Fisch
Knoblauchgarnelen 44
Sommersalat 24
Zarzuela 188
Mandeltorte 304

Herzmuscheln Fischer-Art 204
Stockfisch in Ölsauce 203
Gemüseplatte 160
Katalanische Creme 310

Tapas-Party
Eine Besonderheit in der spanischen Küche sind Tapas. Warum laden Sie nicht mal zu einer Tapas-Party ein? Dazu gehört reichlich trockener Sherry, selbstverständlich gut gekühlt. Dann sollten Sie Serrano-Schinken und Manchego-Käse aufschneiden und auf Platten anrichten, Oliven, Salzmandeln und Pistazien in kleinen Schalen bereitstellen und frisch aufgeschnittenes Weißbrot, in kleinen Körben. Dazu können Sie eine Auswahl verschiedener kalter und warmer Tapas anbieten. Hier einige Beispiele von Gerichten, die sich wunderbar vorbereiten lassen und Ihnen die Zeit lassen, sich Ihren Gästen zu widmen.

Sommersalat 24
Perlzwiebeln in Sherryessig 43
Tortilla de patatas, kalt oder warm 166
Knoblauchgarnelen 44
Kalte Trauben-Mandel-Suppe 72

Fischsuppe 69
Fleischbällchen 42
Eingelegte Paprikaschoten 40
Katalanische Creme 310
Mandeltorte 304

Außerdem können Sie im Winter zusätzlich einen Eintopf wie Asturianischen Bohnentopf 75, Kichererbseneintopf 74 oder Linseneintopf 67 vorbereiten.
Im Sommer empfiehlt sich eine gut gekühlte Gazpacho 72, die sich sehr gut vorbereiten läßt.

Picknick
Tortilla de patatas, kalt 166
Fleischbällchen 42, am besten Bällchen und Tomatensauce getrennt transportieren, kalt natürlich.
Kuchen mit Schafkäse 307
Maurische Fleischspieße 25, sie können vor Ort gegrillt, aber auch schon gegart mitgenommen werden.
Ansonsten brauchen Sie nur noch reichlich Brot, Getränke und Obst, dann wird das Picknick rundum gelingen.

Menüs für Gäste
Knoblauchsuppe 67
Paella 100
Katalanische Creme 310

Betrunkene Wachteln, pro Person
½ Wachtel als Vorspeise 271
Goldbrasse in Salzkruste 200
Piperrada 138
Mandelnougat 307

Oliven und Salzmandeln (als kleine Häppchen zum Aperitif) *
Safran-Mandel-Suppe 64
Lachs asturianische Art 196
Täubchen Toledo 271
Churros 309

Fischsuppe 69
Seebrasse aus dem Ofen 196
Kaninchen maurische Art 261
Mandelnougat 307

Türkei

Auf ihre Küche sind die Türken besonders stolz. Sie lieben ihre traditionellen Gerichte, und das ist auch der Grund dafür, daß ihre Kochkultur von anderen Ländern kaum beeinflußt ist.

Zum Frühstück gibt es bereits Schafkäse, schwarze trockene Oliven, Tomatenachtel und Gurkenscheiben, hartgekochte Eier und Reçel, eine dünnflüssige Konfitüre, in ländlichen Gegenden sogar eine Suppe.

Zum Mittagessen wird etwas Einfaches gekocht oder ein Gericht vom Vortag serviert.

Zum Abendessen, der Hauptmahlzeit des Tages, stellt man mehrere kalte und warme Gerichte zusammen. Serviert werden alle Gerichte gleichzeitig oder zuerst alle kalten und dann die warmen.

Zum Nachtisch gibt es frisches Obst oder gekochte Früchte im eigenen Saft, dann ein Täßchen starken türkischen Kaffee oder türkischen Tee.

Menüs für jeden Tag

Salat aus Bulgur 22
Nudelteigpastete 92
Spinat mit Hackfleisch 251
Frisches Obst nach Jahreszeit *

Auberginensalat 22
Kräuter-Käsecreme 37
Klößchen in Zitronensauce 251
Frisches Obst nach Jahreszeit *

Schnelle Menüs

Teigröllchen 94
Fleischspießchen vom Grill 257
Frisches Obst nach Jahreszeit *

Zucchinipuffer 37
Gegrillter Blaufisch 190
Frisches Obst nach Jahreszeit *

Teigtaschen aus der Pfanne 99
(dazu Ayran)
Frauenschenkel-Frikadellen 256
Frisches Obst nach Jahreszeit *

Gut vorzubereiten

Salat der Rosa Prinzessin 20
Gefüllte Auberginen 252
Baklava 296

Salat aus Bulgur 22 (dazu Schafkäse)
Auberginensalat 22
Grieß-Halwa 301

Vegetarische Menüs

Salat aus Bulgur 22
Nudelteigpastete 92
Quitten in Sirup 302

Zucchinipuffer 37
Kräuter-Käsecreme 37
Wintergemüsetopf 147
Hochzeitsreis 299

Menüs mit Fleisch

Pizza türkische Art 153
Klößchen in Zitronensauce 251
Frisches Obst nach Jahreszeit *

Teigtäschchen 96
Tarhana-Suppe 62
Engelhaar-Dessert 298

Menü mit Fisch

Gefüllte Muscheln 193
Salat aus Bulgur 22
Zuccinipuffer 37
Spritzkuchen 301

Menüs für 4 Personen

Saubohnen in Olivenöl 146
Portulak in Joghurt 20
Teigröllchen 94
Bedecktes Lamm 255
Frisches Obst nach Jahreszeit, z.B.
Erdbeeren, Kirschen, Maltapflaumen *

Tarhana-Suppe 62
Weiße Bohnen mit Fleisch 248
Eingelegte Paprikaschoten 40
Baklava 296

Auberginensalat 22
Frauenschenkel-Frikadellen 256
Grieß-Halwa 301

Menüs für Feste
Zum Zuckerfest

Eingelegte Paprikaschoten 40
Huhn auf Tscherkessenart 38
Teigröllchen 94
Fleischspießchen vom Grill 257
Frisches Obst nach Jahreszeit *
Grieß-Halwa 301

Zum Opferfest

Imam bayıldı 149
Salat aus Bulgur 22
Bedecktes Lamm 255
Festtagsreis 88
Frisches Obst nach Jahreszeit *
Noahs Pudding 302

Menü für Gäste

Auberginensalat 22 (und einige Würfel Schafkäse)
Kräuter-Käsecreme 37
Fleischspießchen vom Grill 257
Frisches Obst nach Jahreszeit *
Baklava 296

Rakı-Tafel für 8–10 Personen

Zu einer richtigen Rakı-Tafel gehört eine Vielzahl kalter und warmer Gerichte, mindestens 5 bis 6 sollten es schon sein. Begonnen wird mit den kalten Gerichten. Dazu trinkt man in der Regel Rakı, mit Eiswasser verdünnt, nach Geschmack aber auch Wein. Auftischen können Sie:

Auberginensalat 22
Kräuter-Käsecreme 37
Salat der Rosa Prinzessin 20
Bulgurröllchen 90
Eingelegte Paprikaschoten 40
Huhn auf Tscherkessenart 38
Gefüllte Muscheln 193
Teigröllchen 94
Frisches Obst nach Jahreszeit *
Noahs Pudding 302
Grieß-Halwa 301

* Für Gerichte mit diesem Zeichen finden Sie im Buch keine Rezepte.

Glossar

Zutaten und Spezialitäten der mediterranen Küche

Frankreich

Basquaise (à la): Nach baskischer Art, mit Schinken, Tomaten und scharfem Gewürzpaprika.

Blette, bette: Mangold.

Bouquet garni: Mit Küchengarn zusammengebundenes Kräutersträußchen. In der Provence besteht es aus je einem Thymian- und Rosmarinzweig sowie einem Lorbeerblatt.

Bourride: Südfranzösische Fischsuppe mit weißen Mittelmeerfischen. In Sète nur mit Seeteufel gekocht.

Brandade: Stockfischpüree aus gekochtem und entsalztem Kabeljau, Öl und Milch, wie z. B. in Nimes. In der Provence werden Knoblauch, Sahne und Trüffel hinzugefügt. In Carcassonne Kartoffeln, im Minervois Rotwein, Sardellen und schwarze Oliven.

Cardon: Karde oder Kardome. Stacheliges Gemüse, das einer riesigen Artischocke gleicht, wird von November bis Januar geerntet. Beliebte Spezialität in Lyon, in der Provence und im gesamten französischen Mittelmeerraum.

Casse-croûte: Wörtlich: »Brich die Kruste«, kleiner Imbiß.

Chapon: Kapaun, kastrierter Hahn, zwischen dem 5. und 8. Lebensmonat geschlachtet. Das Fleisch des etwa 3 kg schweren Kapauns ist zart und schmackhaft, wird nur an Weihnachten angeboten.

Coulis: Dicke Sauce aus rohen oder gekochten Früchten oder Gemüsen.

Court-bouillon: Gewürzte Brühe, in der etwas gekocht wird.

Entrecôte bordelaise: Das echte Zwischenrippenstück wird immer auf wohlriechenden Rebenholzzweigen gegrillt und mit rohen grauen Schalottenwürfeln bestreut.

Entrecôte à la bordelaise: Zwischenrippenstück mit Rotweinsauce aus Schalotten, Bayonne-Schinken, Gewürzen, manchmal mit Rindermark garniert.

Fève: (Sau-)Bohne.

Huile d'olive vierge: Olivenöl, erste Pressung; douce: mild; fruitée: fruchtig.

Mesclin, mesclou, mesclum, mesclun: Mischung aus 7–9 Salatsorten aus Nizza, der Provence und dem Périgord.

Pain de mie: Weißes, fast krustenloses Sandwichbrot. Es besteht fast nur aus Mie (Krume). Im Gegensatz zu den meisten französischen Broten enthält es Milch, Zucker und Mehl.

Pastis: Hochprozentiger Kräuter-Anis-Schnaps, der mit Wasser verdünnt als Aperitif getrunken wird.

Piperade basque, basquaise: Im Baskenland ist Piperade kein Gericht, sondern eine Art Sauce, die mit Spiegelei und rohem (gebratenem) Schinken als kleines Gericht serviert wird →Basquaise.

Pistou: Sauce aus Basilikum, Knoblauch, Olivenöl und geriebenem Schafkäse, aber auch Bezeichnung für eine mit Pistou aromatisierte Gemüsesuppe.

Provençal(e): Nach Art der Provence, meistens mit Knoblauch, Kräutern, Tomaten und Olivenöl.

Ratatouia nissarda, ratatouille niçoise: Gemüsetopf aus einzeln in Olivenöl geschmorten Gemüsen wie Auberginen, Zucchini, Paprika, Tomaten, Zwiebeln, Knoblauch und Gewürzen, der dann mit allen Gemüsen weitergegart wird. Spezialität aus Nizza.

Rillettes: Gewürzte Paste aus Fleisch- und Fettstückchen von Ente, Gans oder Schwein. Beliebter Brotaufstrich. Kann auch mit Fisch zubereitet werden.

Rouget: Rotbarbe, ein kleiner Fisch mit süßlichem Fleisch und roter Haut.

Terraïeto: Kleine Tonförmchen (wie Puppengeschirr), die mit Pasteten gefüllt werden.

Tian: Feuerfestes Tongefäß ohne Deckel aus der Provence, in dem Gemüsegerichte im Ofen gebacken werden. Gemüsegratins werden dort ebenfalls als Tian bezeichnet.

Ttoro: Fischsuppe aus dem Baskenland, früher aus Kabeljausud mit Kräutern, Gemüse und Kartoffeln, heute mit Fischen, Muscheln, Langustinen und Wein.

Verjus, Jus de raisin vert: Saft von unreifen Trauben, wird zum Verfeinern von Salaten und zum Schmoren von Geflügel verwendet.

Türkei

Ayran: Joghurtgetränk aus zwei Dritteln gekühltem säuerlichem Joghurt, einem Drittel kaltem Wasser und 1 Prise Salz, mit dem Schneebesen kurz aufgeschlagen.

Bergamotte: Bitterorangen für Reçel.

Beyaz peynir: Schafkäse, wird in Blöcken, in Salzlake eingelegt.

Börek: Pastete aus Yufkateig.

Bonito: Palamut, delikater, etwa 80 cm großer Thunfisch, silbrige Bauchseite mit vier bis sieben dunklen Streifen.

Bulgur: vorgegarter, geschroteter Weizen.

Çay: Türkischer schwarzer Tee, in zwei Kannen zubereitet. In der oberen, etwas kleineren Kanne befindet sich ein starker Aufguß aus Teeblättern mit Wasser, die untere, große ist gefüllt mit siedendem Wasser. Aufguß nach Belieben in ein Teeglas gießen und mit dem siedenden Wasser auffüllen, bis die gewünschte Stärke erreicht ist.

Çemen: Gewürzpaste für → Pastırma.

Çörekotu: Schwarzkümmel, auch Römischer Kümmel. Wird auf Fladenbrot und salziges Gebäck gestreut, schmeckt gut auf Schafkäse.

Dil peyniri: Faseriger Käse, der auch für das Engelshaar-Dessert verwendet wird.

Dolmalık biber: Kleinere runde, hellgrüne, dünnschalige Paprikaschoten; werden gefüllt oder eingelegt.

Döner kebap: Fleisch vom rotierenden Spieß aus aufeinandergeschichteten, dünnen, in Zwiebelsaft und Gewürzen marinierten Fleischscheiben und Hackfleischplatten mit Fettstückchen vom Fettschwanz der Schafe.

Kahve: Türkischer Kaffee, im kleinen Kännchen mit langem Stiel aufgekocht und serviert.

Kaşar-Käse: Kaşar peyniri, halbfester Käse aus Kuh- oder Schafmilch oder aus beiden, wird meist in großen Laiben hergestellt. Je nach Alter schmeckt er mild, leicht salzig bis pikant, manchmal etwas beizend.

Kaymak: Abgeschöpfter Rahm von erhitzter Milch, durch Einkochen dick und fast schnittfest, wird als Dessert, zu frischen Erdbeeren oder mit Honig gegessen.

Kebap: Gegrilltes, gebratenes oder gekochtes Fleisch, meist in kleinere oder größere Würfel geschnitten.

Kornelkirschen: Kızılcık, olivförmige, etwa 2 cm lange, rötliche, feinsäuerliche Früchte von wildwachsenden Sträuchern.

Kreuzkümmel: Verwandter des heimischen Kümmels, wird in der türkischen Küche hauptsächlich für Hackfleischgerichte, Kichererbsenpüree und türkische Pizza verwendet.

Minze, getrocknet: → Nane, wichtiges Gewürz der türkischen Küche.

Nane: → Minze.

Otlu peynir: Mit wildwachsenden Kräutern, wildem Knoblauch und Salz gewürzter krümeliger Frischkäse.

Palamut: Bonito, Thunfisch.

Paprikaflocken: Geschroteter, roter mittelscharfer Paprika, in Form von kleinen Plättchen, zum Würzen von gegrilltem Fleisch und für türkische Pizza.

Paprikapüree: Biber salçası; stark eingedicktes, meist scharfes Püree aus roten Paprikaschoten, als Fertigprodukt erhältlich.

Pastırma: In eine Gewürzpaste (Çemen) gehülltes, luftgetrocknetes Fleisch, wird dünn aufgeschnitten gegessen, aber auch im Hülsenfrüchteeintopf mitgekocht.

Pekmez: Sirupartig eingekochter Trauben- oder Apfelsaft, schmeckt besonders gut mit Tahin vermischt zu Fladenbrot.

Peperoni: Acı biber; lange dünne, dunkelgrüne oder rote scharfe Paprikaschoten.

Pulbiber: → Paprikaflocken

Rakı: Aus Weingeist mit Anissamen hergestellter Schnaps.

Reçel: In Zuckersirup eingekochte Früchte, Gemüse, Rosenblätter oder Bergamotte-Schalen, eine Art Konfitüre.

Rosenwasser: Gül suyu; aus Rosenblättern gewonnene Essenz zum Aromatisieren von Gebäck, Spezialität aus dem Gebiet von Isparta in Mittelanatolien. Erhältlich in türkischen oder griechischen Lebensmittelläden, in der Apotheke oder in Konfiserien mit eigener Produktion.

Salep: Typisches Wintergetränk aus heißer Milch, Zucker und Knabenkrautpulver (Salep), leicht dickflüssig, mit Zimtpulver bestreut.

Schwarzkümmel: → Çörekotu.

Semizotu: Portulak; wird roh oder gedünstet zubereitet.

Şerbet: Gekühlter hausgemachter Saft aus Früchten oder Beeren, als Erfrischung zu besonderen Anlässen serviert, z.B. nach der Geburt eines Kindes.

Sesam: fettreiches Korn einer krautartigen Pflanze, die durch Rösten einen nußähnlichen Geschmack erhält.

Spitzpaprikaschoten: Größer als Peperoni, lang und spitz, meist mild, hellgrün, färben sich mit zunehmender

Reife rot. Werden roh für Salat verwendet, sonst gegrillt, gebraten oder gekocht.

Sucuk: Halbfeste, getrocknete Knoblauchwurst aus Rind- und/oder Lammfleisch, zum Braten oder Mitkochen im Hülsenfrüchteeintopf.

Sumak: Rötlich-violettes, säuerliches Pulver aus der Frucht eines wildwachsenden Busches; vor allem zum Würzen von Salat.

Tahin: Sesampaste aus geschälten, gerösteten und gemahlenen Sesamkörnern.

Tarhana: Meist selbstgemachtes Suppenmehl aus Bulgur, Joghurt, Salz, manchmal auch mit Tomaten und Zwiebeln oder anderen würzenden Beigaben angereichert.

Tel kadayıf: Fadennudeldünner, getrockneter Teig für Süßspeisen, z.B. für das Engelshaar-Dessert.

Tulum peyniri: Krümeliger weißer, salziger Käse aus Schaf- oder Ziegenmilch.

Turşu: Milchsauer eingelegte Gemüse oder Früchte, auch als Fertigprodukt im Glas oder im Kunststoffbeutel erhältlich.

Weinblätter: Salamura yaprak; in Salzlake eingelegte Weinblätter zum Füllen.

Yoğurt: Joghurt; durch bestimmte Bakterienkulturen gesäuertes Milchprodukt, das in der Küche der Türkei und Mittelasiens vielseitig verwendet wird.

Yufka: Papierdünn ausgerollte, große runde Teigblätter für Pasteten (Börek).

Spanien

Aceite: Olivenöl; wird in fast allen Gerichten verwendet.

Aceitunas: Oliven.

Aioli: Knoblauchmayonnaise.

Alcachofa: Artischocke. Der Geschmack der Artischocke, die reich an Vitaminen ist, ist fein-herb und zartbitter. Sie ist wegen ihrer appetitanregenden Wirkung eine beliebte Vorspeise.

Alcaparra: Kapern. Die grünen, noch geschlossenen Blütenknospen des Kapernstrauches werden meist in Essig-Salz-Lake eingelegt.

Almeja: Venusmuschel. Sie wird hauptsächlich in Galizien gezüchtet. Am liebsten ißt man sie in Weißweinsauce.

Almendra: Mandel. In spanischen Gerichten werden traditionell keine fertig gemahlenen Mandeln aus dem Päckchen benutzt.

Amontillado: Sherrytyp aus der Familie der Finos. Er wird nur selten trocken, meistens halbtrocken angeboten und ist bernsteinfarben und vollmundig im Geschmack.

Angulas: Glasaale. Die jungen Glasaale sind nur in Spanien zu finden und stehen Hummer und Langusten weder im Preis noch im feinen Geschmack nach.

Arroz: Reis. Er kommt aus der Levante. Die grobkörnige Rundkornsorte ist ideal für Paella und andere Reisgerichte. Ersatzweise können Sie Arborio oder Vialone aus Italien verwenden.

Azafran: Safran.

Bacalao: Stockfisch; gesalzener, luftgetrockneter Kabeljau. Vor Gebrauch muß er 24 Stunden gewässert werden.

Besugo: Meerbrasse. Dieser Fisch lebt vor allem im Atlantik und im Mittelmeer. Er wird am liebsten im Ganzen im Ofen gegart oder gegrillt.

Bocadillo: Etwa 20 cm langes Stangenweißbrot, köstlich mit Schinken, Tomaten, Käse oder gegrilltem Fleisch belegt. In beinahe jeder Bar zu bekommen.

Boqueron: Sardelle oder Anchovis, die meist mariniert oder fritiert, aber auch gegrillt gegessen wird.

Cava: Sekt, der nach der »méthode champenoise« hergestellt wird.

Cebolla: Zwiebel. Sie ist in Spanien eine unerläßliche Zutat, egal ob es sich um Suppen, Gemüse, Fleisch- oder Fischgerichte handelt.

Cerdo: Schwein. Es kommt in vielen Gerichten in ganz Spanien vor. Auch die berühmten spanischen Bergschinken und Würste sind aus Schweinefleisch gemacht.

Chorizo: Luftgetrocknete Paprikawurst

Comino: Kreuzkümmel. Dieses Gewürz wurde von den Mauren nach Spanien gebracht. Heute schätzt man seinen unverwechselbaren, scharfen Geschmack besonders im Süden Spaniens.

Cream Sherry: Ein Dessertwein, voll, süß und schwer.

Dorada: Goldbrasse. Dieser Fisch ist der beliebteste aus der Familie der Meerbrassen. Sein Fleisch ist fest, aromatisch und arm an Gräten.

Glossar **343**

Espinacas: Spinat; in Spanien typisch mit Rosinen und Pinienkernen.

Fabada: Eintopf mit weißen Bohnen; berühmteste Variante: Fabada Asturiana.

Fino: Es gibt zwei Sherry-Grundtypen, Finos und Olorosos. Finos sind die trockenen Varianten, hellgelb und leicht. Zu diesem Grundtyp gehören der Fino, die Manzanillas und die Amontillados.

Frutas: Obst. Spanien ist ein Eldorado für Fans von Früchten jeder Art.

Gamba: Garnele, Crevette.

Garbanzo: Kichererbse; in Eintöpfen, Ragouts oder als Salat beliebt.

Gazpacho: Kalte Gemüsesuppe; erfrischende Spezialität aus Andalusien.

Higo: Feige. In Spanien werden sie gerne frisch oder getrocknet zu Schinken oder als Dessert gegessen.

Jabali: Wildschwein; wird hauptsächlich als Ragout zubereitet. Besonders köstlich schmeckt es mit Feigen.

Jabugo: Ein hervorragender luftgetrockneter Bergschinken aus dem Südwesten Spaniens.

Jamon de Serrano: Luftgetrockneter Bergschinken

Langostinos: Riesengarnelen.

Lenteja: Linse. Sie ist eine der ältesten Kulturpflanzen und wird in der ganzen Welt angebaut, wobei Spanien zu den bedeutendsten Produktionsländern gehört.

Malvasier: Süßer Dessertwein aus dem Süden Spaniens.

Manchego: Würziger Schafmilchkäse.

Manzanilla: Sherrysorte, die zur Familie der Finos gehört. Es ist eine trockene Sorte, die nur im besonderen Klima von Sanlucar de Barrameda am Atlantik entsteht und von ganz leicht bitterem, salzigem Geschmack ist.

Melón: Melone; ein Favorit der Spanier. Honig- oder Zuckermelone ist ein beliebter Nachtisch, die hellrote Wassermelone dagegen gilt als hervorragender Durstlöscher.

Menta: Minze. Die würzigen Blätter schmecken feingehackt in Saucen ebenso wie in Salaten, Suppen oder Gemüse.

Merluza: Seehecht. Der im Mittelmeer wie auch im Nordatlantik und im Schwarzen Meer beheimatete Fisch ist mit den Dorschen verwandt und hat sehr weißes und feines Fleisch.

Morcilla. Blutwurst. Sie ist luftgetrocknet und oft statt mit Fettstückchen mit Reis aufgelockert. Gebraten als Tapa ist sie ebenso beliebt wie in Eintöpfen.

Naranjas: Orangen. Diese gesunden Südfrüchte werden hauptsächlich in den großen Hainen um Valencia und Sevilla herum angebaut. Sie werden in süßen Gerichten ebenso gerne verwendet wie in pikanten.

Olorosa: Neben Fino der zweite Grundtyp von Sherry. Voll und kräftig im Aroma und von dunklem Goldton bis brauner Farbe. Zu den Olorosos gehören die Palos Cortados, Olorosos und die Rayas.

Palo Cortado: Zum Grundtyp Olorosa gehöriger Sherry, der leichter als die übrigen Olorosos, aber stärker als die Amontillados ist. Eine eher seltene Sorte.

Pescado: Fisch. Spanien, das von drei Seiten vom Meer begrenzt wird, ist berühmt für seine vielfältigen Fischgerichte.

Pimenton: Paprikaschote. Man macht sich die Mühe, sie kurz im Ofen zu rösten, zu schälen, zu putzen und dann weiterzuverarbeiten.

Pimienta: Paprikapulver, das es von mild bis sehr scharf gibt. Scharfe Pulver werden jedoch eher sparsam verwendet, denn die meisten spanischen Gerichte sind zwar kräftig gewürzt, aber nicht beißend scharf.

Pimiento: Pfeffer. Dieses seit der Antike bekannte Universalgewürz wird frisch gemahlen in beinahe allen Gerichten verwendet.

Queso: Käse. Spanien hat viele ausgezeichnete Käsesorten. Die meisten werden nicht erst zum Dessert, sondern schon zum Aperitif gereicht, oder als Tapa gegessen. Es handelt sich überwiegend um Hartkäse, cremigen Käse kennt man in Spanien kaum.

Rape: Seeteufel, auch Lotte genannt. Sein feines und festes Fleisch wird besonders an den Küsten Asturiens und Kantabriens hervorragend zubereitet.

Rayas: Ein Sherrytyp aus der Familie der Olorosos, dunkel und etwas kräftig im Geschmack.

Romero: Rosmarin. Dieses Gewürz, das in vielen Regionen Spaniens wild wächst, wird besonders reichlich unter Fischgericht gemischt.

Salmon: Lachs. Besonders die wilden Gebirgsflüsse der baskischen Region und von Navarra sind reich an Lachsen. Da sie nicht künstlich in Zuchtbecken gemästet werden, sind sie nicht so fett.

Sangria: Berühmte erfrischende Rotweinbowle mit Früchten, für die es viele Rezepte gibt: 1 unbehandelte Zitrone, 1 unbehandelte Orange und 1 Pfirsich in Scheiben schneiden und in einen Krug geben, mit 60 g Zucker bestreuen und mit 1 l trockenem spanischen Rotwein und ½ l Mineralwasser aufgießen. Eiswürfel hineingeben und servieren.

Sardinas: Sardinen. Sie sind gegrillt oder gefüllt gleichermaßen beliebt.

Sidra: Moussierender Apfelwein, eine berühmte Spezialität aus Asturien, die den ganzen Tag und zu allen Gerichten getrunken wird.

Sobrassada: Grobe, saftige Mettwurst aus Schweinebrät. Diese Mallorquinische Spezialität ist noch am ehesten mit der Chorizo zu vergleichen.

Solomillo: Wörtlich übersetzt: »nur die Mitte«, das heißt, das Beste vom Besten. Ein großzügiges Stück vom Rinderfilet, auf den Punkt genau gebraten, so daß es innen noch schön rosig bleibt.

Tapa: Appetitanregende kalte oder warme Häppchen. Einzigartig in Spanien.

Tomillo: Thymian ist das meist gebrauchte Kraut in der spanischen Küche. Es gehört unbedingt an Lamm- und Wildgerichte.

Tortilla: Omelette. Als Tortilla de patatas mit Kartoffeln, sonst nur mit gestockten Eiern zubereitet. Sie wird warm, lauwarm oder kalt gegessen.

Trucha: Forelle. Besonders gute Forellen kommen aus den Gebirgsflüssen des Baskenlandes und Navarras.

Turron: Süßigkeit aus Mandeln und Honig, die es in vielen Varianten gibt, von weich bis ganz hart.

Veiras: Jakobsmuscheln oder Pilgermuscheln. Meistens werden die Muscheln mit Knoblauch, Petersilie und Weißbrot überbacken. Spezialität in Galizien.

Vinagre: Essig. Beliebt und berühmt ist Sherryessig, er hat einen hohen Säuregrad und ist sparsam zu verwenden. Oft wird auch einfach Rotweinessig benutzt.

Yemas: Kandiertes Konfekt aus Eigelb, ursprünglich aus den Klosterbäckereien Andalusiens.

Zarzuela: Meeresfrüchteeintopf, eine Spezialität aus Katalonien, die nach der spanischen Operette, der Zarzuela, benannt ist.

Griechenland

Agriochórta: Im Freien gesammeltes Wildgemüse.

Avgotarachon: Kaviar der Meeräsche, für Fischrogenpaste.

Athótiros: Zylindrisch gepreßter, kurz gelagerter, ungesalzener Käse von Kreta.

Attika: Weinanbaugebiet Zentralgriechenlands.

Baklava: Gebäck aus hauchdünnem Blätterteig mit Nüssen und Zuckersirup.

Chalva: Auch Halva, orientalische Süßigkeit aus Mandeln oder Sesam, aus Mehl oder Grieß, Öl oder Butter und Zucker.

Chylopittes: In kleine Quadrate geschnittene Nudeln.

Feta: Säuerlicher, in Blöcke gepreßter frischer Schafkäse in Salzlake.

Fillo-Teigblätter: Gibt es als Fertigprodukt abgepackt im griechischen und türkischen Lebensmittelhandel (dort Yufka).

Formáno: Käsespezialität von Epirus.

Fraoula: Erdbeerlikör von Zakynthos.

Glyko: In Zuckersirup gekochte Früchte, eine Art Konfitüre, die zu Festen oder zur Begrüßung den Gästen auf Löffelchen gereicht wird. Sie heißt auch Löffelsüßigkeit.

Graviéra: Pikanter, halbfester oder fester Käse aus Schaf- oder Kuhmilch, Name und Art sind vom französisch/schweizerischen Gruyère/Greyerzer abgeleitet.

Griechischer Joghurt: Yaourti, aus Schaf- oder Kuhmilch mit 6 bis 10% Fett.

Kafés elléniko: Griechischer Kaffee, in kleinen Portionskännchen mit oder ohne Zucker aufgekocht.

Kalamata: Für seine Oliven berühmtes Gebiet auf dem Peloponnes.

Kasseri: Schnittkäse in Block- oder Laibform aus Schaf- und/oder Kuhmilch, lange gelagert besonders pikant.

Kataífi: Teigfäden für Gebäck, frisch in Folie oder getrocknet im Karton gibt es sie im griechischen oder türkischen Lebensmittelladen zu kaufen.

Kefalotiri: Fester, pikanter Rohmilchkäse aus Schaf- oder Ziegenmilch, unterschiedlich geformt und gelagert, wird zum Kochen, zum Braten und Reiben verwendet.

Kidnopasto: Quittenpaste, eine Spezialität der Ionischen Inseln.

Kitronlikör: Spezialität von Naxos aus der Zitronatzitrone.

Kritharaki: Reiskornförmige Nudeln für Suppe und Eintopf.

Loukanika: Stark gewürzte Würste, Spezialität aus Thrakien.

Loukoumi: In Puderzucker gewälzte Fruchtgeleewürfel, sie schmecken besonders köstlich auf der Insel Syros.

Manoúri: Frischer, schnittfester, mild gesalzener Käse, je nach Region aus Schaf-, Ziegen- oder Kuhmilch.

Metaxa: Berühmter Weinbrand. Qualitätsstufen nach Reifezeit in Eichenfässern: 5* Classic (38% Vol.). 7* Amphora (40% Vol.), Grand Olympian Reserve (40% Vol.), Metaxa Centenary. Metaxa produziert auch Ouzo.

Metsovone kapnisto: Leicht geräucherter Schafkäse aus Metsovo/Epirus.

Minze: Krause Minze, Pfefferminze, griechisch Agriodiósmos, Ménta. Die Blätter werden frisch oder getrocknet zum Würzen von Reis- und Käsefüllungen genommen.

Mizíthra: Frischkäse, meist aus Schafmilch, ungesalzen für süßes, gesalzen für herzhaftes Gebäck.

Orangenblütenwasser: Essenz aus Orangenblüten zum Würzen von Gebäck, im griechischen Lebensmittelhandel oder in Apotheken erhältlich.

Oúzo: Aus Traubenrückständen gebrannter Schnaps mit typischem Anis-Aroma, seltener auch aus Feigen gebrannt oder mit Mastix aromatisiert.

Palamut: Fisch aus der Familie der Pelamiden, zu denen auch die Makrele zählt.

Pastourma: In einer dicken Gewürzkruste getrocknetes Rindfleisch, Spezialität Thrakiens und Makedoniens.

Pitta: Sammelbezeichnung für Pasteten, Teigtaschen und flache Brote.

Rakiya: Auch Tsikoudia, aus Weinrückständen gebrannter Schnaps von Kreta.

Revani: Rührkuchen aus Eiern und Grieß, mit Zuckersirup getränkt, besonders in Nordgriechenland beliebt.

Rosenwasser: Essenz aus Rosenblättern für süßes Gebäck, im griechischen oder türkischen Lebensmittelhandel erhältlich.

Schälerbsen: Getrocknete, von den Häutchen befreite gelbe oder grüne Erbsen, im Handel erhältlich.

Schwarze Augenbohne: Kleine, weiße getrocknete Bohne mit schwarzem Punkt in der Beuge.

Sesfikia: Wie Wurst geformte Süßigkeit aus Moustos, stark eingedicktem Traubenmost, gefüllt mit Walnüssen.

Throumbes: Reife, schwarze, runzelige Oliven.

Trachana: Mit unterschiedlichen Zutaten wie Getreide, Joghurt, Tomaten und Gewürzen hergestelltes Suppenmehl.

Triantafilio glyko: Löffelsüßigkeit mit Rosenblättern.

Tsakistes: Säuerlich eingelegte grüne Oliven.

Tsipouro: Tresterschnaps, Spezialität Nordgriechenlands.

Tsirossalata: Getrocknete kleine Makrelen, gewürzt mit Zitrone und mit Zwiebeln angerichtet. Diese Vorspeise ist eine Spezialität in Thessaloniki.

Weinblätter: Frische oder in Lake haltbar gemachte Weinblätter im Glas oder in Folie erhältlich.

Italien

Abbacchio: Milchlamm; wird im Alter von 20 bis 60 Tagen geschlachtet.

Agnello: Lamm, das entwöhnt ist.

Agrodolce: Süß-sauer zubereitetes Fleisch, häufig Wild, als Zutat auch manchmal etwas Schokolade (Latium und Sardinien).

Amaretto di Saronno: Beliebter Mandellikör aus Saronno

Anchovis: In Öl eingelegte kleine Sardinen. Sie gehören zu den am häufigsten verwendeten Würzzutaten der süditalienischen Küche.

Baccalà: Gesalzener, luftgetrockneter Kabeljau, ungesalzen heißt er »Stocafisso«, beide müssen vor der Zubereitung gewässert werden. Baccalà 24 Stunden, Stoccafisso 48 Stunden. Das Wasser alle 12 Stunden abgießen.

Bergamotte: Aus der Schale der blaßgelben Zitrusfrucht wird das stark duftende Bergamotte-Öl z.B. für Parfüm oder für den parfümierten Tee »Earl Grey« gewonnen. Hauptanbaugebiet ist Kalabrien.

Bucatini: Kurze, dicke Röhrennudeln.

Butirri: Kleiner ovaler Büffelkäse mit Butterkern. Spezialität der Basilikata.

Caciocavallo: Weißer Käse aus Kuhmilch, von säuerlichem Geschmack, in birnenähnliche Formen gepreßt, die paarweise zusammengebunden und über ein Stück Holz gehängt werden.

Calzoni: Gebackene Teigtaschen, hauptsächlich mit Käse- und/oder Gemüsefüllung.

Cassata: Name aus dem Arabischen von »qas'at« = tiefe Schüssel; eine süße Spezialität aus Sizilien.

Cipudazzi: Kleine, rosa Wildzwiebelchen aus Kalabrien, die in Essig und Öl eingelegt als Vorspeise serviert werden.

Doppio Arancia: Orangenlikör aus Apulien.

Fettuccine: Bandnudeln.

Gnocchi: Klößchen oder ovale Nocken aus Nudel- oder Kartoffelteig.

Granita: Erfrischendes Getränk oder Dessert aus fein zerkleinertem geeistem Fruchtsaft oder Kaffee.

Lucanica oder Luganega: Frische Schweinsbratwurst, die ursprünglich aus der Basilikata, dem alten Lucania, kam, inzwischen auch in Norditalien hergestellt wird.

Mozzarella: Rindenloser, weißer Frischkäse aus Büffel- und/oder Kuhmilch.

Orechiette: Nudeln in Form kleiner Ohren.

Pancetta: Luftgetrockneter, magerer, gesalzener Speck vom Schweinebauch.

Parmesan: Parmigiano-Reggiano, aus Kuhmilch hergestellter Hartkäse aus dem gesetzlich festgelegten Herstellungsgebiet in der Emilia-Romagna.

Pecorino: Hartkäse aus Schafmilch, der in der Toskana, im Latium, vor allem jedoch in Süditalien produziert wird.

Penne: Kurze, hohle Nudeln, glatt oder geriffelt.

Provolone: Schaf-, Ziegen- oder Kuhmilchkäse aus Süditalien.

Rigatoni: Dicke, kurze Röhrennudeln.

Rucola: Blätter der Öl- oder Senfrauke. Rucola ist als Salat sehr beliebt.

Salsiccia: Frische Bratwurst aus Schweinefleisch mit grober Füllung, im Süden mit Peperoncini und anderen Gewürzen pikant abgeschmeckt.

Scamorza: Milder, heller Kuhmilchkäse, in der Form dem Mozzarella-Käse ähnlich, der frisch als Tafelkäse und zum Überbacken verwendet wird. Geräuchert schmeckt er kräftig.

Sepia: Gemeiner Tintenfisch, bei allen Arten am ovalen bis runden, abgeflachten Körper zu erkennen. Seine zwei Fangarme sind antennenartig lang ausgebildet.

Tagliatelle: Etwa 1 cm breite Bandnudeln, in Rom Fettuccine genannt.

Abkürzungen

TL = Teelöffel
EL = Eßlöffel
Msp. = Messerspitze
kJ = Kilojoule
kcal = Kilokalorien

Rezept- und Sachregister

Anchoïade 34
Aprikosen: Perlhuhn mit
Aprikosen 269
Aragosta catalana 234
Arancini di riso 108
Artischocken mit Bohnen 170
Artischocken-Spinat-Auflauf 170
Asparagi al prosciutto 181
Asturianischer Bohnentopf 75
Athener Walnußkuchen 317
Auberginen Alpujarra 162
Auberginen: Eier auf Auberginen 144
Auberginen: Gefüllte Auberginen 252
Auberginenpüree: Hähnchen in
Auberginenpüree
Auberginensalat 22
Augenbohnen: Salat aus Augen-
bohnen 16
Ausgebackene Muscheln 51

Baccalà alla calabrese 228
Bagna cauda 184
Baklava 296
Basilikum 119
Bauernsuppe 61
Bedecktes Lamm 255
Betrunkene Wachteln 271
Bignè di albicocche 324
Blaufisch: Gefüllter Blaufisch 190
Bohnen: Artischocken mit
Bohnen 170
Bohnentopf: Asturianischer Bohnen-
topf 75
Brassen 207
Brot 278
Broufado 243
Bulgur 90
Bulgur: Salat aus Bulgur 22
Bulgurröllchen 90

Cacciucco alla viareggina 83
Calzone 56
Caponata siciliana 179
Carciofi alla gindea (Variante) 156
Carciofi alla romana 156
Carciofi fritti 180
Carote al marsala 155
Carpaccio del Cipriani 26
Cassata siciliana 330
Castagne nello sciroppo 329

Champignons: Gefüllte
Champignons 47
Chorizo 70
Churros 309
Compote de figues 292
Cozze alla paesana 237
Cozze gratinate alla tarantina 218
Crème catalane (Variante) 291
Crème d'Homère 291
Creme: Katalanische Creme 310
Crespelle al forno (Variante) 137
Crespelle magre di spinaci 137
Crostata di ricotta 334
Crostini a. tonno (Variante) 54
Crostini di fegato di pollo 54

Dolcini di riso (Variante) 323

Eier auf Auberginen 144
Eier auf Gemüse 141
Eier mit Gemüse 139
Eier: Hühnersuppe mit Ei und
Zitrone 76
Eingelegte Paprikaschoten 40
Eingelegtes 41
Eintopf mit Stockfisch 68
Engelshaar-Dessert 298
Entrecôte á la bordelaise
(Variante) 243
Entrecôte bordelaise 243

Fabada asturiana (Variante) 75
Fagioli all' uccelletto 176
Fagioli alla menta 159
Faraona con patate 284
Farfalle al Gorgonzola 129
Fazzoletti verdi 124
Festtagsreis 88
Fettuccine alla burina 123
Fiadoni 293
Fichi mandoriati (Variante) 332
Fichi secchi mandorlati 332
Fisch 191
Fischrogenpaste 51
Fischspieße 211
Fischsuppe 69
Fischtopf: Mallorquinischer
Fischtopf 205
Fladenbrot 153
Fleisch mit Kichererbsen 255

Fleisch: Gemüsetopf mit Fleisch 246
Fleisch: Weiße Bohnen mit
Fleisch 248
Fleischbällchen (Variante) 272
Fleischbällchen 42
Fleischspießchen vom Grill 257
Fleischspieße: Maurische Fleisch-
spieße 25
Forellen asturianische Art
(Variante) 203
Forellen Navarra-Art 203
Frauenschenkel-Frikadellen 256
Frikadellen: Frauenschenkel-Frika-
dellen 256
Frittata con le cipolle 142
Frittata di asparagi (Variante) 142
Frittata di patate e zucchini 137
Frittelle di polenta alla lodigiana
(Variante) 121
Frittelle di riso 323
Fritto misto del golfo 221
Funghi sul crostini (Variante) 26

Gamberoni allo spiedo 221
Gâteau de Chataignes 294
Gâteau de foies de volaille 33
Gazpacho 72
Gebackene Paprikaschoten 48
Gebratene Puddingschnitten 308
Gefüllte Auberginen 252
Gefüllte Champignons 47
Gefüllte Muscheln 193
Gefüllte Schühchen 174
Gefüllte Weinblätter 52
Gefüllter Tintenfisch 215
Gefülltes Gemüse 169
Gegrillter Blaufisch 190
Gelu di melone 333
Gemüse: Eier auf Gemüse 141
Gemüse: Eier mit Gemüse 139
Gemüse: Gefülltes Gemüse 169
Gemüse: Palamut mit Gemüse 214
Gemüse: Palamut mit Gemüse und
Oliven 214
Gemüseauflauf 168
Gemüseplatte 160
Gemüseragout 150
Gemüsetopf mit Fleisch 246
Geschmorter Stockfisch 212
Gnocchi di patate 110

Gnocchi verdi (Variante) 104
Goldbrasse in Salzkruste 200
Gorgonzola: Farfalle al Gorgonzola 129
Granita di caffè 331
Grieß-Halwa 301

Hackfleisch: Spinat mit Hackfleisch 251
Hähnchen baskische Art 268
Hähnchen in Auberginenpüree 258
Hähnchentopf (Variante) 246
Herzmuscheln Fischer-Art 204
Hochzeitsreis 299
Huhn auf Tscherkessenart 38
Huhn mit Okraschoten 275
Hühnerbrüstchen in Sherry 46
Hühnerbrüstchen mit Minze 266
Hühnerfleisch-Röllchen 258
Hühnersuppe mit Ei und Zitrone 76

Imam bayıldı 149
Insalata di funghi 26
Involtini di pesce spada 238

Jakobsmuscheln galizisch 194
Joghurt: Portulak in Joghurt 20

Kalbfleisch mit Quitten 277
Kalte Trauben-Mandel-Suppe 72
Kaninchen Jäger Art (Variante) 261
Kaninchen maurische Art 261
Kapern: Seehecht mit Kapern 198
Käse 99
Käsecreme: Kräuter-Käsecreme 37
Käseplätzchen 312
Katalanische Creme 310
Kichererbsen: Fleisch mit Kichererbsen 255
Kichererbseneintopf 74
Kichererbsensuppe 60
Klößchen in Zitronensauce 251
Knoblauch 44
Knoblauchgarnelen 44
Knoblauchsuppe 67
Kräuter-Käsecreme 37
Kretische Pastetchen 31
Kuchen mit Schafkäse 307
Kürbis in Sirup 302
Kuttelsuppe 70

Lachs asturianische Art 196
Lamm aus dem Ofen 274
Lamm mit Weißkohl 246
Lamm: Bedecktes Lamm 255
Lammhaxen kastilische Art 260
Lammkoteletts vom Grill (Variante) 257
Lammragout Extremadura (Variante) 265
Lammragout Navarra 265
Lasagne verdi al forno 117
Latteruolo 324
Lauch: Nudelauflauf mit Lauch 104
Linseneintopf 67
Linsensuppe 76
Linsensuppe mit Spinat (Variante) 76

Maccheroni alla chitarra 122
Mallorquinischer Fischtopf 205
Manchego 165
Mandelgebäck 312
Mandeln 304
Mandeln: Kalte Trauben-Mandel-Suppe 72
Mandeln: Safran-Mandel-Suppe 64
Mandelnougat 307
Mandeltorte 304
Mandorlata di peperoni 158
Marsala 155
Maurische Fleischspieße 25
Meerbrasse aus dem Ofen 206
Melanzane alla calabrese (Variante) 143
Melanzane alla finitese 143
Melanzane alla parmigiana 182
Milchpastete 314
Minestra di patate e carote 80
Minestrone con piselli e pesto (Variante) 79
Minestrone di verdure 78
Minze: Hühnerbrüstchen mit Minze 266
Möhren: Spitzkohlsalat mit Möhren 16
Möhrensalat (Variante) 20
Musaká 172
Muscheln 218
Muscheln: Ausgebackene Muscheln 51
Muscheln: Gefüllte Muscheln 193
Muschelreis 103

Neujahrsbrot (Variante) 318
Noahs Pudding 302
Nudelauflauf 103
Nudelauflauf mit Lauch 104
Nudelplättchen Metsovo 106
Nudelteigpastete 92

Okraschoten: Huhn mit Okraschoten 275
Oktopus in Wein 208
Oliven & Olivenöl 161
Oliven: Palamut mit Gemüse und Oliven 214
Olivenöl: Oliven & Olivenöl 161
Olivenöl: Saubohnen in Olivenöl 146
Ölsauce: Stockfisch in Ölsauce 203
Omelette au broccin et à la menthe (Variante) 135
Omelette aux blettes 134
Omelette aux oignons blancs (Variante) 134
Omelette aux truffes 135
Omelette mit Wildgemüse 140
Omelette provençale (Variante) 135
Orangensaft: Zicklein in Orangensaft 278
Orata al forno con patate 224
Orata con seme di finocchio 232
Ossobuco alla milanese 280
Osterbrot 318

Paella 100
Palamut mit Gemüse 214
Palamut mit Gemüse und Oliven (Variante) 214
Papacciolu (Variante) 293
Paprikaschoten: Eingelegte Paprikaschoten 40
Paprikaschoten: Gebackene Paprikaschoten 48
Pastetchen: Kretische Pastetchen 31
Pastete: Zucchini-Pastete 31
Patate al marsala (Variante) 155
Pêche Melba 290-
Pêches à la lavande (Variante) 292
Peperonata (Variante) 158
Peperonata 176
Pere cotte (Variante) 321
Pere ripiene con Gorgonzola 321
Perlhuhn mit Aprikosen 269

Perlzwiebeln in Sherryessig 43
Pesce spada alla Bagnara 232
Pesche ripiene 320
Piccioni ripieni al forno 286
Pintade tiède en salade 18
Pinzimonio (Variante) 184
Piperrada 138
Pizza türkische Art 153
Pizzette di patate 56
Polenta al piatto con ragù (Variante) 120
Polenta con tartufi 120
Polenta fritta 121
Polpi in umido 230
Portulak in Joghurt 20
Poule au pot béarnaise (Variante) 244
Poule verte 244
Prássaóryzo (Variante) 104
Pudding: Noahs Pudding 302
Puddingschnitten: Gebratene Puddingschnitten 308

Quaglie al tegame 287
Quitten in Sirup 302
Quitten: Kalbfleisch mit Quitten 277

Ragout mit Sellerie 277
Ravioli al burro 115
Reis 112
Rigatoni al sugo di noci 129
Riso con le cozze 126
Risotto alla milanese 112
Risotto alla sarda 126

Safran 64
Safran-Mandel-Suppe 64
Salade de tomates à l'orange 18
Salat aus Augenbohnen 16
Salat aus Bulgur 22
Salat der Rosa Prinzessin 20
Salbei 283
Salpicon de Mariscos (Variante) 24
Saltimbocca alla romana 282
Salzkruste: Goldbrasse in Salzkruste 200
Sarde ripiene 227
Sardellen 34
Sardinen aus dem Ofen 216
Sardinen aus der Pfanne (Variante) 216
Saubohnen in Olivenöl 146

Sauerkirschen in Sirup 314
Schafkäse: Kuchen mit Schafkäse 307
Schinken: Schweinelende in Schinken 262
Schokoladensauce: Wachteln in Schokoladensauce 271
Schweinelende in Schinken 262
Schwertfisch 238
Schwertfisch pikant 211
Seebrasse aus dem Ofen 196
Seehecht mit Kapern 198
Sellerie: Ragout mit Sellerie 277
Serrano-Schinken 262
Sesamkringel 317
Sherry 267
Sherry: Hühnerbrüstchen in Sherry 46
Sherryessig: Perlzwiebeln in Sherryessig 43
Sirup: Kürbis in Sirup 302
Sirup: Quitten in Sirup 302
Sirup: Sauerkirschen in Sirup 314
Smyrna-Würstchen 272
Sommersalat 24
Sopa de gato (Variante) 67
Sorbetto al limone (Variante) 331
Spaghetti al tonno 130
Spaghetti alla carbonara (Variante) 123
Spaghetti alla carbonara 130
Spinat mit Hackfleisch 251
Spinat Sacromonte 150
Spinat: Artischocken-Spinat-Auflauf 170
Spinat: Linsensuppe mit Spinat
Spinatpastete 28
Spinatreis 104
Spitzkohlsalat mit Möhren 16
Spritzkuchen 301
Stifádo 272
Stockfisch in Ölsauce 203
Stockfisch-Bällchen (Variante) 212
Stockfisch: Eintopf mit Stockfisch 68
Stockfisch: Geschmorter Stockfisch 212

Tacchino al latte 284
Tagliatelle al ragù 117
Tarhana 62
Tarhana-Suppe 62
Täubchen Toledo 271
Teigröllchen 94

Teigtäschchen 96
Teigtaschen aus der Pfanne 99
Terraïeto 33
Thunfisch-Kasserolle 199
Tintenfisch: Gefüllter Tintenfisch 215
Tiramisù 327
Tonno alla Siracusa (Variante) 236
Tonno alla Favignana 236
Tonno fresco in umido 227
Torta di pesce 222
Torta di zucca gialla 328
Tortilla de patatas 166
Tourta de bléa 295
Trauben: Kalte Trauben-Mandel-Suppe 72
Trenette al pesto genovese 118
Trockenfleisch 249
Trota in padella 225
Tzatzíki 49

Überbackene Zucchini 164

Wachteln in Schokoladensauce (Variante) 271
Wachteln: Betrunkene Wachteln 271
Walnußkuchen: Athener Walnußkuchen 317
Wein: Oktopus in Wein 208
Weinblätter: Gefüllte Weinblätter 52
Weiße Bohnen mit Fleisch 248
Weißkohl: Lamm mit Weißkohl 246
Weizengrütze 88
Wildgemüse 14
Wildgemüse: Eier mit Wildgemüse 140
Wildgemüsesalat 14
Wildschweinragout 264
Wintergemüsetopf 147
Würstchen: Smyrna-Würstchen 272

Yufka 95

Zarzuela 188
Zicklein in Orangensaft 278
Zitrone: Hühnersuppe mit Ei und Zitrone 76
Zitronen 195
Zitronensauce: Klößchen in Zitronensauce 251
Zitronensauce: Zucchini mit Zitronensauce 174

Zucchini mit Zitronensauce 174
Zucchini-Pastete 31
Zucchini: Überbackene Zucchini 164
Zucchinipuffer 37
Zuppa alla Valdostana 80
Zuppa di finocchi 85
Zuppa di lenticchie 85
Zuppa inglese della mamma 326

Bildnachweis

Rezept- und Produktfotos:

Gottfried Aigner (ai aigner impuls): Seite 195

Amandine Ditta Biegi, Nizza: Seite 34

Michael Brauner: Seiten 12/13, 15, 17, 19, 21, 23, 27, 28, 29, 30, 32, 35, 36, 38, 39, 40/41, 48/49, 50, 52, 53, 54, 55, 57, 60/61, 62, 63, 77, 78/79, 81, 82, 83, 84, 86/87, 89, 91, 92, 93, 94/95, 96, 97, 98, 99, 102, 105, 106, 107, 108, 109, 110, 111, 113, 114, 115, 116, 118/119, 120/121, 122/123, 124, 125, 127, 128, 131, 132/133, 134/135, 136, 14o/141, 142/143, 144, 145, 146/147, 148, 149, 152, 154, 155, 156, 157, 158/159, 168/169, 171, 172/173, 175, 177, 178, 179, 180/181, 182, 183, 184, 185, 186/187, 190/191, 192, 193, 206/207, 208, 209, 210, 212, 213, 214/215, 216, 217, 219, 220, 222, 223, 224/225, 226, 228/229, 230, 231, 233, 234, 235, 236/237, 239, 242, 245, 247, 248/249, 250, 252, 253, 254, 256/257, 259, 273, 274/275, 276, 279, 280, 281, 282/283, 285, 286/287, 290/291, 292/293, 294/295, 296/297, 298/299, 300, 303, 313, 315, 316, 318/319, 320/321, 322, 323, 325, 326/327, 328/329, 330/331, 332/333, 334, 335

Foodphotography Eising: Seiten 24/25, 42/43, 44, 45, 46/47, 58/59, 65, 66, 68/69, 70, 71, 73, 74/75, 100/101, 138/139, 151, 160/161, 162, 163, 164/165, 166, 167, 188, 189, 194/195, 197, 198/199, 200, 201, 202, 204/205, 240/241, 260/261, 262, 263, 264/265, 266/267, 268/269, 270, 288/289, 305, 306, 308/309, 310, 311

A. M. Groß (Bildagentur J. D., München): Seite 64

Herbert Hartmann, München: Seite 112

Gerhard P. Müller, Dortmund: Seite 95

Klaus D. Neumann, München: Seiten 4 (1), 304

Erich Raab, München: Seite 278

Gregor M. Schmid, Gilching: Seiten 4 (1), 10

Silvestris Fotoservice/Kastl, Wallis: Seite 5 (2)

Thomas Stankiewicz, München: Seiten 4 (2), 5 (1), 8/9, 11

Fotostudio Teubner, Füssen: Seiten 119, 161, 283

Martin Thomas, Aachen-Alt Lemiers: Seiten 4 (4), 218

Taneli Türkkan, Bernried: Seiten 14, 41, 90, 238

Valentin (Silvestris Fotoservice): Seite 191

Illustrationen:
Bengt Fosshag: Seite 241
Olaf Hajek: Seite 133
Susanne Straßmann: Seiten 1, 6/7

Die Autoren

Amandine Ditta Biegi (Französische Küche)
wurde in Dresden geboren, verbrachte einige Jahre ihrer Kindheit und Jugend im Osten Frankreichs und lebt heute in der Nähe von Nizza. Sie ist Journalistin und freie Mitarbeiterin bei einer französischen Zeitschrift, für die sie die kulinarischen Themen bearbeitet.

Funda Engin (Türkische Küche)
ist am Bosporus aufgewachsen und studierte Kunstgeschichte und Germanistik. Seit vielen Jahren zeigt sie deutschsprachigen Touristen die Schönheiten ihres Landes und macht sie mit der türkischen Küche bekannt.

Cornelia Rosales de Molino
(Spanische Küche)
wurde in Jerez de la Frontera, der Sherrystadt im Süden Spaniens, geboren. Schon als Kind hielt sie sich gerne in der Küche auf, fasziniert von den köstlichen Gerüchen, die Töpfen und Pfannen entströmten. Heute lebt sie in Madrid. Sie ist erfolgreiche Food-Journalistin und Kochbuchautorin.

Kristina Likidis-Königsfeld
ist mit der Küche ihrer Heimat seit ihrer Kindheit vertraut. Geboren auf der Insel Kreta, aufgewachsen in Athen, verbrachte sie die letzten Schuljahre im Rheinland, wo sie dann jahrelang als Journalistin arbeitete. Seit 1988 lebt sie als freie Autorin und Journalistin in München.

Miranda Alberti (italienische Küche)
ist in der Emilia Romgana geboren und in der Toscana aufgewachsen. Sie studierte Literatur und Philosophie an der Universität in Florenz. Heute lebt sie als freie Autorin in München. Die leidenschaftliche Köchin verrät in diesem Buch die mündlich überlieferten Rezepte ihrer Familie.

Loretta Cavalieri (italienische Küche)
wurde in Rom geboren. Nach dem frühen Tod ihres Vaters kehrte sie mit ihrer Mutter, einer Deutschen, nach Deutschland zurück, doch blieb der Kontakt zur Familie ihres Vaters bestehen. Sie sammelte die Rezepte ihrer Tanten und veröffentlichte viele davon in diesem Buch.

Fotografen und Illustratoren

Michael Brauner
Nach Abschluß der Fotoschule in Berlin arbeitete Michael Brauner als Fotoassistent bei mehreren namhaften Foodfotografen in Frankreich und Deutschland. Heute besitzt er selbst zwei Fotostudios in Karlsruhe und Gordes (Provence).

Foodphotography Eising
Pete A. Eising und Susanne Eising haben sich ausschließlich auf Foodfotografie spezialisiert. In ihrem Studio für Lebensmittelfotografie entstehen anspruchsvolle Food- und Getränkeaufnahmen.

Susanne Straßmann
wurde 1964 geboren. Sie studierte zunächst Kommunikationsdesign in Nürnberg und besuchte dann die Kunstakademie in München. Nach ihrem Studium war sie als Grafikerin tätig. Seit 1990 arbeitet sie als selbständige Illustratorin für zahlreiche Verlage und Werbeagenturen in Deutschland und Frankreich, wo sie heute lebt.

© 2001 Gräfe und Unzer GmbH, München

Alle Rechte vorbehalten. Nachdruck, auch auszugsweise sowie Verbreitung durch Film, Funk und Fernsehen, durch fotomechanische Wiedergabe, Tonträger und Datenverarbeitungssysteme jeder Art nur mit schriftlicher Genehmigung des Verlages.

Redaktion: Claudia Daiber
Herstellung: Renate Hausdorf
Umschlagfoto vorn: © StockFood
S.&P. Eising
Umschlagfoto hinten: © StockFood
Alack Chris
Umschlaggestaltung: Grafikhaus, München
Satz: Typodata, München
Druck und Bindung: Bawa Print und Partner GmbH

ISBN 3-7742-5536-9